東京裁判の正体

菅原裕◆著

国書刊行会

東京裁判風景（上 被告席 / 下 全景）

東京裁判・日本人弁護団（カッコ内は担当被告名）

岡本尚一（武藤）　神崎正義（畑）　岡本敏男（南）
塩原時三郎（木村）　高野弦雄（賀屋）　草野豹一郎（佐藤）
宗宮信次（岡）　山田半蔵（板垣）　藤井五一郎（星野）　菅原裕（荒木）
花井忠（広田）　成富信夫（白鳥）　奥山八郎（永野）　鵜沢総明（団長）
宇佐美六郎（平沼）　三文字正平（小磯）　宮田光雄（梅津）　清瀬一郎（東条）
伊藤清（松井）　穂積重威（木戸）　高橋義次（島田）
島内竜起（大島）　大原信一（大川）　太田金次郎（土肥原）

欠席者
林逸郎（橋本）　高柳賢三（鈴木）
柳井恒夫（重光）　小林俊三（松岡）
西春彦（本郷）

復刊にあたって

今日ほど、日本人の心が空虚になった時はない。国の尊厳も、やまと心のゆかしさも消え、国政に携わる政治家や官僚の正しい日本の歴史への無知さ加減には驚かされるばかりである。

近隣諸国の不法な内政干渉や恫喝に脅え、卑屈な土下座外交と巨額なＯＤＡを外国に送り続ける姿に接する度に、忸怩たる思いをしてきた。どうして、日本は近隣諸国に対し毅然たる態度を取りえないのか、疑問でならない。

その起因するものが、大東亜戦争の終結の仕方にあった。日本に乗り込んできたマッカーサー占領軍最高司令官は、休戦協定とした「ポツダム宣言」の内容を実質的に日本国の「無条件降伏文書」にすり替え、悪名高い「東京裁判」を強行した。

当時、国家の戦争権は、国際法で容認されている主権国家の権利であって、戦争を「犯罪」として裁くことは、明らかな国際法違反であった。

この裁判に臨んだ日本の弁護人達は、しだいに露呈してきた不法と欺瞞だらけの東京裁判に切歯扼腕したが、占領下の言論統制や公職追放等の圧制下に悶々と過した。昭和二十七年の独立回復を機に、いち早く菅原裕弁護士によって上梓されようとしたのが、この本であった。

冒頭に清瀬一郎先生の序言を戴き、まさに東京裁判の不法と欺瞞を強く指弾するものである。しかし、友人であった吉川英治氏の時期尚早なりとの勧告により、世上に公にされたのは昭和三十六年秋のことであった。

実際に東京裁判で元陸軍大将荒木貞夫の弁護人を務められた菅原裕氏による臨場感あふれる記述に、今あらためて覚醒させられるところが多い。

東京裁判の正体を知ることは、正常な日本の姿をしっかりと掴むこととなる。国際法違反の軍事裁判によって、戦争犯罪人の汚名を着せられた殉難者の名誉回復も早急に実現されなければならない。日本人のアイデンティティを、一人一人がしっかりと確保すべき時が来ている。

ここに、著作権者のご了解を得て復刻出版できることを、望外の慶びとするものである。

平成十四年八月

国際倫理調査会会長

矢崎好夫

菅原学兄の労を感謝し、
本書の序に代える

清瀬一郎

東京裁判においては、菅原兄は、元陸軍大将荒木貞夫氏の弁護にたたれ、わたくしは、東条英機大将の弁護をいたしました。われわれ東京裁判に関係した者は、東京裁判の正確なる事実と、透徹した批判を、後世に伝える重大責任を負担しておるのであります。なぜかというに、この裁判最中に毎日、流されて行った法廷記事なるものは、半分ほどは嘘でありました。司令部が新聞を指導し、いかにも日本が悪かったのだ、日本軍人は残虐行為ばかりをしておったのだと、日本国内は無論のこと、世界のすみずみまでにゆきわたらしめんとしました。しかもわが方としてはこれに対抗する手段が封ぜられておりました。昭和二十三年十一月、判決が下されてからも、判決批判はいっさい禁ぜられました。こんな状態が昭和二十七年四月二十八日まで、ちょうど六年間継続したのでありますし(被告に対し起訴状が送達せられたのが、昭和二十一年四月二十九日であったから日本独立までちょうど満六年）。それゆえ、世間では、日本の旧軍人は戦時中敵国俘虜の虐待や、婦女の凌辱ばかりしておったのかしら、日本の政府は強盗やギャングのような侵略戦争の共同謀議ばかりしておったらしい、マッカーサーは偉い、マッカーサーのおかげで天皇陛下は戦犯ともせられず、お助かりになったのだ、というような感想を国内に生みつけてしまった。本当はかかる感想は、大いに誤っておるのであります。しかしこれが誤解だとばかりいっても、それだけでは、今では世間は信用せぬ。正確な事実をとらえ来たって、現実にその誤りであることを証明せねばならぬ。また根拠ある法理を闡明して法律適用の過誤を論定せねばならぬ。それが、この事件の弁護の任を引き受けた者に、なお残った責任であります。この任務を尽くし終わるまでは、われわれは免責せられておるものではない。もっとも一昨年四月二十八日、わが国が独立するまでは、そんなことを目的とする著述は禁ぜられておったから、それまでの間は、実は、やむを得なかったが、わが国が独立して、言論、著作の自由が回復した以上は、われわれ弁護人は、必ず戦犯裁判の報道是正、正当批判闡明の仕事にとりかからねばならぬわけであった。

もっとも独立回復の直後（昭和二十七年五、六月頃）、新聞や、雑誌等に、〃暴露物〃と称する文章が相当あらわれた。占領中の秘話等の打ち明け話でにぎわった。東京裁判のことも、これら暴露記事にとりまぜ報道せられたのでありますが、われわれの責任は、そんな安易なことで免責せられぬ。も少し真面目に、も少し正確に事実を報告し、かつ法律家としての絶対信念の上に立ちて論証を進めねばならぬ。そう考えると、この仕事は相当大きな仕事となる。手をつけるにも相当の決心がいる。わたくし自身、常々この責任を感じ、資料を保存する等のことまではいたしておるが、実は恥ずかしながら未だこれに着手しておりません。熱血漢である菅原君よりも激励鞭撻せられたこともあるが、右の如き次第で日月を過ごして来ましたが、死ぬまでには、必ずこの責任を果たしたいと考えております。菅原君はこれをまどろっこしいとして、自ら筆をとり今回の力作を完成せられた。まことに感謝に堪えません。

世間では、いまなお、わが国は連合国に無条件降伏をしたのだから、どんな条例をつくり、どんな裁判をされても仕方がないと考えておる人がある。そんな人には必ずまず本書第二章の二「終戦の条件」(三五ページ以下)、第三章の三「無条件降伏したのは日本の国家か軍隊か」(六七ページ以下)を読んでもらいたい。それから、本文をはじめから読みなおしてもらいたい。このたびの降伏はポツダム宣言に明示せられた条件の下になされた降伏である。その条件の一として、同宣言第十項に「吾等(連合国)ハ日本人ヲ民族トシテ奴隷化セントシ、又ハ国民トシテ滅亡セシメントスル意図ヲ有スルモノニアラザルモ、吾等ノ俘虜ヲ虐待セル者ヲ含ム一切ノ戦争犯罪人ニ対シテハ厳格ナル裁判ガ行ハルベシ」とある。東京裁判はこの条件に従って設立せられたものである。この点が、無条件降伏をしたドイツに対するニュルンベルク裁判と相違する点でなければならぬ。しからば、東京裁判の裁判条例で平和に対する罪という、いままで(正確にいえばポッダム宣言が発せられたる一九四〇年七月二十六日まで）犯罪とせられておらぬ事項までも犯罪に加え、本件被告らを処罰したのは、いったいそれでよいのか。この点につき研究せられんとする方々はまず本書の第四章「世紀の大論争」（八七ページ以下）をお読み下さらんことを希望する。太平洋戦争の降伏条件として設けられた法廷に、満州事変や、張鼓峰、ノモンハンなども含ましめてよいのか。疑いあらば、第三章の二「本裁判所の管轄問題」（五九ページ以下）を御一見を乞う。遡及法の是非については従来も議論があった。菅原君は第十五章の二「極東国際軍事裁判所の機構上の欠陥」中の「条例内容の欠陥」という項で「遡及効を認めるかどうかということは一国の内部においては立法技術の問題であって、主権と抵触するものではない。しかし国際的にはその行為の当時、違法でなかったものを、事後、戦勝国において勝手に規定し、無制限に過去の行動に関して敗戦国民を処罰することは、絶対主権の存在しない現国際社会においては許さるべきでない」と論じておられる（三一九ページ）。これは短文ではあるが、従来のこの種の議論に一歩を進めておる。国内法ならば、その国の憲法その他で遡及処罰を禁ぜざる以上、国家主権の作用で遡及処罰法もできぬでもあるまい。現行国際法では各国は平等である。一国の主権は他国の上には及ばない。ポツダム宣言の如きものが合意せられ、戦犯の処罰をなすといえば、左様にいうた時における戦犯を処罰する意味であると観念するもの以外はない。その後にいたり、一方的に戦犯を創設し過去にあった事実にこれを適用するは約束に反する。戦勝者の方で、そんな心持ちで条件を出したものであるならば、その時それを明示せねばならぬ。知らん顔をして、条件を出し、相手国（この場合には戦敗国）を降伏に誘っておいて、後にいたって新犯罪を創設するのは詐欺師と同列の仕打ちである。ウエッブ裁判長などの処行は多く論ずるにたらずとして、マッカーサー元帥は、当時世間で宣伝せられたような立派な軍人、高邁な政治家であったのであろうか。請う、本書第十四章「マッカーサー元帥論」を読め（三〇一ページ以下）。痛切凱切、思わず膝を拍たしめる。

菅原君は、東京裁判の事実報道の誤を正し、これに対し適切なる批判を下しておられるのみならず、さらに人類の将来に思いを馳せ、今後戦争犯罪はいかに処理せらるべきかを研究せられておる（第十五章の六「将来への期待」（三三〇ページ以下）。これは、なかなかの大問題である。ことに原子爆弾発明後における世界においては戦争防止の問題とともに現代の政治家、哲学者、法律家に課せられた最重大問題である。君の主張も一の提案として心血をそそいで解決の歩武を進めたい。なにはともあれ、われわれ弁護人の共同の責任をかくも見事に、かくも速やかに果たして下さった菅原学兄には、感謝と尊敬の念を禁ずることはできません。いささか所懐を叙し本書の序に代えたいと思います。

（二九・一一・一五、東京九段の寓居において記す）

自序

戦争裁判は、追放とともに第二次大戦の一大特色であった。

戦争裁判は指導者の懲罰を名とする直接復讐であり、追放は日本弱体化のための国内態勢の変革をねらったものである。

もし、連合国がわれわれは勝ったのだから、絶対権力をふるって、弱肉強食をやるのだといえば、問題は簡単であったが、西洋人の悪趣味か、民主国の偽瞞手段か、この報復行動に「文明」なる衣を着せて、「平和、人道のための国際裁判」と鳴物入りで宣伝したので、事態はいよいよ複雑化したのであった。

純情、素朴な日本人は、占領軍があるいは真面目な裁判と、公正な追放とを遂行して、二十世紀文明の道標をうちたてるのではないかと、希望的観測をしながら、成り行きを注視したのであったが、結果はことごとく失望に終わった。

追放では、個人的に軍国主義者か否かを審査すべきであったにかかわらず、概括的に、軍籍にあったとか、特高警察に関係したとか、翼賛会や武徳会等団体の幹部であったとかの理由の下に処分され、国家の戦争に協力した二十万人の真面目な指導者たちをその家族と共に路頭にさ迷わせた。

戦争裁判では、BC級を取り扱った各国の軍事委員会の横暴はとにかく、検事団が「文明」が原告だと豪語した東京裁判の実態は果たしてどうであったか。

連合国は「極東国際軍事裁判」と、国際裁判を僭称しながら、戦勝国のみで法廷を構成し、敗戦国民のみを被告とし、裁判所条例なる事後法を制定し、侵略戦争を裁くといいながら、侵略の概念さえも示さずに、日本の侵略を既定の事実として、これを大前提とし、過去十八年間一貫して世界侵略の共同謀議がなされたというテーマの下に、太平洋戦争とはなんらの関係もない満州事変までも含めて、それ以来の形式上の責任者をつくり上げたのであった。

二年半の日子と、約二十七億円の経費(日本政府の負担した駐屯軍費中)とを費やして、七人の死刑と十二人の終身刑と二人の有期刑の判決、および六人の病死と一人の発狂者とをもたらしたのである。

マッカーサー元帥はこの判決に対し、最高司令官として持っていた再審の権利を拋棄して、無条件でこれを容認、確定させたのであった。

ところがマ元帥が、二年半の後、解任されて帰国するや、アメリカ上院において「日本が第二次大戦に赴いたのは安全保障のためであった」と証言して、根底から日本の侵略を否定した。アメリカ政府もまた、マ元帥は前年のウェーキ島会談において、トルーマン大統領に対して「東京裁判は誤りであった」と報告したと暴露的発表を行なったのである。

これはいったいなんとしたことであろうか。真面目に東京裁判を謳歌した知識人たちの権威はどうなるのか。利用された検事団や、判事たちの名誉はどうなるか。それよりもこの裁判で処刑された被告らの立場はどうなるのだろうか。拘禁はとにかくとして、絞首刑はとりかえしがつかない。

日本は明治維新以来、欧米先進国の教えに従って富国強兵を心がけ、日清、日露の両役に勝ち正当なる講和条約によって、台湾を割かしめ、樺太をあわせ、国威は駸々として国外に伸びたと喜んでいたら、東京裁判はそれらをことごとく犯罪であると判決した。打ちのめされてはじめて、日本人は夢から醒めた。同時に西洋民族の信条たる、単一国家がおのおの独自の政策を持ち、これを武力によって擁護されている限り、いつの日に世界に真の平和が訪れるであろうか。いったい世界はこれでよいのだろうかということを真剣に考えはじめたのである。世界はすでに原子力時代の奥深く突入している。世界の指導者たちはいかにして地球上の人類の生命を保持せんと考えているのだろうか。世界人類の危機は眼前に迫っているのではないか。

有史以来の敗戦で、虚脱状態に陥った日本国民は、占領軍の破壊工作をそのままに受けいれて、罪を国体や神社や家族制度等数千年来の伝統に着せ、なぜあのような戦争を始めたか、何故にあんなみじめな負け方をしたか、そうして占領統治七年間の実情はどうであったかについては、何も知らされていない。

敗戦以来占領治下においては、政府も国会も報道機関までもが、占領軍の傀儡たらざるを得なかった。しかもその情勢がいまなお続いて、形式的独立を回復してすでに一年半、未だに真相を国民伝える努力が払われていないのである。

しかし国際情勢の緊迫はもうこれ以上、日本国民の偷安を許さないであろう。日進月歩の今日、十年近くの暗黒時代はあまりにも長かった。

十年の空白はこれを取り戻すのにさらに十年二十年の歳月を要するであろう。試みに教育の貧困を見れば、少年たちは国家奉仕も、親孝行も知って行なわないのではない、全然知らないのである。君が代の国歌を水泳に勝った時に唱う歌だとしか知らされていない青少年にどうして、戦争以上に民族の団結や、愛国行動が要求される邦家再建の大業が託されるであろうか。いまこそ虚心に世界の大勢と、わが国の置かれている立場とを十分に認識して、静かに日本民族の使命を再検討すべき秋ではあるまいか。

東京裁判は確かに現代における世界の悩みの縮図であった。戦争裁判はいたずらに問題を深刻かつ複雑化せしめ、その平和確立の使命の達成を将来の課題として全人類に残したに過ぎなかった。はしなくも原子爆弾の洗礼とともに、最初にこの新裁判の被告国たる運命を担わせられた日本国民として、その真相を究め、自ら反省し、ひろく世界の識者にうったえることはわれわれの権利であり義務ではあるまいか。

東京裁判の判決がいい渡されてから、本日でちょうど満五年になる。著者はこの機会に小著を世におくって、この裁判に関与した日本人弁護人の一人として、同胞への報告の責を果たしたいと思う。少しでも、国民各位の御参考になり、祖国復興の一助ともなり得れば望外の幸である。

昭和二十八年十一月十二日

東京天沼の寓居にて

著　者

追伸

右の通り私はこの原稿を昭和二十八年秋に書き上げ、翌年一月、清瀬一郎氏の序文を頂戴して、これが出版について辱知の吉川英治氏に相談した。ところが吉川氏は、まことに残念だがこの出版はまだ時期が早い、今暫く筐底において時の至るを待たれたがよい、と親切に勧告された。そこでこの忠告に従って原稿をしまい込んだまま七年を経過した。

しかるに法務省の司法法制調査部では、かねて東京裁判資料の収集整備をしておられたが、弁護人の一人として私に対しても、関係資料の提供方を申し入れられたので、本稿を筐底からとり出して提供した。たまたま同部の顧問をしておられた旧知の横溝光暉氏がこれを熟読され、これは法務省に保管するだけでなく、広く一般国民にも読んでもらい、東京裁判の実態を知らせ、今後の戦争裁判のあり方について研究を促す資料とすべきであるとして、自ら時事通信社代表取締役の長谷川才次氏に相談され、長谷川氏の共鳴を得て、このたび同社から出版される運びとなった。

いままさにイスラエルでは、アイヒマン裁判が行なわれている。これは国際裁判ではないが、国際事件には相違ない。国際法を無視して、他国人を第三国で逮捕し、これを自国へ強制連行し、十数年前の過去の事実に関し、後から作った法律で審理し、裁判に藉口して民族的復讐を、世界人監視の下に敢行しつつある。それは連合国が東京裁判や、ニュルンベルク裁判において行なったのと同一で、世界平和の確立が真剣に要望されている現代において、断じて許すべからざる法の権威の蹂躙である。

このアイヒマン裁判に際し、東京裁判を回顧することも、日本人はもちろん、世界人にとっても意味なしとしないので、ここに旧稿のままを上梓することとした次第である。本書出版について御高配を賜わった清瀬一郎氏や吉川英治氏、横溝光暉氏、長谷川才次氏に対して改めてここに感謝の意を表する。

昭和三十六年　初秋

著　者

目　次

東京裁判の正体

第一部

第一章　戦争裁判の意義

一　平和への人類の努力

武力均衡平和に対する失望

人類は太古より、他部落や異民族の間で、闘争を事とし、弱肉強食をくりかえしてきたが、近代国家はようやく戦争の災禍に懲り、平和の維持に苦慮しはじめた。そして武装国家社会の到達した結論は、武力の均衡——力の平均による平和であった。しかしこれは軍備の競争を招き、その均勢が破れたら、当然戦争になり、一つの戦争が終われば、ただちに次の戦争の準備がはじめられた。

第二次大戦も連合国側の宣伝では、自由主義国家群の、侵略者日独伊に対する膺懲戦ということであった。

しかも日独は、完全に潰滅したにかかわらず、戦争の済んだ瞬間から、米ソの確執ははじめられている。

第一次大戦は第二次大戦をよび、いまや第三次大戦に直面して、呆然たるのが世界の実情である。

戦争裁判の工夫

そこで世界の知識人たちは、国際法の発達とともに戦争の分析をはじめ、戦争を侵略戦争と防衛戦争に区分して、侵略戦争の防止に専念した。ベルサイユ不戦条約はその大きな結晶であった。しかしそれでも戦争を根絶することができないので、武力均衡による平和以外に、なにか戦争を防止する名案はないものかと、知恵を絞った結果、考え出したのが、戦争裁判の制度であった。すなわち侵略戦争をはじめた国の為政者、指導者たちを、個人として処罰することにすれば、侵略戦争を計画したり、実行したりすることが、なくなるのではあるまいか、というのである（註1、註2）。

（註1）キーナン首席検事はその最終弁論の際、一九四五年九月二日、戦艦ミズーリ号上における日本降伏の正式調印に際して、最高司令官ダグラス・マッカーサー元帥が行なった声明を引用して、次の如く述べた。「……われわれに新しい時代が来たのである。勝利の教訓自体すら、われら将来の安全と文明の存続には深憂を伴うところである。科学的発見の進歩向上による戦力の破壊は、事実いまや、戦争に対する伝統的理念を、修正する時機に到達したのである。人類はこの世のはじめから平和を求めたのである。各

時代を通じ、国際間の紛争を防止もしくは解決するための国際的な処置を講ぜんとする種々なる方法が試みられたところである。最初から事、個々の市民に関するかぎり、実行可能の方法は、種々発見されていたのである。しかし大きな国際的規模の機関に対する機構はかつて成功したことがなかったのである……」「われわれは最後の機会を把握したのである。われわれが、なにかさらに大きなかつ一層公正な制度を工夫しなければ、世の終わりとなる世界戦争は、われわれの戸口に迫って来る……」（註2）戦争犯罪を処罰する理由として更に一つを付加するものがある。すなわち「その処罰によって戦敗国民全体の性格に付せられていた侵略の汚名を拭い去り、たんに被告らのみの所業とすることができる。而してこれにより一般の戦敗国民と戦勝国民とは友好的に理解を深め得る」というにある。しかしこれは本来、国家と国家、民族と民族との争いの結果を少数人の犠牲において解消せしめんとするものであって、本質的解決にならぬ不合理なものである。また、たんにそれだけの目的であるならば、なにも法律による司法裁判所を持たなくとも、戦争責任の所在を調査する査問委員会によっても、その目的は達し得るはずである。司法の威信はかような不明朗な政策によって傷つけるべきでない。

そしてこの考えは以前からしきりに論議されていたのであったが、いよいよ具体化したのは第一次大戦後で、ドイツのカイゼルを処罰しようと、ベルサイユ会議の予備会議で、当時連合国側であった日本も入って、決議されたのであったが、カイゼルが亡命していたオランダが、その身柄の引き渡しを拒んだために、この決議は実行に移せずに終わったのである。

戦争裁判の実行

第二次大戦においてはぜひともこれを実現しようと、戦争の終わり頃から、ロンドンの四国外相会議等で、この問題がとり上げられ、戦争終結後連合国の手でドイツにおいてはニュルンベルクで、日本においては東京で「国際軍事裁判」と銘うって、日、独の指導者たちを、戦争犯罪人として逮捕して、裁判にかけ、処刑したのである。

なおこの意味における戦争裁判は、従来行なわれてきた「狭義の戦争裁判」とは、厳に区別しなければならぬ。狭義の戦争裁判は、主として戦争法規に違反した者で、敵国に捕えられた者に対する裁判であって、これは国際法上、戦時犯罪として、認められてきたものである。これに反して広義の戦争裁判は、戦争そのものの責任を問われるのである。

東京裁判の不当

右の如く戦犯裁判は一応の理屈もあり、理想もあるのであって、もしこれを実行することによって、少しでも戦争防止に貢献し、平和の維持に寄与するとすれば、その制度はよいものとして支持されなければならない。

しかし、それには順序と方法とがなければならない。ところが今回の東京裁判のようなやり方では、いかに将来の世界平和のためだ、文明の裁判だ、といっても、実際行なわれたところは、国際法や、刑法理論を無視した野蛮裁判以外のなにものでもなく、手段をかえた戦争の報復にすぎないのであった(註)。

(註) 著者は、東京裁判の開始前、昭和二十一年四月号の法律新報誌上に「戦犯事件弁護の意義」と題し

て、この裁判の矛盾を指摘し、連合国側の自重を要望し、かつ日本人弁護人の使命を述べておいた。(法律新報第七二八号)

二 戦争裁判の反省

侵略決定の困難

相互に対等の独立主権を持っている国家間の紛争の解決方法は、互譲か戦争のほかにはない。一国が他国の政策を批判、干渉することは独立国間においてはあるまじきことで、同様に戦争についても、一国の開戦行動を、他国において「侵略」の烙印を押すことは、独立国の本質を無視することになる。これが従来国際間において侵略なりや否やは、その国自体が決定するほかはないとされてきた所以である。本裁判において検事側が金科玉条とした不戦条約(ケロッグ・ブリアン条約)の締結に際しても、ケロッグ氏自らつぎの声明をしているのである。

自衛権は関係国の主権下にある領土の防衛だけに限られてはいない。そして本条約のもとにおいては、自衛権がどんな行為を含むかについては、各国みずから判断する特権を有する……。

すなわち防衛の範囲、方法の制限ができないのが、従来の国際社会の通念であり、実情である。いまもし、不戦条約によって、戦勝国が勝手に敗戦国に「侵略」の烙印を押すことができるとすれば、自衛とか防衛戦争とかは、たんなる戦勝国の戦利品にすぎないことになりはせぬか。窮鼠に対する猫の詰問が、どうして文明世界の平和建設の鍵となり得るであろうか。

事後法制定の可否

一国の内部は絶対主権によって統一されているから、いかなる立法も、いかなる裁判も国内的には自由であるが、国際社会においては現在そのような絶対的権力を持つ主権が存在しない。したがって国際間の問題は現行の国際法によるか、各国家の承認にもとづく条約協定によるか、しからざれば戦争による以外に解決の方法はないのである。

本裁判におけるキーナン首席検事やウエッブ裁判長の意見や態度は、とかく国際社会と一国の内部関係とを混同し、かつ占領国はいかなる勝手な行動をもとり得ると錯覚してはおらぬかと思われる節が多かった。

最高司令官の定めた裁判所条例が、果たして占領軍の権能としてこれを定めたものかあるいはまた日本国固有の主権を代行したものか判然としなかったが、占領軍は作戦行動としての軍事委員会は持ち得ても、主権の現存する国家においてなんら治安を乱さない占領地住民をとらえて、司法裁判を行なう権限があるはずがない。また連合各国の国内法、国際法を適用して、外国民に戦争犯罪に対する刑事責任を科し得る規定を持っておらぬ。さらに日本は終戦に際しては、征服されたのではなく条件付で降伏したにすぎない。そしてまた日本固有の主権を根本的に、占領軍に委譲する条約や協定を締結した事実もない。降伏文書は「天皇及ビ日本国政府ノ国家統治ノ権限ハ、本降伏条項ヲ実施スル為メ適当ト認ムル措置ヲ執ル連合国最高司令官ニ服セシメラルモノトス」とあるにすぎない。一九四五年八月二十九日占領前、アメリカ本国よりマ元帥に指令された「降伏後初期のアメリカの対日政策」第二部連合国の権限の二、日本政府に対する関係においても「天皇及び日本政府の権限は降伏条項を実施し、且つ日本占領及び管理の実施のために確定された政策を実行するに必要なあらゆる権力を有する最高司令官に服するもの」とするとあるだけである。これを見ても連合国は、独自の占領および管理の政策を実施するにあって、日本固有の主権の代行でないことまことに明瞭である。

インド代表パール判事の単独判決書にはつぎの如く記載されている。

本裁判所条例第五条は「人並びに犯罪に関する管轄」を規定しようというだけのものである。本条例は「左に掲ぐる諸行為は……本裁判所の管轄に属する犯罪とす……」と述べている。本官の意見ではその意図するところは、これらの諸行為が犯罪を構成するものであると、規定しようというのではなく、右諸行為に関していやしくも犯罪があるとすれば、それは本裁判所において裁判することができる、と規定したのである。これらの行為が果たして犯罪を構成するかどうかという点は、一に本裁判所が適当な法に照らして決定すべき問題として残されているのである。これが本条例についてわれわれがとることのできる唯一の見解である。連合諸国が過去の行為に対して彼らの好むがままの性格を付与し、かつ右行為に対して彼らが将来において決定するかも知れない正義の実施方法（裁判）をもって、これを処理する権限を有するにいたるとは確かにポツダム宣言においても降伏文書においても、予想されなかったのである。これらの文書がかような権限を与えるものと解釈することは不可能であって、本官は連合諸国が右の文書においてなした厳粛な宣言に違反し、かつおそらくは、国際法および慣例までも無視して、かように重大な権力をあえて自己の掌中に握るであろうとは、瞬間も考えることができないのである。

戦勝国の処罰権

普通、国際法上の犯罪といわれる海賊行為や奴隷問題等は、同時に各国内刑法の対象となり得るもので、純粋な国際法の犯罪ではない。これに反して、侵略戦争に関する罪は、純然たる国際法違反でなければならぬ。したがってこれが審判は厳正なる国際法廷において、国際法により、世界各国民に対して、普遍的になさるべきである。裁く者は戦勝国民だけで、裁かれる者は戦敗国民のみというのでは、公正なる国際裁判とはいい得ない。

平和に対する罪を裁く裁判である以上は、戦争の結果たる勝敗とは関係なしに考えられなければならぬ。戦争の結果は必ずしも、正しき者が勝つことにきまってはいない。侵略戦争をしかけた者が勝つこともあれば、正しい者が負ける場合もある。戦争に負ければ、敗戦による種々の制裁があるが、戦勝の場合はない。世界正義の見地からは、不正な戦争をやって勝った者に対してこそ、国際裁判による制裁が加えらるべきである。いずれにせよ、戦争の原因や方法の当、不当を審判することは、戦争の結果と関係のあるはずがない。したがって被告は敗戦国民だけに限るべきでなく、また審判する者も、戦争に関係のない第三国民が理想であるが、もし当事国も入れるとすれば戦勝国民だけではなく、敗戦国民も加えなければならぬ。

今日では、講和会議でさえも、過去の戦争の後始末というよりは、将来の平和の保障として考えられるようになっている。いわんや戦争裁判が裁判に名をかる復讐であり、恨みの継続であってはならぬ。それはまさに重大なる文明の冒瀆である。この点についてパール判決書にはつぎの如く記載されている。

勝者によって今日与えられた犯罪の定義に従って、いわゆる裁判を行なうことは、敗戦者を即時殺戮した昔と、われわれの時代との間に横たわるところの数世紀にわたる文明を抹殺するものである。かようにして定められた法律に照らして行なわれる裁判は、復讐の欲望をみたすために、法律的手続きを踏んでいるようなふりをするものにほかならない。それはいやしくも正義の観念とは全然合致しないものである。かような裁判所の設立は本質的に政治的目的に対して、司法的外貌を冠せたものである。かくの如く儀礼化された復讐はたんに瞬間の満足にすぎないばかりでなく、究極的には後悔を伴うこと必至である。国際関係において、秩序と節度の再確立に実質的に寄与するものは、真の法律的手続きによる法の擁護以外にはあり得ないのである。

個人と国際法上の刑事責任

刑罰は犯罪を予防し制止するために、犯人に科されるという。この国内法に関する刑罰の理論を国際的に、侵略戦争の責任者に課せんとするのが、戦争裁判制度である。そして戦争を未然に防がんとするのが、この制度の狙いであるが、果たしてその当を得たものであろうか。

世に検察独善思想、ないし刑罰至上主義というのがある。すなわち厳罰さえすれば、犯罪はなくなるという考え方である。これは検察や裁判に従事する者の陥りやすい通弊である。しかし国内的に見て、いかに厳罰に付されても、浜の真砂のように、世に犯罪の種は尽きない。いわんや国と国民族と民族とがその運命を賭して争う戦争において、国政担当者や指導者に、刑罰を科するという威嚇によって果たして戦争を防止することができるであろうか。かえって軍人と同様に政治家たちの英雄的行動を助長することになりはせぬか。あるいはまた途中で降伏せんとしても処刑されることをおそれて、壊滅にまで持っていくおそれはないか。さらにまたこれを悪用して戦争の中途において、俘虜虐殺の方便に使われれはしないだろうか。

犯罪には、犯罪の種々雑多な原因がある。その原因を放任して、ただ厳罰をもって犯罪を防がんとしても、それは不可能である。いわんや国家間の戦争を責任者の処罰によって防がんとするのは、戦争の本質をわきまえない、かつその逆効果を考えない検察万能主義者の錯覚ではあるまいか。

しかも戦争裁判を戦勝国の手でやるためには、決定的勝利を前提としなければならぬ。したがって戦争を食うか食われるかの残忍な結末まで敢行させることになりはせぬか。

歴史を見ても、封建時代には、わが国にある特例を除いては、敗将はほとんど殺戮されたが、その後国家思想の発達するに従って、国家間の講和をもって、必要かつ十分とし、指導者個人を処罰することがなかった。それが第一次大戦以来、再び個人に対する報復による戦争の後始末が企てはじめられたことは西欧における陰惨な民族闘争の復活ではあるまいか。ゲルマン対スラブ、アラブ対ユダヤ等々民族の葛藤を放任しては世界の平和はあり得ない。いわんや裁判の権威や国際法の尊厳まで冒瀆して血みどろの闘争を継続せしめることは、文明のために深い反省がなされねばならぬ。まして原子力時代に入った現代においては、一刻の猶予も許されぬ。これには比較的民族闘争の圏外に立っている日本民族こそ、調停の労をとるべき世界的使命があるのではあるまいか。ことに先進国の教えに従って、富国強兵を心がけ、東京裁判では、それが悉く犯罪だと認定された日本国民としては却って自己の体験を基礎としては、依然武力万能の旧夢を追っている欧米人たちに対し、啓蒙する責任があるのではあるまいか。

著者が東京裁判中、若き日本の弁護士諸君に対して「このつぎは、日本が裁判長席に就く抱負をもって、この制度を十分に研究しておくように」と勧めたのは、けだしこの自覚に立ってのことであった。

第二章　文明の冒瀆

一　戦勝国の宣伝

はじめ東京裁判には二つの大きな目的があると宣伝された。一つは世界平和の確立であり、他は占領目的の達成であった。後者は単純な軍事行動の継続延長であるが、前者は軍の占領とはなんらの関係のない文化的大事業である。占領目的の達成についても「汝らは敗者だから何事も戦勝国のためにその命に従え」というのであったら、敗戦国民たる者、またなにをかいわんやである。しかるに賢明にして高潔なる連合国はカイロ宣言の冒頭に「日本国の侵略を制止し、かつこれを罰するため、今次の戦争をなしつつあるものなり。右連合国は自国のためになんらの利得を欲求するものに非ず、また領土拡張のなんらの念をも有するものに非ず」と明記し、さらにポツダム宣言において、占領統治は世界の平和、安全、及び正義の新秩序を建設するため無責任なる軍国主義者を世界より駆逐するにある」と宣言したのである。したがって占領目的達成のための東京裁判としても世界の平和、安全および正義の新秩序建設のために「峻厳なる正義」に基づいて審理されなければならなかった。

しかるに事実は、全然これを裏切って、連合国のために正義を無視した裁判を敢行したのであった。著者はいたずらに連合国を罵ったり、侮辱する意思は毛頭ないが、わが国民が彼らの宣伝や、無責任なるわが国一部人士の言論に操られて、この裁判の実体を見あやまり、ひいては、わが国体や伝統を嫌悪し、大東亜戦争の本質を曲解し、自ら奴隷国民に堕しつつある現状にかんがみ、本裁判の真相を伝え、同時に世界人に対しても、国際社会の法的正義確立のために、本裁判を反省し再検討することを求めようとするものである。

二　終戦の条件（ポツダム宣言の内容）

太平洋戦争の終結は、一九四五年七月二十六日の連合国側のポツダム宣言の発表に対する同年八月十四日の日本国の受諾の通告によって実質的に決定し、九月二日の降伏文書の調印によって、その形式を具備したものである。

すなわち通俗の取引用語に従えば、連合国の条件付申し込みがあり、これに対して日本国が承諾の旨を答えて、契約ができたのである。しからばその条件とはいかなるものであるか。

同宣言第五項には「吾等ノ条件ハ左ノ如シ、吾等ハ左ノ条件ヨリ離脱スルコトナカルベシ云々」と規定し第六項以下に相互の権利義務を列挙している。いまこれを解説すれば、つぎの如くである。

日本国の義務（連合国側の権利）

(1)　「日本国国民ヲ欺瞞シ誤導シテ世界征服ノ挙ニ出デシメタル者ノ権力及ビ勢力ハ永久ニ除去セラレザルベカラズ」（第六項）――本項は各個人についていて具体的にいうものであること明らかであるから一般的、概括的に指定した追放処分の如きは本項の趣旨を逸脱した、権利の濫用ともいうべき不法な行為であったことはいうまでもない。

(2)　「連合国ノ追ツテ指定スベキ日本国領域内ノ諸地点ハ、吾等ガ茲ニ指示スル根本的目的ノ達成ヲ確保スル為占領セラルベシ（第七項）――本項が諸地点と明記せるにかかわらず、連合国軍は、日本の全領域を占領した。これは明らかに本条項の違反であった。

(3)　「〃カイロ宣言〃ノ条項ハ履行セラルベシ」（第八項）

(4)　「日本国ノ主権ハ本州、北海道、九州及ビ四国並ニ吾等ノ決定スル諸小島ニ局限セラルベシ」（第八項）――本項はカイロ宣言ならびにヤルタ協定の実施として日本より台湾、樺太、千島を剥奪したものであるが、日本が本来領有し、もしくは堂々たる講和条約によって取得しすでに数十年にわたり国際的に公認せられているこれらの島嶼を一方的宣言や秘密協定によって奪い去ることは明らかに国際法の蹂躙であり、かくの如く戦勝国が無制限に過去にさかのぼっていっさいの公認されている現実を否認するとすれば、いずれの時にか国際秩序の安定があり得るであろうか。またこれは一九四一年八月英米が宣言した、大西洋憲章第二項の「関係国民の自由に表明せる希望と一致せざる、領土的変更の行なわるることを欲せず」に違反するものである。

(5)　「日本国軍隊ハ完全ニ武装ヲ解除セラル」（第九項）

(6)　「吾等ノ俘虜ヲ虐待セル者ヲ含ム一切ノ戦争犯罪人ニ対シテハ厳格ナル裁判ガ行ハルベシ」（第十項）

——本項に関しては東京裁判において二つの点で問題になった。一つはいわゆる「平和に対する犯罪」たるものはポ宣言発表当時国際法上、戦争犯罪の概念の中に入っていたかどうかということで、他はチャーターの内容その他東京裁判のやり方は「厳格ナル裁判」であるかどうかということであった。

(7) 「日本国政府ハ日本国国民ノ間ニ於ケル民主主義的傾向ノ復活強化ニ対スル一切ノ障礙ヲ除去スベシ」（第十項）——ポツダム宣言受諾に際し日本政府の天皇制に関する釈明要求に対し八月十一日の国務長官の解答には明らかに天皇制ならびにその権限の存続（唯一の例外は降伏条項実施の最高司令官の権力下に服すること）は承認されている。したがってここにいわゆる「民主主義的傾向」は従来存在しかつ認められてきたところの天皇制の下における民主的傾向——民本主義もしくは民衆主義的傾向さらに具体的には帝国憲法所定の立憲政治議会政治を指すこと明らかである。ゆえに「主権在民」の日本国憲法を強要制定せしめたことは本条項を逸脱し日本国民をして義務なき事を行なわしめたというべきである。

(8) 「日本国ヲシテ戦争ノ為メ再軍備ヲナスコトヲ可能ナラシムル虞アル如キ産業ハ許サレズ」（第十一項）

(9) 「日本国政府ハ直ニ全日本国軍隊ノ無条件降伏ヲ宣言シ」（第十三項）——無条件降伏はカイロ宣言には日本国とあったが、本項によって日本国軍隊に変更されたことはまことに明瞭である。

(10) 「右ノ行動ニ於ケル同政府ノ誠意ニ付適当且ツ充分ナル保障ヲ提供センコトヲ同政府ニ対シ要求ス」（第十三項）

日本国の権利（連合国の義務）

(1) 「"カイロ宣言"ノ条項ガ履行セラルル」——第八項の結果、同宣言中の「右連合国は自分のために、なんらの利得をも欲求するものに非ず。また領土拡張のなんらの念をも有するものに非ず」の個所は日本の利益のために援用し得るものである。ゆえにベルサイユ条約により第一次世界戦争以後日本が取得したる島嶼や、台湾、澎湖島は盗取したのでなく、正当なる日清講和条約により取得したものなることが判明したならば、この後段の剝奪処置が適当であるかどうかの再検討や原状回復措置も後日に残ることになる。いわんやヤルタ秘密協定による千島、樺太の奪取の如きは明らかに本条項と抵触するもので当然無視さるべきものと信ずる。

(2)「日本国軍隊ハ完全ニ武装ヲ解除セラレタル後各自ノ家庭ニ復帰シ平和的且ツ生産的ナル生活ヲ営ムノ機会ヲ得シメラルベシ」(第九項)——ソ連領内に移送された日本軍人及び一般人の総数は五十七万五千人に及んでいる。かくのごときはたんにソ連一国の不信はいうまでもなく、連合国全体の本条約違反というべきである。

(3)「吾等ハ日本人ヲ民族トシテ奴隷化セントシ、又ハ国民トシテ滅亡セシメントスルノ意図ヲ有スルモノニ非ズ」(第十項)——占領統治の苛酷は本条項違反たるものが多かったが、占領憲法の強要の如きはその最なるものであった。当時わが政府も国会も一片の抗議さえ出し得ないほど奴隷化されていた。

(4)「言論、宗教及び思想ノ自由並ニ基本的人権ノ尊重ハ確立セラルベシ」(第十項)——各般の占領政策は完全に本項に違反したことは多言を要しない。

(5)「日本ハ其ノ経済ヲ支エ且ツ公正ナル実物賠償ノ取立ヲ可能ナラシムルガ如キ産業ヲ維持スルコトヲ許サルベシ」(第十一項)

(6)「右目的ノ為メ原料ノ支配ハ之ヲ許サザルモ、ソノ入手ハ許可セラルベシ」(第十一項)

(7)「日本国ハ将来世界貿易関係ヘノ参加ヲ許サルベシ」(第十一項)

(8)「前記諸目的ガ達成セラレ、且ツ日本国国民ノ自由ニ表明セル意思ニ従イ平和的傾向ヲ有シ、且ツ責任アル政府ガ樹立セラルルトキハ、連合国ノ占領軍ハ直ニ日本国ヨリ撤収セラルベシ」(第十二項)

ポツダム宣言は以上のような相互の権利義務を規定しているにもかかわらず、戦勝国軍の軍事占領に圧倒されて、日本国民の大部分が、故意か無知か、日本国軍の無条件降伏を、あたかも日本国の無条件降伏なるが如く曲解し、日本国民は占領軍に対してなんらの発言権なきがごとく錯覚していたようであるから、とくに、これだけの権利を包含する有条件降伏であったことを、まず認識すべきである(註)。

(註)　無条件降伏案は、一九四三年一月二十三日に、カサブランカにおいて、ルーズベルト大統領とチャーチル首相とが会談した時、ルーズベルトの発議により決定したもので、戦勝国の一方的自由裁量により敗戦後の日独伊を処理せんとするものであった。チャーチル首相は一九四四年二月二十三日イギリス下院において演説していわく、「無条件降伏ということは勝った国々が自由裁量を持つという意味である。もちろん勝った国々が蛮行をほしいままにしてもいいという意味でもなければ、ドイツを欧州諸国の間から抹殺してしまうことを望んでいるわけでもない。もしわれわれが縛られているとするならば文明に対するわれわれ自身の良心に縛られているだけである。いろいろ取引をやる結果縛られるのではない。これが無条件降伏の意味である。」しかるに最初降伏したイタリアのバドリオ政権に対する連合国の態度があまり残酷であったので、ドイツはついに無条件降伏を潔しとせず、玉砕を選んだのであった。日本に対しては連合国はカイロ宣言当時まで無条件降伏方式を考えていたが、本土決戦の損害を回避するため、ポツダム宣言ならびに降伏文書では、日本陸海軍の無条件降伏をもってたることに譲歩したのであった。ただアメリカ始め連合国においては、早くから全軍はもちろん全世界に対して、今度の終戦処理は無条件降伏方式によると声明してきた手前、いまさら日本に対しては有条件降伏方式に譲歩したと訂正もできず、日本占

領軍においても、無条件降伏したと言いがかりをつけて、これにもとづき、ポツダム宣言に違反して、追放や、憲法改正や、東京裁判をやってのけたのであった。

三　占領統治の限界

英・米・ソの三国外相は一九四五年十二月十六日から二十六日までモスクワにおいて会議を開き左の協定を発表した。

最高司令官ハ日本降伏条項ノ履行、同国ノ占領及び管理ニ関スル一切ノ命令並ニ之ガ補充的指令ヲ発スベシ。総テノ場合ニ於テ実行行為ハ連合国側ノ日本ニ於ケル唯一ノ執行権力タル最高司令官ノ指揮ノ下ニ且ツ同司令官ヲ通ジ遂行サルベシ。最高司令官ハ主要ナル事項ニ関スル命令ヲ発スルニ先立チ連合国、対日理事会ト協議ヲ為シ且ツ其ノ助言ヲ受クベシ。事態緊急ナル場合最高司令官ハ之等重要ナル事項ニ関シ決定ヲ為スコトヲ得ルモノトス。（第五項より）

右により連合国軍の日本占領統治は最高司令官マッカーサー元帥によって統一実行されることになったのである。しかしながらこの協定は、連合国間における内部関係であった。最高司令官が具体的にいかなる対日政策をとるべきかは、一にかかってポツダム宣言の各条項と、峻厳なる国際正義と国際法に拠るべきであることは言をまたない。極東国際軍事裁判所条例（チャーター）もまさに最高司令官の右の権限に基づき制定されたものであるから、ポツダム宣言の鉄則と、国際法の真精神とは、一歩も逸脱することを許されないものであった。最高司令官マ元帥は、その特別宣言書において「極東国際軍事裁判所ノ設定」に関し、その権限関係を詳細に説明しているし、キーナン首席検事もその冒頭陳述において「我々ハ是等ノ日本人被告ノミナラズ、総テノ人ヲ拘束スル厳然タル法律ノ原則ニ遵ッテ居ルト信ズルモノデアリマス」と陳述した。

四　チャーターの越権

しかるにマッカーサー最高司令官によって制定された裁判所条例（チャーター）は戦犯とはなんであるかを確定し、平和に対する罪、人道に対する罪を勝手に定めて、これで裁判官を縛りつけて、裁判を行なわせた。それが国際法と、どんな関係に立つか、自然法や慣習法とどんな矛盾があるか等は、いっさいおかまいなしに、至上命令として裁判官を拘束したのである。

このマッカーサーの立法の権限は、前記の如く形式的にはモスクワ外相会議において、ポツダム宣言の各条項に従って、日本占領の目的を達成するために連合国から委譲されたものであるが、その本質は、いったいなんであるか、ある人は国際法上この権限を認むべしというものがあるが、その根拠は明瞭でない。またある人は、連合国の権限であるという。しかし戦勝国といえども敗戦国の主権の一部である立法権を無制限に行使し得る権限はない。さらにある人は戦敗国の主権を代行したものであるという。しかし日本は無条件降伏したものでもなく、またさような権限を連合国に委譲した事実もない。したがってチャーターは占領軍がポツダム宣言の義務に違反し、その権力の恣意的行使によって一方的に制定した規則であって、被占領国をも羈束し得る法――国際法たる価値あるものではない。

日本がポツダム宣言を受諾したことにより戦争裁判に付されることを承諾したと解釈しても、その結果容認されるものは、裁判の開始、遂行に関するいわゆる裁判手続の規定にすぎずして、戦争犯罪を定義するが如きいわゆる実質的規定まで随意に定めることを容認したものではないことはまことに明瞭である。

果たしてしからば、この「チャーター」の内容が、国際法に照らして適法であるか否かの審判権は、裁判所にあったはずである。しかるに本裁判においては、インド代表パール判事を除く十判事は、検事団と同様、このチャーターを至上命令として受け取り、なんらの検討も試みなかった。これがすなわち本裁判がまじめな国際法学者の批判の対象となり、後世史家のものわらいの種となった所以である。

パール判決はこの点をつぎの如く論じている。

「無条件降伏」とは完全な敗北ならびにかかる完全な敗北の容認を意味するものである。それは勝者の武力に完全に屈伏し、その運命を勝者の掌中にゆだねることを意味する。(中略) もとよりこういったからとて、敗者は勝者の力のもとになすがままになって、なんらの保護をも与えられていないというつもりではない。国際法または慣例は、こういう場合において勝者の権利義務を定義することになっているのである。かような法律が真の保護を附与する上にいかに無力であるとしても、少なくとも勝者に生殺与奪の権をゆだねる立場に敗者を法律上たせることはないのである。（中略）本官はここで降伏要求の条件ならびに最後の降伏条件に関する限り、それらの条件中には、日本国または日本国民に関する絶対的主権を戦勝国家ないし最高司令官に付与するものは全然ないということを指摘すれば十分である。さらにこれらの諸条件の中には、明示的にも黙示的にも、戦勝諸国もしくは最高司令官に対し、日本国および日本国民のために法律を制定し、あるいは戦争犯罪に関して立法することを許可するというようなものは存しないのである。ここで留意すべきことは戦勝諸国が最高司令官に権限を付与するに当たっていずれの協定にもせよ、協定に基づいて戦敗国から権能を継承したと主張しなかった点である。「最高司令官ノ権限」はその第三節において左のとおり述べている。すなわち「ポ宣ニ含マレタル意向ノ声明ハ完全ニ実施セラルベシ、然レドモ右声明ハ我々ガ右文書ノ結果トシテ、日本国トノ契約的関係ニ於テ拘束セラルルモノナリト認ムルガ故ニ実施セラルベキモノニ非ズ。ポ宣ハ日本国ニ関シ且ツ極東ニ於ケル平和ト安全ニ関シ共信頼ヲ表明スル我々ノ政策ノ一部ヲ形成スルモノナルガ故ニ尊重セラレ且ツ実施セラルルモノトス。」

なおパール判事は四年ぶりに再来日し、一九五二年十月二十九日、東京弁護士会においてつぎの如く演説した。

イギリスのモーン卿は現在ではつぎのように告白している。「チャーターは決して国際法を規定したものでもなく、また戦争犯罪というものを規定したものでもない。ただたんに裁判にかけられた僅かな人たちを裁くためにのみつくられたチャーターであった。」

ドイツの戦犯について考えてみると、もし彼らのいう如く、ドイツのソブレンティ（主権）に基づいて裁判されたとしたならば、現在ドイツが完全に独立国家としての国権を回復している限り、これらドイツの市民に対しては、回復したドイツの国権によって、ドイツの自由意思によって、釈放しようと、どうしようと勝手であるというロジックになるわけである。東京においても、この裁判は結局征服者によって行なわれた裁判である。征服者たる連合国は、その最高の位置にマッカーサー将軍をおいた。マッカーサー将軍は連合国の最高の権限を受けて、その権限において、極東国際軍事裁判を行なったのである。しかしながらこの国際軍事裁判は、国際法に基づいてやれ、ということになっていた。だから勝手に国際法を無視し、なんら国際法と関係のないチャーターをつくって、これを押しつけるという権限はなかったのである。さすがに検察側としても、この問題については、気になったものと見えて、常にマッカーサーの権限について、心をいためていたようである。そこで検察側としては結論として、国際裁判所に向かって「国際法に基づいて裁判してくれ」という意味の要求をして、チャーターの内容についてはむしろ否定的な態度をとっていたのである。しかしそのくせ、結局はチャーターにのっとって論告し、判決したのである。そのときの彼らの弁解はなんであったかというと、チャーターでつくられた犯罪—戦犯—というものが国際法と合致しているという奇妙な苦しまぎれの理屈であったのである。(パール博士「平和の宣言」四八ページ)

さらにパール判事は同年十一月二日、大阪弁護士会でつぎのように演説した。

国際軍事裁判と称して、ニュルンベルクと東京で行なった彼らの二つの裁判、これに適用した二つの法律が実は二つの裁判所に限った法律であった」ということを、今になっていい出すのは、法律を侮辱するも甚だしいといわなければならない。法律という名に値いしない法律である。いいかえれば一部の者に対する法律は、法律ではなくして、リンチ(私刑)にすぎない。彼らはニュルンベルクと東京裁判はチャーターによって定められた法律で裁いたという。このように勝手にチャーターをつくって、勝手に人を裁いたというなら、裁いた判事自身こそ、本当の犯罪—法を曲げた違反者として裁かれなければならぬ。これが今後に起こるべき問題ではないだろうか。アメリカの最高裁判所判事のフレッド・M・ビンソン氏は、自分と同じ意見を述べて、同感の意を表している。しかし今日になっても、あの時の二つの裁判所の判事たちの中には、その非を認めないで、自分たちが裁いたあの裁判を、なんとかして認めさせよう、チャーターによる裁判を認めさせようとしてあせっている人もあるようである。（「平和の宣言」五五ページ）

五　野蛮な報復裁判

国際裁判の借称

本裁判所は国際裁判所と借称しているが、実際は連合国の一機関たるに過ぎない裁判所である。本条例がたんに戦勝十一カ国だけで法廷を構成することを定めたことは真に将来の世界の平和を念願するというよりは、戦勝の余威をかって、戦敗国に復讐し、その弱体化をはかるために本裁判を利用したものといわれても弁解の辞はあるまい。また真実、公平なる国際裁判所であるならば、勝敗にかかわらず戦争関係国人のすべてを検挙裁判すべきではないか。

もちろん現在の国際法は、戦勝国がその手に陥ちた敵国の俘虜で戦争法規に違反した者を、軍事委員会にかけて処刑することを容認している。

しかし今度の場合は俘虜ばかりでなく、戦争に直接関係のなかった普通人も入っている。また戦争法規違反のような簡単明瞭な事件ではなく、実質上戦争そのものの善悪を決定せんとする重大案件であり、かつかりに侵略が認められたとしても、侵略戦争が現在の国際法上、犯罪であるか否かはすこぶる疑問であり、先例もないのである。このような困難な重大事件であればこそ、連合国は国際裁判と銘打って、文明の名において、司法裁判所として、審理すると発表しながら、その内容たるや、連合国の一機関であって、かつ勝手に制定したチャーターなる事後法で、新たに戦争犯罪を創定して、裁判の形式をもって報復を企てたにすぎなかった。もし国際的に公開し、普通原則に従って、審理せしむる雅量がなかったなら、いわゆる国際裁判や、平和に対する罪、人道に対する罪を規定したりして、国際裁判を開くべきではなかった。戦勝国だけで戦敗国だけを裁く特殊な方法は、いわゆる裁判ではない。

なんとなれば裁判は万人によって承認され、誰にでも適用できる、公正なる法律に基づく組織でなければならぬ。いやんや国際裁判所という以上は、国際法の原則にしたがい、万国人の承認し得る国際正義を護るものでなければならぬ。本裁判所はまさに羊頭を掲げて狗肉を売ったものと評するのほかはない。

野蛮な報復裁判

法廷の場所は、日本陸軍の本拠だった市ガ谷台上の旧陸軍省内の大会議室を改造して、舞台装置よろしく、裁判官の背後には、鎗の柄の先に飾られた十一本の連合国の旗を立て、ラジオや撮影の設備に遺憾なく、ハリウッドのスタジオ以上の照明の下に昭和二十一年四月二十九日（天長節）に起訴状を配付することによって、本件審理を開始した。

法廷の内部は、被告の監視はもとより傍聴人の取締りまですべて鉄冑をかぶり、ピストルを帯びたMPによってなされた。刑務所の出入には厳重なる身体検査が行なわれ、寒中といえども、六、七十歳の老人被告たちを全裸のまま行列させ、耳鼻はもちろん肛門まで厳密に検査し、一時に五名も感冒で入院させたことさえあった。

法廷においても被告と弁護人との席を離し交通談話を禁じたため、とっさに打ち合わせることができなかった。この点は被告の数の多いためでもあったろうが、BC級の被告、弁護人の状態よりも不利益な条件において審理が進められたのであった。

控室における被告と弁護人との面会も最初は自由だったが、途中から二重の金網をへだてて行なわれ、証拠書類を指示しながらの協議打ち合わせの方法がなく、書類の受け渡しもMPの検閲を受けなければならぬことになり、一ばん困ったことは書籍の綴じ目の針金をとりはずされるために、数百ページの本がバラバラにされてしまうことであった。刑務所宛の書信は全部本物は被告に渡されず、その写真が渡されたのである。

刑務所内において被告らが法廷の準備をしようとしても用紙は制限され鉛筆はただ一本けずって渡されるだけで、権利擁護の上に非常な不自由を感じたのであった。荒木被告の詠んだ歌に、

　書くことの沢にあれどもままならず
　　紙もともしく筆は折れぬる

削りてもまた削りても折れにけり
唯一本の文手かなし茂

以上のような監視の厳しさはニュルンベルクにおいて、ゲーリング元帥が自殺してから、急に励行されたのであったが、いやしくも法廷論争を決心して、逮捕に応じた被告たちが判決を待たないで、自殺するはずがないくらいのことは占領軍といえども、わからないわけでもあるまいから、結局非常識な監視は、自殺警戒に藉口した被告側の防禦権や弁護権の侵害行為であったといわれてもやむを得まい。現に巣鴨と市ガ谷とは取締官の手心で雲泥の差を生じたのであって、巣鴨の待遇改善を何回陳情しても、GHQは取り上げなかった。

審理の横暴

この点については第五章（一一二ページ以下）に詳記する。

中立裁判の否定

戦勝国だけで戦敗国を裁いたニュルンベルクと、東京の二大軍事裁判は興奮からさめきらぬ戦勝国民を満足させ、各国政府指導者たちの権威を国民に誇示するには十分であったであろう。

しかしながら将来、冷静に、真剣にこの混乱の世界をいかに秩序立てていくべきかを責任者として考える時、この報復的二大裁判がとりかえしのつかない一大失敗であったことに気づくであろう。

それは現に対立する米、ソ両陣営の間にわだかまる幾多の問題を公平に建設的に解決すべき国際機構としての中立裁判の介在の余地を、根本的に否定し去ったことである。この罪責は国際法の冒瀆や、被告らの権利侵害以上に重大なものであった。

これを要するに東京裁判は国際法を悪用し、野蛮裁判を強行し、文明を冒瀆したのみならず、将来に対し大きな禍根を残したことになったのである。

判決のいい渡しをきいて著者は、

うつりゆくときの流れにこの裁き
またさばかるることなからめや

と詠んだのである。

第三章　主　な　争　点

一　戦争と犯罪との関係

戦争の本質

キーナン首席検事は冒頭陳述において「裁判長閣下、これは普通一般の裁判ではありません。何故ならばわれわれは現にここで全世界を破壊から救うために文明の断固たる闘争の一部を開始しているからであります。この破壊の脅威は自然力から来るのではなくして支配に対する無謀な野心をもってこの世界に時ならぬ破滅を進んで持ち来たす人々の入念に計画された努力からもたらされるのであります」と論じた。これに対して日本人弁護団長鵜沢総明博士は「元来戦争は、人類社会における事象ではあるが、それは社会学にさらに一歩を進めて社会法学的に取り扱わるべき性格を多分に有する。また生物学的に研究さるべき本質を有することも無視できぬ。物理力から来るものでないとしても、人類生活上の社会的関係、生物的存立の関係から回避し難きものとして起こるものと観察される場合がある。すなわち物理的の自然力でなくとも、人間力だけで左右し能わぬものと認めねばならぬ」と断じた。

戦争防止に対する人類の努力

鵜沢弁護人は、さらに「戦争を絶滅する最善の工夫は国際法上にも、また国際間にも未だ確定されていない。条約、保障、協定、連盟等により、国際間に戦争防止の対策はつぎからつぎへと継続して講ぜられているが、だいたい姑息的のものにすぎぬ。国際法学者の努力は、偉大なるものがあっても、戦争絶滅に対する最も有効な方法が、発見されないことはまことに遺憾である。侵略戦争は国際的犯罪を構成するという声明が行なわれても、侵略戦争の意義を定めた世界法はない。また国際裁判所として、侵略戦争が現実にあったかなかったかを審判する世界的合意がない」と、戦争防止に対する世界の現実を鋭く剔抉した。

侵略戦争とは何か

キーナン首席検事は冒頭陳述で大要つぎのとおり述べた。

一九四三年度ウエブスター国際大辞典第二版は、侵略行為をつぎの如く定義している。すなわち「最初の、または挑発せられざる攻撃ないし敵対行為、戦争または紛議へ導く最初の傷害行為ないし最初の行為、襲撃および攻撃、侵入の実行、侵略戦争の如し」「紛争解決をなすにあたり仲裁裁判に付すること、または仲裁裁判判定の受諾、または他のいかなる平和的方法をも拒絶し実力の行使または戦争に訴うと威嚇する国家」と。またジェームス・T・ショットウエルはその著「国家的政策の具としての戦争」の五十八ページにつぎのように定義している。「侵略者とは紛争問題をもって平和的解決に委すべしと合意し、しかもその誓約に違反して戦争に訴える国家である」と。またライト卿は「国際における戦争犯罪」と題する論文で、「各国家は奪うべからざる自衛権を有す、しかし、侵略戦争はこの正当性の埒外とする。戦争は悪事なり（中略）もし不正なる戦争なればその戦争の開始は依然として犯罪なり、それは平和に対する犯罪なるべし」といっている。

一九〇四年（明治三十七年）日本は通知も警告もなしに旅順口のロシア艦隊を攻撃して日露戦争の発端をなした。世界の各国家はこれを憎み、これに備えて膨大な軍備をしなければならなかった。そして一九〇七年（明治四十年）第三ハーグ条約を日本を含めて締結した。その第一条に「理由を付したる開戦宣言の形式または条件付開戦宣言を含む最後通牒の形式を有する明瞭かつ事前の通告なくしてその相互間に戦争を開始すべからざることを承認す」と規定されている。日本はこれを裏切って一九三一年（昭和六年）九月十八日満州に対する攻撃をなし、一九三七年（昭和十二年）十二月十二日南京に対し、一九四一年（昭和十六年）十二月七日および八日に真珠湾、マニラ、香港に対して攻撃を加えた。

以上がキーナン検事の論法である。しかしながら弁護側はこれに対して、第三ハーグ条約は、左様な検事側が主張する如き意味のものでないことを反駁した。すなわち、明瞭かつ事前の通告なくして戦争を開始すべからざることを認めた本条約は、主として戦争状態がいつ発生したかを明瞭ならしめるために、それが望ましいことに由来する一つの技術的規定である。右通告と戦争開始との間に二十四時間の期間を設くべし、とのオランダの提案が本会議において否決された事実は、この事を物語るものである。したがってそれは戦略上の目的のためになされる奇襲に犯罪の烙印をおすとか、これを禁止するとかいう趣旨の規定ではないと主張したのである。

背信ということは、主として良心の問題であり、戦争は開戦宣言の有無にかかわらず、背信行為であり得るのである。

グロティウスの時代以来、この禁止にもかかわらず、多数の大国が宣戦なくして戦闘を開始している。一八八三年「宣戦を伴わざる戦争」と題する労作を公刊し、一七〇〇年から一八七二年までの間に起こった多くの戦争の開始を検討した、イギリスのモーリス名誉中佐は、一九〇四年四月の「十九世紀以降」誌中でつぎのように書いている。「数字的にいえば私の比較的くわしく検討した期間を通じて、イギリスは三十回、フランスは三十六回、ロシアは七回（ただしトルコおよび支那を含む隣接アジア諸国に対する慣行的な無宣言戦争は算入しない）、プロシャは七回、オーストリアは十二回、北米合衆国は少なくとも五回、戦争開始の宣言を伴わない戦争行為を行なっている。イギリス、フランス、ロシア、プロシャ、オーストリア、北米合衆国の如き大国がかかる国際法の技術的勧告に従わなかったとの故をもって、戦争に関する背信と裏切り行為の常習犯人であったと主張するのは滑稽である。」これによってみてもそれらの国々が他の国に対して侵略呼ばはりをすることはなおいっそう滑稽な次第である。

各国の指導的政治家の言明、とくにアメリカ上院におけるケロッグ国務長官およびボラー上院議員の明瞭かつ疑いの余地を残さない条約案の説明に照らして、パリ条約国の意思が次の如きものであった事は明らかである。（高柳弁護人最終弁論参照）

1　本条約は自衛行為を排除しないこと。

2　自衛は領土防衛に限られないこと。

3　自衛は各国の国防又は国家に危険を及ぼす可能性ある如き事態を防止するためその必要と信ずる処置をとる権利を包含すること。

4　自衛措置をとる国がそれが自衛なりや否やの問題の唯一の判定権者であること。

5　自衛の問題の決定はいかなる裁判所にも委ねらるべきでないこと。

6　いかなる国家も他国の行為が自国に対する攻撃とならざるかぎり該行為に関する自衛問題の決定には関与すべからざること。

第三ハーグ条約と法的義務

第三ハーグ条約が調印国に対して法的義務を負わしめたものかどうかについては、学説上争いがある。ローレンス、ウエストレーク、ベロットの如きイギリスの著名な国際法学者は右条約のフランス語の原文の辞句（Ne doivent pas）は、なんら法的義務を課したものでないことを示していると考えている。これに反してオッペンハイムは、「ハーグ条約の結果、事前の開戦宣言若しくは条件付最後通牒なくして、戦争行為を行なうことが禁止されるにいたったことは疑いない……国家が計画的に事前の開戦宣言もしくは条件付最後通牒を発せずして、敵対行為を開始したる場合は、国際法上の義務違反となる」と述べている。しかしオッペンハイムはさらに、「いわゆる国際法上の義務違反は国際法に反する犯罪、または国際犯罪と混同してはならない」と注意している。(高柳弁論)

条約違反と刑事責任

第三ハーグ条約の調印国がその違反に干与した政治家に刑事責任を負わしめ、これを死刑に処することに合意せるものと、考えたような国際法学者は絶無である。

首席検事は、一九一九年のベルサイユ条約第二二七条のホーヘンツォルレン家を起訴すべきこと、および特別に構成する裁判所によって公正なる裁判を行なうべきことを、規定していることを引用するが、この規定は侵略戦争もしくは条約侵犯の戦争を「国際犯罪」ないしなんらかの法律上の犯行とはなしておらず、たんに道徳と信義に対する犯行としているにすぎないことを、注意すべきである。オランダ政府が身柄の引き渡しを拒否したのは、適法な行為であった。なぜなら、かかる犯行は、犯罪人引き渡し条約に掲げられた犯罪の中には含まれていなかったからである。

またパリ会議の十五人委員会が、ルクセンブルクおよびベルギー侵入の如く条約上の義務違反を構成するところの「世界大戦を挑発した行為およびその開始に伴う行為」をもって、その責任者た

る官憲および個人に対し、刑事上の責任を問う十分なる理由と認めることを、拒否したことは、注目に値する。（高柳弁論）

なおベルサイユ条約は、カイゼルのオッフェンスを処罰するということを書いて、それをドイツが承諾して、署名したのである。もしポツダム宣言に、日本の戦争を計画した者を処罰するということが書いてあったら、ベルサイユ条約と同じことになるが、ポ宣言には、ベルサイユ条約第二二七条に相当する条項はない。しかもベルサイユ条約にはクライムスという文字を避けて、オッフェンスという文字に、緩和してあるが、これには一つの理由がある。当時アメリカを代表して、犯罪人処罰委員会に臨んでいたランシング、スコットの両氏が、条約に違反したこと、国際道徳に違反したことを、クライムと称することは反対だと主張して、ついにこの規定になったのである。（清瀬弁論）

つぎに首席検事は、一九二四年のジュネーブ議定書の前文および一九二七年九月二十七日の第八次国際連盟総会の宣言をとりあげた。これらの文書の中に「侵略戦争は国際的罪悪である」という字句が存在する。この字句は超国家的イデオロギーが支配した、当時のジュネーブの空気を反映したものであると。

しかし、ソ連は当時反共産主義的な連盟の外にあり、北米合衆国もまた欧州政治に捲き込まれることを恐れて加盟していなかった。合衆国における、国際法の最高権威ジョンソン・バセット・モーアは「ジュネーブ的国際法およびこれに刺激されたジュネーブ議定書は、国家内における法と、主権国家から構成される社会を規制する国際制度との間に緊密な類似性が存するものと考える安易な仮説から生まれたものであって、それは健全な国際法を破壊する「狂的な理論」であるとして、これを攻撃したのである。イギリスも未だ強制調停を認める用意がなかったこと、および本条約の実際上の作用いかんが疑問であるという理由から、議定書の批准を拒否した。かくしてこの議定書は遂になんら法的効力を発生するにいたらなかった。（高柳弁論）

さらに首席検事は一九二八年二月十八日の第六次汎米会議の決議「侵略戦争は全人類に対する国際的罪悪を成す」を引用するが、政治的若くは道義的考慮に由来するものではあっても、法的意味は全然持たない。（高柳弁論）

最後に首席検事は、一九二八年のパリ条約（ケロッグ・ブリアン条約―不戦条約）に言及した。すなわち同条約に「国家の政策としての戦争を非とする」という言葉があるから、その後の政策戦争または侵略戦争はそれ自体が犯罪となると主張するが、同条約はただこれを非とするというだけで、刑罰の対象たる犯罪になるとはいっていない。したがってイギリスの戦争法規提要ができたのは一九二九年で不戦条約のできた翌年であるにもかかわらず、戦争犯罪は、戦争の条規、慣例に違反したるものをいい、犯罪の種類はこの四つだと示しているのである。また不戦条約にはこれに違反したものを処罰する規定はなく、その前文に不戦条約に違反した国はこの条約上の権利を失うとある

だけである。（清瀬弁論）

押しつけられた侵略

戦争裁判が、将来の平和保障のための方法であるならば、その裁判をする者の立場が最も大切な条件である。現在国際的に戦争犯罪について執行力ある裁判をなす機関が存在しないために、ドイツにおいても日本においても、戦勝国たる連合国が、その軍事裁判としてこれを行なったのである。そのために最も重大なる失敗は、侵略責任を敗戦国民たる被告らに押しつけたことである。

インド代表パール判事はその単独意見書で「諸国の行動を考え合わせてみるとき、おそらくは敗戦のみが犯罪であるという法が見出されよう」と皮肉っている。モンゴメリ元帥も「ニュルンベルク裁判は、戦争をして負けることを犯罪とした。敗者側の将軍連は裁判に付せられ、絞首刑に処せられるというわけだからだ」といったが同様の意味である。

すなわち彼らはポ宣署名国の宣言たる「三大連合国は、日本の侵略を抑圧し、膺懲するためこの戦争を戦いつつある」の態度をそのままに法廷に立ったのである。したがって日本の過去十七カ年の行動は一貫した共同謀議に基づく侵略戦争である、との大前提の下に、裁判に臨んだのである。ゆえにウエッブ裁判長の如きも、侵略は既定の事実としてこれを大前提として、侵略を否定せんとする主張や立証はすべて峻拒したのであった。

ことに滑稽なのは、日本が対ソ侵略を、日露戦争当時より計画実行したということがとり上げられたことである。これはソ連が中立条約を蹂躙して、満・鮮に侵入した侵略を糊塗するため、こうした逆宣伝を行ない、これがまことしやかに判決で認められたのである。これはヤルタの秘密協定とともにソ連に対する米英の屈服として後世史家の笑い草となるであろう。

太平洋戦争勃発にいたる連合国側の日本圧迫は、ローガン弁護人の冒頭陳述で尽くされた。真珠湾攻撃がだまし討ちでなかったことも完全に立証された。真珠湾の攻撃より一時間前、湾口付近において、日本潜水艦はアメリカ駆逐艦の第一弾によって、撃沈された事も明瞭にされた。

ビシンスキー・ソ連外相は、一九五二年十一月二十一日国連総会法律委員会の席上、国連は侵略について明確な定義を下すべきであると主張しつぎの如く演説した。

私は侵略という言葉の定義は不可能であり、したがって不完全な定義をすればかえって侵略の可能性を助長するという米英両国の反対論を拒否する。たとえ不完全な定義でも全くないよりはましである。私は朝鮮戦争においていわゆる「半帝国主義の浸透」についての新しい証明を発見した。侵略の定義を与えようというソ連の提案は、平和を防衛し第三次世界大戦を阻止せんとするソ連の新しい努力を物語るものだ。

この演説は侵略の定義が未だ確定していないこと、不完全なる定義でも定めて次の戦争を阻止せんとするソ連と、これに反対する米英側との対立があることを暴露したものである。

二 本裁判所の管轄問題

この軍事裁判はいかなる管轄権を持つか、いいかえれば法廷憲章や起訴状にはいろいろの犯罪について裁判するよう要請しているが、果してそれは妥当であろうか。弁護側はこの問題について四つの抗議を申し立てたのである。

(一) 平和に対する罪（訴因一ないし三六）、人道に対する罪の裁判権はない。――これは前述の如くポツダム宣言の解釈上連合国としては、従来行なわれている通常の戦争犯罪すなわち戦争法規違反事件の裁判以外裁判権はない。いわんや戦争そのものの計画、準備、開始および遂行に関して、裁判する権限はない、という主張である。（詳細は第四章「世紀の大論争」参照）

(二) 侵略戦争は、それ自体不法なものではなく、政策の手段としての戦争を放棄した、パリ条約も、戦争自体を犯罪としていない。（同じく「世紀の大論争」参照）

(三) 戦争は国家の行為であって、国際法上個人責任はない。（草野弁論）

(四) 裁判所条例の規定は、事後法であって、不法である。

以上の四つの問題については判決はつぎの如く判示した。

裁判所条例は、本裁判所にとっては決定的であり、これを拘束するものであるから、弁護側が申し立てた以上四つの主張については本裁判所は、これを却下すべき形式上の拘束を受けている。

なお本裁判所は、一九四六年十月一日いい渡された、ニュルンベルク判決を支持し、無条件で賛意を表する、とて左の如く指示した。

「ある事情のもとでは、国家の代表者を保護する国際法の原則は、国際法によって犯罪的なものとして不法化されている行為には、適用することができない。これらの行為を行なった者は、適当な裁判による処罰を免れるために、公職の陰にかくれることはできない。」

「法なければ犯罪なし」という法律格言は、主権を制限するものではなく、一般的な正義の原則である。条約や誓約を無視して、警告なしに、隣接国を攻撃した者を処罰するのは不当であると主張することは、明らかにまちがっている。なぜなら、このような事情の下では、攻撃者は自分が不法なことをしていることを知っているはずであり、したがってかれを処罰することは不当であるどころでなく、もし彼の不法行為が罰せられないですまさるならば、それこそ不当なのである。

裁判所条例はつぎのように明確に規定している。「被告人ガ自己ノ政府又ハ上司ノ命令ニ従ヒ行動セル事実ハ被告人ヲシテ責任ヲ免レシムルモノニアラズ、但シ刑ノ軽減ノ為考慮スルコトヲ得。」この規定はすべての国の法と一致している。……程度はいろいろであるが大多数の国の刑事法の中に見られる真の基準は命令の存在ということではなく、事実において心理上の選択が可能であったかどうかということである。

この判決の不当なることは本裁判所条例自体を攻撃した後出の第四章「世紀の大論争」（八七ページ以下）に詳説してあるが、争点の三については草野豹一郎弁護人（元大審院刑事部長判事）の該博なる個人責任論が展開された。その要旨はつぎのとおりである。

従来採用されていた「国際法」の定義は独立国家間の関係を支持するものであって個人に関するものではなかった。すなわち国際公法は独立国家相互間の行為を律するもので、それは狭義の法すなわち執行力を持つ法とは本質的に異なる。けだし執行力は訴訟当事者に優越する力を意味するが、独立国家は各国に共通する優越する力を認めていないからである。したがって彼らの行為を律する法規は戦争以外に執行すべき手段を有しないと理解されていた。首席検察官も「これら高位の文官たちの個人的責任ということは本法廷に提出される国際法上の最も重大な問題の一つであり、かつおそらくその唯一つの新しい問題であろう」と認めた。（極東国際軍事裁判速記録（以下、速記録と略称）9号付録七ページ四段）

なお首席検察官は「本公訴状に指名された被告らのいずれもが不法なるこれらの所業に重大なる役割を演じ、日本の条約義務および彼らの行為が犯罪である事実を熟知のうえ行動したことを立証する」といったが、ここに検察側論拠の誤りがあると思われる。なんとなれば条約義務の認識と行為の違法性の認識とは全く別個の問題であるからである。近代の国内法においては、契約違反は故意によると然らざるとにかかわらず、これを処罰してはいない。国際法においても条約違反につき個人を刑事的に処罰したことはいわゆる普通戦争犯罪と海賊の場合を除き未だかってその例を見ないのである。また刑事責任を生ずるがためには、行為者に対し行為の時においてかかる行為をなさぬことを期待し得る可能性の存在を要するとする原則につき一九三七年スイス刑法第三条、日本刑法第三七条を引いて論陣を進めたのであった。

戦争と殺人罪

なお検察側は本来の違法な行為から自然にかつ通常生ずる結果もまた違法性を帯びるとして、第二類に殺人なる項目を設け訴因第三十七より同第五十二をもって侵略戦争に基づく殺戮の責任を追及した。

これに対して弁護側はこの検事側の主張には、明らかに多くの矛盾を含んでいると論駁した。すなわち殺人行為は、戦争の必然的内容として、当然随伴するものである。すでに戦争自体を平和に対する罪として起訴したるものが、さらに殺人の罪として起訴する必要がどこにあるか。ことに検察側のいわゆる「違法な戦争」とは殺害行為前に宣戦の布告がなかったか、戦争が特定の条約に違反して起こされたかをいうようであるが、国際法上はかりに違法な戦争であってもなくても、戦争法規に従って軍事行動が行なわれることを期待されるものである。すなわち戦争そのものには違法も合法もない。ことに主権を持つ国家の行動を、海賊行為と同視することは妥当でない。一国の内部における内乱行為さえ、政治犯として一般殺人犯とは区別し、国際法もまたこれを犯人引渡しから除外している。

さらに検察側は第四ヘーグ条約を引用したけれども、これも第二十三条(ロ)には「敵国または敵軍に属する者を背信の行為をもって殺傷すること」と敵国または敵軍なるものの存在を前提としている。すなわちすでに行なわれつつある戦争において、背信行為による殺傷を禁止するものであって、第三ヘーグ条約の規定する宣戦を伴わない戦闘開始に関する行為の如きはこれに含まれるものでない。

いわんやウエストレイクやベロットの如き国際法の権威者の説によるも、重大な挑発を受け、長期にわたる外交交渉の努力を重ねた末、一国が他国に対して突然戦略的攻撃を加えた場合、しかも相手方において事態がきわめて緊迫し、戦闘の開始を予期しかつこれに備えていたような場合には、かかる攻撃が第三ハーグ条約によって違法とされるものでないことは明瞭である。

ことに各文明国の国内法としての刑法において殺人罪が成立するためには、犯罪意志の問題を除外することはできない。急迫状態にある国家の公務としてなした被告らの行為が、個人として責任を負わされるためには、この点に関し十分なる証明がなされねばならぬ。(草野弁論)

この点は裁判所も、判決で、戦争を不法に遂行するという罪全体が訴追されているのにさらに殺人の罪に関して、判定を与える必要を認めないと、これを無視した。

太平洋戦争以外の戦争や事変に関する管轄権

弁護側はポ宣言が発せられた七月二十六日現在で存在した戦争、すなわちいわゆる太平洋戦争のみが本裁判所の審理目標たるべき戦争ですでに十数年の昔存在し、円満に結末がつけられた満州事変や張鼓峰、ノモンハン事件の如きものまで掘り起こして裁判する権限は本裁判所にはないと主張したが、裁判所はこれを一蹴して十七年間一貫した極東侵略の野望を持って共同謀議を続けて来たと認定した。

この点に関しインド代表パール判事はその単独判決書につぎの如く述べている。

裁判所の管轄権に関する第一の実質的の異議は本裁判所が裁判することのできる犯罪は一九四五年九月二

日の降伏によって終結をみた戦争の継続期間中もしくはその戦争に関連して犯された犯罪に限るべきである……ということにある。本官の判断では、この異議は容認されなければならない。戦争に敗れたからといって、その結果戦敗国家およびその国民がその存在の全期間を通じて行なわれた不法行為のすべてに対して裁判にかけられる立場におかれると考えられるのに不条理がある。今次戦争を除いて他の戦争の継続期間中あるいはそれに関連して、犯罪を犯したかも知れない人々を訴追する権限を連合国最高司令官もしくは連合国に附与している条項はポツダム宣言および降伏文書中には何もない。検察側はカイロ宣言にポツダム宣言の第八項を読み合わせ、そこに強く依存している。しかしこれらの両宣言はたんに連合諸国の意向を表明しただけのことであって法律上の価値のあるものではない。それ自体だけでは連合国自体にどんな法律上の権利をも生じさせるものではない。連合国自体はこれらの宣言を基礎としてなんらかの契約関係が戦敗国との間に成り立っているとは認めていない。(中略)

本官の見解ではあまたの国家によって尊重されるべき国際法があるとしたならば、その法は戦敗国がその敗北した戦争に関連して犯した罪ではなくて、その戦争とは関係のない外の戦争もしくは事件において犯した犯罪を裁判したり処罰するという権利を戦勝国に付与するものではない。ポツダム宣言中に引用されたカイロ宣言はむしろ検察側の主張と背馳するものである。その宣言はある明示された過去の該事項にはっきりと言及しており、それに対してどんな処置をとるべきであるかを宣言している。本官はこれらの過去の諸事件に関連して、個々の戦争犯罪人に対して何か裁判を行なうとか、もしくは処罰をするということを示唆するものをその宣言のどこにも発見することができない。さらにかような事項にまで管轄の範囲を拡大する権限をわれわれに付与する条項は本裁判所条例の中にも全然発見し得ないのである。したがって本官の意見としては一九四五年九月二日の降伏によって終わりを告げた戦争の一部分をなさない紛争、敵対行為、事変もしくは戦争の継続期間中もしくはそれに関連して犯されたと称せられる犯罪は、本裁判所の管轄の範囲外にあると考えるのである。（R・パール述「日本無罪論」一〇ページ以下参照）

太平洋戦争の交戦国以外の国に関する事項についての管轄権

弁護側は日本とタイとは戦争中における同盟国であって戦争犯罪などあり得るはずがなかった、かりにあったとしてもタイは連合国ではないから対タイ関係は本件から除外さるべきだと主張した。裁判所もこれを是認して訴因第三十四のタイ関係を除外した。

完全なる主権を有しない国に関する事項についての管轄権

裁判所もフィリピンが戦争中完全なる主権国でなくアメリカ合衆国の一部に過ぎなかったが故に、フィリピンにおいて行なわれた侵略戦争はアメリカ合衆国に対して行なわれた侵略戦争の一部であると認定して訴因第三十、フィリピン関係を除外した。

俘虜として降伏した板垣、木村、武藤および佐藤

右四被告は俘虜に関する一九二九年のジュネーブ条約の条文とくに第六十条と第六十三条に従って俘虜として軍法会議で裁判すべきで、この条約に基づかないで構成された裁判所では裁判し得ない。この弁護側の主張に対して裁判所は、山下事件においてアメリカ合衆国最高裁判所が決定し、スターン最高裁判所長官が判決言い渡しに際して次のように述べた。「以上に挙げた諸規定の文章のかかり工合からして第三節とそれに含まれている第六十三条とは俘虜である間に犯した罪について俘虜に対して行なわれる裁判手続きだけに適用されるものであることが明らかであるとわれわれは考える。この部分が第三章の第一節と第二節に言及されているもの以外の罪を取り扱うものとして定められているということは第五款には少しも示されていない。」この結論に到達した推論に本裁判所は敬意をもって同意すると判示した。

三　無条件降伏したのは日本の国家か軍隊か

キーナン首席検事は「日本は無条件降伏したのだから連合国最高司令官の命令には絶対に服従すべきである」と主張したのであるが、弁護人側は断固としてこれを反駁した。すなわちカイロ宣言には日本国を無条件降伏させようという条項はあったがこれは戦争指導中の一つの方針にすぎない。第二次大戦中における無条件降伏なる用語は一九四三年一月二十三日以降のカサブランカ会談において、ルーズベルト大統領がチャーチル首相との協議中使用したのが始まりである。そしてチャーチル首相は一九四四年二月二十二日、下院において無条件降伏の意味を左の如く釈明している。

前大戦の後にドイツ人はウイルソン大統領の十四原則の結果降伏したのだと強弁したがわれわれはこういう議論を絶対に許さない。無条件降伏ということは勝った国々が自由裁量の権限を持つという意味である。もちろん勝った国々が蛮行をほしいままにしていいという意味でもなければ、ドイツを欧州諸国の間から抹殺してしまおうと望んでいるわけでもない。もしわれわれが縛られているとするならば「文明に対するわれわれ自身の良心」に縛られているだけである。いろいろ取引をやる結果縛られるのではない。これが無条件降伏の意味である。

この無条件降伏は日本に対しては本土決戦を避けるための日本国の無条件降伏を日本軍だけの無条件降伏に変更したのである。占領軍は故意か過失かこの切り換えを頬被りして知らぬ顔で通そうと企て、追放と東京裁判と憲法改正とにごまかしをやったが、東京裁判では幸いに弁護側によって剔抉されたのであった。（詳細は第四章参照）

しかるに戦争の終末において、日本の本土決戦をしないで数百万人の犠牲を回避して局を結ぶためには当初の無条件降伏方式に変更を加え、国全体の無条件降伏はこれをとりやめて軍隊だけの無条件降伏にすることに譲歩折衷したのが、すなわちポツダム宣言である。

ポ宣言第十三にも「吾等ハ日本国政府ガ直ニ全日本国軍隊ノ無条件降伏ヲ宣言シ」と明記してある次第である。これは日本が本土決戦の余力を備えながら降伏した当然の帰結であって、ドイツのように玉砕した国とは根本的にちがうところである。したがってドイツにおいては総司令官の命令によっていかなることも処置し得るであろうが、日本においてはポ宣言の内容、条件に拘束されなければならぬ。

四　共同謀議の認定

共同謀議は英米法系特有の観念であって、日本刑法の共同正犯の理論より、もっと広範なかつ茫漠たるものである。

共同謀議は、二人以上の不法目的達成のための結合かまたは不法あるいは合法目的を、不法手段によって達成せんとする結合であって、それが謀議者のだれかによって実行された場合、犯罪は成立する。そしてすでに成立せる謀議に加入せる者も、原共同謀議者と同罪である。

そして共同謀議が存する以上、これに参画せる者は、その時以後明確に離脱し得ない限り、その者が知ると否とにかかわらず、共同謀議者の全行動、ならびに言辞に責任を有する。ただし、それらの言動はその者が加わりたる計画の範囲内たること（コミンズ・カー検事最終論告）

検察側は右の法理をもって、文明各国の認めている法律原則であるから、かりに既存国際法の一部でないとしても、本裁判所条件がこれをとり入れたことは当然であって、あえて不都合でないと主張した。

これに対して弁護側は、共同謀議は英米法に特異の法理であって、国際刑法たり得ないものであるとして、ハーバード・ロウ・スクールのフランシス・B・セイヤー教授の「共同謀議の理論は変則的地方的な理論であるとともに、そのもたらす結果もかんばしからぬものである。ローマ法はかような理論を知らず、またそれは現代大陸諸国の法典中にも見当たらない。大陸の法律家でかような理論を聞知している者はまれである。」「その輪廓きわめて曖昧、その根本性格頗る不明確なこの理論は法に対しなんらの力も光輝も添えるものではない。それはまぎれもなく猫の目のように変わる意見や生硬な思想の浮州に人を捲き込む理論である。」「かかる原則の下においては何人といえども他人と協力した場合、後日未知の裁判官の予断的な好悪や社会的偏見によって自己の自由が左右されることになりかねないのである。かくの如きはまさに法による裁判と対蹠的なものである」「共同謀議の理論はその用いられるすべての場合においてわが英米法にまつわる魔魂なることを実証した理論である。私はこの理論が過去の判例の間にひらめく残映にすぎなくなる時代の近からんことを祈るものである」との意見や、マンリー・O・ハドソン判事の「国際裁判所の裁判官がたまたま自己の熟知している特殊な国内法体系の原理を国際法に導入してもさしつかえないと考えるが如きはまことに危険なことといわなければならない」との意見などを引いて反駁した。

ことに高柳弁護人は首席検察官の「進行的共同謀議」なる共同謀議理論の応用を衝いて「国民の国際的経歴にあらわれる一切の発展的事態の中に共同謀議、いな擬制的共同謀議を発見しようとするのであるなら、英、仏、蘭、各国の膨張の中にも、ロシア帝国の発展の中にも、さらにまたアメリカの原始十三州から現在の偉大なアメリカ共和国への漸次的発展の中にも、同じように進行的共同謀議を認め、それら諸国の主要な政治家および将軍は、彼らの政治的信条が帝国主義的であったと反帝国主義的であったとにかかわらず、共同謀議罪を犯したものと論断することもできるわけである」と強硬に主張した。しかしこの共同謀議の理論はニュルンベルク裁判においても、多少緩和してこれを認めた。すなわち「共同謀議が成立するためにはその違法な目的の輪廓が明らかになっていなければならず、また謀議成立の時が決定および行為の時からあまり遠くてもいけない」といっている（同裁判記録一六八八二ページ）

東京裁判において検察側は訴因第一において「全被告は他の諸多の人々とともに一九二八年（昭和三年）一月一日より一九四五年（昭和二十年）九月二日にいたるまでの期間において、共通の計画または共同謀議の立案または実行に指導者、教唆者または共犯者として参画したるものにして、前述の計画実行につき本人自身によりなされたると他の何人によりなされたるとを問わず、いっさいの行為に対し責任を有す。かかる計画または共同謀議の目的は、日本が東アジアならびに太平洋およびインド洋ならびに右地域内およびこれに隣接せるすべての国家および島嶼における軍事的、政治的および経済的支配を獲得するにあり、しかしてその目的のため、独力または右計画ないし共同謀議に誘致または強制的に加入せしめ得る他の諸国と共同して、いやしくもその目的に反対する国または国々に対し、宣戦を布告せるまたは布告せざる、一回または数回の侵略戦争ならびに国際法、条約、協定および保証に違背する、一回または数回の戦争を行なうにあり」と主張したが、裁判所は「共同謀議者の願望が具体的な共通の計画として現わされた限りでは、彼らが日本の下に置こうと決意した領土は、東アジア、西および西南太平洋およびインド洋と、これらの大洋における島々の一部とに限られていた」と起訴事実の一部を限定して訴因第一を認めた。

そして「一九二七年から二九年まで田中が総理大臣であったとき、既に軍人の一派は大川やその他の官民の支持者とともに、日本は武力の行使によって進出しなければならないという大川のこの政策を唱導していた。ここにおいて共同謀議が存在した」と日本人の常識では実に滑稽極まる認定をし、十八年間の政局の混迷は「武力によって自己の目的を達成することを主張した共同謀議者と、平和的手段によって少なくとも武力を行使する時機をもっと慎重に選んで日本の拡大をはかることを主張した政治家および後になって官僚との長い闘争の始まりであった。この闘争が最高潮に達するにいたって、共同謀議者は日本政府の諸機関の支配を獲得し、共同謀議の目的を達成するために計画された侵略戦争に向かって、国民の精神と物的資源を準備し、組織統制することになった。反対を押し切るために共同謀議者は、全く非立憲的な、時には全く残酷な手段を用いた。宣伝と説得が多くの者を彼らの味方に引き入れたが、内閣の承認しない、または内閣の拒否を無視したところの、国外における軍事行動、反対派の指導者の暗殺、彼らと協力しようとしない内閣を武力によって倒そうという陰謀、首都を占拠し政府を倒そうと企てた軍事的反乱さえも、共同謀議者が結局は日本の政治組織を支配するに至るために用いた戦術の一部であった。共同謀議者が国内の反対を押し切るに十分な力があると考えるにつれて、そして後になって彼らがついにこのような反対を全く押し切ってしまったときに、日本が極東を支配しなければならないという、彼らの究極の目的を達成するために、必要な攻撃を彼らはつぎからつぎへと遂行して行った」として、一九三一年の満州事変も、一九三七年の支那事変も、張鼓峰事件も、ノモンハン事件も、一九四一年の太平洋戦争も、すべて一貫した日本の侵略戦争であった、と判示した。

検事側が、一九二八年一月一日をもって本件共同謀議の始期とした根拠については、必ずしも明瞭でないが、当初は同年に作成されたといわれる田中上奏文をもって、始期としたのではないかと思われる。しかるに同上奏文が、偽作なることが判明するや、検事側は一九三六年八月七日の広田内閣の「国策大綱」をもってこれに代えようとしたが、これまたなんら侵略的意味を有しないことが判明したので、結局、判決が訴因第一を世界的より東洋的に縮小して肯認したのは這般の関係を物語るものではあるまいか、なお一九二八年が不戦条約成立の年であることは注目に値する。

五　俘虜に対する戦争犯罪の責任関係

この問題について判決はつぎのように判示した。

日本の手にあった俘虜に対する責任は次の者にあった。㈠閣僚、㈡俘虜を留置している部隊の指揮官である陸海軍武官、㈢俘虜の福祉に関係のある官庁の職員、㈣文官であると武官であるとにかかわらず俘虜を直接に自ら管理している職員。

戦時において政府の手にある俘虜に対する政府の義務についてはその政府を構成する人々は、たとえ俘虜の扶養と保護を外の者に委任したとしても、自ら重要なかつ継続的な責任を持つものである。

組織を設けた場合でもその組織がよく運営されているかどうかを確かめる義務があり、もし確かめることを怠ったならば、それに対して責任がある。たんに適当な組織を設けただけでその後はその実際の運営を知ることを怠ったならば、自己の義務を果たしたことにはならない。たとえば軍司令官または陸軍大臣はこの点に関する彼の命令について彼が最も重要な事項について発した他の命令の場合と同様にそれが確実に守られるように努力しなければならない。しかし適当な組織が設けられ継続的に効果的に運営されるようになっていて、しかも通常の戦争犯罪が行なわれたという場合は特にそれを知っていた場合もしくは過失によって知ることができなかった場合のほかは責任はない。

内閣は政府の主要な機関の一つとして俘虜の保護については連帯して責任を負うものであって、その閣僚は犯罪が行なわれていることを知っており、しかも将来このような犯罪が行なわれるのを防止する措置をとることを怠ったり、それに失敗しながら、あえて閣僚として引き続き在任する場合には彼は責任を解除されない。

たとえ彼の主管している省が俘虜の保護について直接に関係していない場合でもこれに当てはまる。閣僚は辞職することができる。彼が俘虜の虐待を知っており、将来の虐待を防ぐ力がないのにあえて内閣にとどまり、これによって引き続き俘虜の保護についての内閣の連帯責任を分担するならば将来どのような虐待についても彼は自ら好んで責任を引き受けるものである。

六　太平洋戦争は侵略戦争か

真珠湾の奇襲は不問

太平洋戦争が侵略戦争だ！　だまし討ちだ！　と喧伝された主なる原因は真珠湾の奇襲、即ち無宣告攻撃にあった。しかるに二年余の法廷の審理の結果は、対米最後通牒遅着の責任は、日本大使館にあって、陸海軍当局が故意に遅らせたものでないことが明瞭になった。

そこで法廷は、せっかく東京裁判の条例が「宣戦ヲ布告セル又ハ布告セザル侵略戦争……」と規定して、ニュルンベルク条例がたんに「侵略的戦争……」としたものと区別したにもかかわらず、これに拘泥せず、ドイツ同様に直接侵略戦争そのものと認めてつぎの如く論じた。

侵略戦争を遂行する共同謀議という起訴事実は立証された。しかしてこれらの行為はすでに最高度において犯罪的である。したがって条約、協定および誓約に違反したかどうかは考慮する必要がない。またこれらの重大犯罪について有罪たる以上名目上の殺人罪とする必要もない。

一九〇七年のハーグ第三条約が負わされている義務の正確な範囲についてわれわれが結論的意見を述べる必要はない。この条約は敵対行為を開始する前に明瞭な事前の通告を与える義務を負わせていることは疑いもないが、この通告を与えてから、敵対行為を開始するまでの間に、どれだけの時間の余裕をおかなければならないかを明瞭にしていない。これは条約の起草者が当面した問題であって、この条約が成立してから、国際法学者の間でつねに論争の対象になっていた。このような論争があったということから東郷は一九四一年十一月三十日の連絡会議についてはいろいろな意見があり、ある者は一時間半、ある者は一時間、ある者は三十分でなければならないという条件をつけて、その時機の決定を東郷と陸海軍の両総長にまかせた。要するに彼らは攻撃地点のイギリスと合衆国の軍隊が交渉が決裂したという警告を受けることができないことを確実にするために、敵対行為の開始の前に僅かな間をおいて交渉を打切るという通告をすることに決定したのである。

この任務を与えられた東郷と陸海軍の当事者は通牒が一九四一年十二月七日の午後一時にワシントンで手

交されるように手はずをきめた。真珠湾に対する最初の攻撃は、午後一時二十分に行なわれた。いっさいのことが順調に行ったならば、真珠湾の軍隊に警告するために、ワシントンに二十分の余裕を与えたのであろう。しかし攻撃が奇襲になることを確実にしたいと切望するあまり、彼らは思いがけない事故に備えて余裕をおくということを全然しなかった。こうして日本大使館は通牒を解読し浄書する時間が予定よりも長くかかったために、実際には攻撃が行なわれてから四十五分もたってから日本の両大使は通牒を持ってワシントンの国務長官ハルの事務所に到着したのである。

コタバルにおけるイギリスに対しての攻撃についてはワシントンで通牒を手交するように定められていた時刻（午後一時）とは全然関係がなかった。この攻撃はワシントン時間の午前十一時四十分に行なわれた。これは東京から受けた訓令どおりにワシントンの日本大使館が実行することができたとしても、通牒を手交しているはずの時間よりも一時間二十分も前のことであった。

われわれは右のように事実の認定を下すのが正当であると考えた。これらの事項が多量の証拠と議論の対象となっていたからでもあるが、主としてはこの条約の現在の構造の欠陥に対して鋭い注意を喚起するためである……。

本裁判所の意見では、日本が一九四一年十二月七日に開始したイギリス、アメリカ合衆国およびオランダに対する攻撃は侵略戦争であった。これらは挑発を受けない攻撃であり、その動機はこれらの諸国の領土を占拠しようとする欲望であった。「侵略戦争」の完全な定義を述べることがいかにむずかしいものであるにせよ、右の動機で行なわれた攻撃は侵略戦争と名づけないわけにはいかない。

要するに日本はハーグ第三条約の欠陥を利用しているから、たとえ到達時間が多少遅れてもこれをもって政府指導者の刑事責任を断ずるわけにいかない。よって法廷は太平洋戦争は「挑発を受けない攻撃」であり「他国の領土を占拠しようとする動機」から出発した侵略戦争であったから、ハーグ第三条約その他の条約に違反して行なわれたものかどうかの考慮をする必要がない、といってこの点に触れることを避けたのである。すなわち真珠湾奇襲はハーグ第三条約違反としてはとり上げなかったのである。

ローガン弁護人の論述

しかしこの太平洋戦争が挑発を受けない攻撃、領土占拠の侵略戦争であるかどうかについてローガン弁護人は太平洋段階の冒頭陳述において弁護団を代表して、「日本は挑発せられ自衛戦争に立ちたるものなり」と題してつぎの如く述べた。

かつてケロッグ長官は、アメリカ上院外交委員会において、「国家が対手国に対して攻撃を加えることなくして、たんに経済封鎖することも戦争行為である」と認めたが（一九二八・十二・七）、一国からその国民の生存に必要な物資を剥奪することは、武力を用いて強行手段に訴えて人命を奪うのと変わるところのない戦争方法である。すなわち、緩漫な行動ながら相手国の抵抗力を減じ、結局は在来の敵対行為として用いられた方法と同様確実に敵を敗北せしめることができるし、また緩漫な餓死という手段で徐々に全国民の士気と福祉を減耗することを目的とするから、物理的な力によって人命を爆破し去る方法よりも一層劇烈な性質のものであるということさえできる。検察側は連合国は日本に対してもっぱら軍用品供給の削減を目的とする経済封鎖を行なったと申し立てるが、証拠はこの経済封鎖が日本国民のあらゆる種類の物品や貿易、さらに食物にまで影響したことを物語っている。これは一国家を圧倒的優勢の船舶をもって包囲し、その貿易の自由を奪う従来の封鎖の方法以上のものであった。すなわちそれは経済的に有りかつ非常に優越した諸強国がその存在ならびに経済を世界貿易に依存する一つの島国に対してとった行動だったのである。

アメリカのとった行動は日本の対中国侵略を抑制する手段であるとしてこれを正当化しようとする検察側の理論に対し、日本側は欧米諸国が東洋における実情を理解することを拒んだのであるという声明をもって断固これに答えている。いずれにしても日本が脅迫威圧されていたという結論に到達せしめ得る問題が実際上存立したことを示すことに証拠価値は存する。もしこの敗戦国の指導者たちが日本は脅威されているという概念を抱いたことに対し当時正当な根拠があったなら、危殆の存する場合自衛のための決定権を有するという、諸国家の一致せる国際的発言にしたがって侵略という要素は消散するのである。

日本は連合国が行なった経済封鎖は戦争行為であると断定する権利を持っていた。がそれにもかかわらず特有な忍耐力をもって円満に解決しようと試みた。しかるに経済封鎖は強化され軍事的包囲の脅威とあいまって、ついに日本をして自国の存立を擁護するためには、最後的手段として戦争に訴えざるを得ないと考えしむるにいたった。日本がこの連合国の経済封鎖をもって直ちに宣戦布告に等しきものと解釈することなく、平和的解決を交渉によって忍耐強く追求したことは永遠に日本の名誉とするにたるところである。

さらにわれわれが見逃し得ないことは、この期間中、連合国は軍事活動をしていなかったのではなく、その反対に中立国の合法的行動としてはほとんど承認し難い方向に向かって彼らの計画を進めていたことである。日本はこれらの行動を明瞭に敵対行為であると認めて、これに対する反対行動を起こしたのである。日本は長年の間東洋の諸問題に関与してきたのであって、西半球における出来事とくにアメリカの事柄に干渉していたのでなかったということは永久に忘れてはならないものである。地球の向こう側の世界に対ししいて干渉を行なったのは欧米諸国である。

日本が数世紀にわたって平和を愛好する国家であったことを考えてもらいたい。日本国民はその固有の文明長き年月にわたる高度の文化、太古より伝わったその道徳と伝統を尊んで満足した。そのため、その港を鎖し自ら外界と絶縁し、その島内の資源によって甘んじてつつましやかな生活を楽しんで来た。しかるに西洋諸国が戦争と武力征服の永き歴史を内容とする彼らのいわゆる文明がこの国の門戸を開き、その海港に交易を求め来り海外との接触を誘うにいたって始めて日本は波乱の中に乗り出した。帝国主義と武力による植民地開拓はまさにたけなわであった。日本がしいられて一度その長き隠遁の生活から一歩表に出ずるや、忽ち世界の紛争と陰謀と戦争の真只中にとび込んでしまったのはなんの不思議もない。日本はこの新生面に興味を持ちはじめた。その人口は急激に増加し、その国内資源をもってしては賄うことはできなくなった。この国は耕地が極めて狭小であり、しかもその勾配のある土地にあっては耕作は非常に困難なのである。やがて利用し得る耕地のみでは、国民を支えることができないと考えられ、その人口が毎年百万人も増加して行くため一層それが痛感されて来た。……

検事側は冒題陳述で侵略または侵略国家という語、を最初に挑発されずして行なった攻撃ないし戦闘行為、「最初の加害行為もしくは戦争ないし紛議を惹起せしめる最初の行為、襲撃または侵略戦争の場合の如き攻撃ないし侵略の実施」「紛争の解決に当たり調停をなすこと、または調停を受けること、もしくはその他平和的手段を受諾することを拒否し、武力の行使もしくは戦争の行為に訴えようとする国家」と定義している。

本法廷にすでに提出された申し立ての事実によって太平洋戦争は日本による侵略戦争ではなかったことが、この検事側自体の下した定義において示されている。それは不当の挑発に起因した国家存立のための自衛戦争であったのである。……

本法廷は「貿易がある国の存立自体について致命的なものでないかぎり、他国がその国と貿易しないことを理由として、その他の国を攻撃することは正当となし得ないことは明白なところである」ということを述べておられる（証拠二〇九一四）。この宣言はケロッグ長官の経済封鎖は戦争行為であるとの言明よりさらに一歩進んだものであるが、ここに審査さるべき証拠は法廷の法の言明の範囲内に入って来るものであり、通商停止が日本の存立を脅かしたかどうかという証明に関係している。……

ハル国務長官によれば「事実上の対日通商停止は一九三八年に始まったのである（法廷証二八四〇号、速記録二四七号四ページ）。一九四〇年六月二十八日ハル長官は極東情勢をイギリス大使および豪州公使と討議した。ハル長官はグルー大使に対し合衆国は一年間に日本に対し「経済的圧迫を加えてきた。また合衆国艦隊は太平洋に駐泊せしめられた。さらに日本に対する情勢を安固にするために実際的軍事的戦争行為の大なる危険の一歩手前までのあらゆる可能と思われることをした」旨を通報した。

一九四一年七月二十一日ルーズベルト大統領は日本大使との会談で、合衆国から日本へ油を輸出することを続けて許可していると述べた。もしこれが実行されていなかったら日本政府はそれを蘭印進駐の口実としたはずである。合衆国は太平洋の平和を保持するために、この政策を遵守していると述べ、さらにもし日本が武力で蘭印の石油資源を強奪しようとするならば、蘭印はそれに抵抗するであろう、またイギリスはこれを援助しそのため戦争が起こるであろうと述べた。さらに合衆国の大英帝国援助政策の見地から「非常に重大な事態が即刻起こるであろう。」（法廷証二八二四号、速記録二四六号七ページ）と述べた。明らかにルーズベルト大統領は石油だけでも日本の「存立」に「致命的」であることを了解していたのである。……

一九四一年七月二十五日合衆国海軍作戦部長はキンメル海軍大将その他に対し「日本に対する経済的制裁」（法廷証二八二八号、速記録二四六号九ページ）の見出しで、合衆国は七月二十六日経済制裁を課すること。日本の財産および資産は凍結されること、日本が即時武力を使用して反抗することは予期しないが、可能性ある不測の事件に対する適当なる予防手段をとっておくべきであることを勧告した覚え書を送った。彼はさらに、この行動は合衆国陸軍が、フィリピン軍に積極的に行動させるようにすることにより始まるであろうと述べた。

日本に対し経済封鎖を課する目的は、一九四一年七月二十五日ラジオによる公報がホワイト・ハウスから発せられ明らかにされた。その中でルーズベルト大統領は、合衆国は過去二カ年間南太平洋よりゴム、錫、などを獲得しなければならなかったこと、および肉、小麦、玉蜀黍をイギリスと豪州のために獲得する援助をせねばならず、しかも南太平洋から戦争が勃発することを防ぐことは合衆国の立場からして重要である旨を述べた。また彼は、大英帝国にとって南太平洋の平和を保つことが重要であるので、合衆国は豪州よりニュージーランドにいたり、更に近東にいたる合衆国の軍隊および糧食等の供給源を確保することを望んでいると指摘した。日本に答えて彼は「たとえ日本が南方への帝国主義的拡張の侵略目的を持っていたところで、日本は北方には日本に入用なだけの石油を持っていない」と述べている。また彼は合衆国のため、また大英帝国の防衛のため、はたまた大洋の自由のために、戦争が南太平洋に起こるのを防ぐ希望をもって、二年間の期限付で日本に石油を送らせる方法を指摘した。

日本を太平洋戦争に突入させたとの決定を下すについて、当法廷が信頼し得る最も重大な声明はおそらくこのルーズベルト大統領の言明であろう。右の声明の作成にあたり健全な経済状態が、世界の平和確立に必要であることを十分に認識していたことは否定のできない動かすべからざる結論である。これは新しい意見ではないけれども、日本との貿易封鎖方針がもたらした恐しい結果は、不健全な経済状態が戦争の重要な基礎原因の一であるという見解の正当性を示している。戦争を防止しようとしている、不幸な国々に経済援助を与える戦後政策はかような政策の賢明なることを示している。もし一国を経済的に窒息せしめる念入りな計画は、戦争の正当な理由である。本法廷は十八年間にわたる世界戦争の原因と結果とを吟味する先例なき機会を持ったのである。この法廷の判決の光は世界を戦争の暗黒より平和の光明を導き出すであろう。その重要さにおいては被告の運命を決定する法の深遠なる判定よりも遙かにまさるものがある。おそらく右の大統領の声明は、国家的境界を越えての経済的機会均等の世界的承認への道を開くものであろう。……

前述の如き日本に対する経済的圧迫を加えた西欧列強は、相提携して軍事力をもってその政策を強行するため一層強硬なしかも峻烈な措置をとるにいたった。中国に対し軍隊と戦争資材とを提供しその結果として中国の土地に日本人の血潮を流すことになり、しかもそこに対日侵略はなかったと検察側は果たして正当に主張し得られようか。日本が日本をとり巻いて固く張りめぐらされていた軍事上の包囲陣に対し反動すべき正当な理由を持っていたかどうかを証拠を調べて検討してみよう。事実は日本が自己防衛のため攻撃を加えるべき正当な挑発権を持っていたということを十分に証明する……

昭和十六年一月合衆国予算案は百十億ドルの追加割当を要求した。かくて昭和十五年五月以来軍事目的のために要求された費用は二百八十億ドルにのぼった。

スターク海軍大将は真珠湾攻撃調査書において、昭和十五年彼がイギリス政府に対し海軍協力の可能性につき討議するため、海軍専門家を合衆国へ派遣するよう請求したことを証言した。その会議は昭和十六年早々開かれ、同年三月に終了した。彼は自分自身の責任において同会議を要請し大統領に報告した。このイギリスからの委員は平服を着て合衆国へ到着した。

日本を目的として行なわれた次ぎの手段は、昭和十六年四月シンガポールにおいて開催された極秘の米、蘭、英会談であった。これらの会談の報告はつぎの如く述べている。「日本占領地および日本本国に対する航空作戦をたてることが重要である。経済的に封鎖し海軍による圧迫を加え、また航空機による爆撃を加えれば日本はその結果崩壊するであろう。」

それはまた潜水艦および空軍の作戦にとってルソン島が攻撃基地として価値あることに言及した。そして中国に同様の部隊を設けるとともにルソン島に爆撃部隊を維持するようあらゆる努力が払わるべきであると勧告した。またそれは「陸軍および空軍の雇用計画」という題名の下に、中国ゲリラ部隊は連合国により武器を供給され装備され指示を受けて活躍していたことを指摘している。このような作戦をたてるための手段はイギリス政府によってすでに講ぜられていた。合衆国政府も同様のゲリラ部隊を組織することをつぎの如く勧告されている。「日本およびその占領地域における破壊工作の組織およびこのような種類の工作は既にイギリス政府によって組織されつつある。合衆国もまたこのような工作を企てるべきであり、イギリスと協力して該工作を密接に組織立てるべきことが勧告されている。」

昭和十六年五月二十七日、ルーズベルト大統領は無制限の国家緊急状態が存在すると主張し、合衆国の計画はこれに対して大砲や戦車や飛行機や艦船をつくるべき時間的猶予を与えたと述べた。当時彼はまた「米州諸国におけるわれわれは、アメリカ人の権益が攻撃されるか、あるいはわれわれの安全保障が脅かされるような事態が生ずるかどうか、また起こるとするならば何時何処で、などという問題に関してわれわれ自身で決定して行くだろう」という重大発表を行なった。これは根拠のない申し立てではなかった。もし合衆国がいつ自国の安全保障が脅かされるにいたったかということを、合衆国自身で決定すべき権限を持つべきであると主張するならば、同様の法則は日本に関しても適用されるべきであると提案される。……

また昭和十六年一月二十日、野村大使はターナー提督によって記録された会談において、合衆国が中国に対して与えつつあった援助について不服を訴え、もし中国に対し産業上、軍事上の支持を与えないで放置しておくならば重慶政府は現在の事変を継続していくことが不可能となり、そうなれば日本は中国の大部分の地から撤兵することができるようになるだろうと指摘した事実から推して、日本は軍事的包囲陣のことを知っており、かつこれを恐れていたということが判明する。野村大使はまた、合衆国がビルマ道路を改善し重慶へ送られるべき飛行機および搭乗員を補給しつつあったことおよびこれらの搭乗員が合衆国軍隊から供給されていたことを指摘したのである。……

昭和十六年十一月、合衆国およびイギリスの代表者たちの間に開かれていた会談は、フィリップス提督のマニラ到着を契機として進行せしめられた。十一月二十三日大部隊の合衆国陸軍の移動が大型定期船を含む二十二隻の艦船を使用し、サンフランシスコを出港してホノルルに集結されることになっていた。

十一月二十七日海軍作戦部長スターク大将および陸軍参謀総長マーシャル大将は大統領に対し覚え書を用意し「相当数の陸海軍増援部隊がフィリピンへ至急派遣されたこと、また総兵力二万一千名にのぼる地上軍が昭和十六年十二月八日までに合衆国を出港する予定である」ことを報告した。経済封鎖が効を奏したことおよび日本は遂に戦争に捲き込まれつつあるということを明瞭に知りながら、合衆国陸軍省より十一月二十七日に通牒が発せられた。それは「日本政府が元に戻って交渉を継続することを申し込むならばという、まことにはかない可能性があるのみで、日本との交渉はすべての実際的目的にとっては終止符を打たれたように思われる。今後の日本の行動は予測できない。しかし、いつでも敵性行動をとるだろうということは考えられる。もし戦争が不可避的なものであるならば、合衆国は日本が最初の明瞭な行動をとることを希望する」ということを述べたものである。ほとんど同一のメッセージがハワイへ発せられ、マーシャル将軍からフィリピンにおけるマッカーサー将軍のもとへ電報で送られた。また同様のメッセージが海軍からも発せられた。

昭和十六年十一月二十六日のハル・ノートが最後通牒として企図されたものであったということは、昭和十六年十一月二十七日のジロー将軍の覚え書からして十分に理解される。同将軍はまさしく昭和十六年十一月二十七日に陸軍長官、海軍長官およびスターク海軍大将とともに会議に出席したとその覚え書には述べられている。

昭和十六年十二月七日のル大統領の親電は、たんに記述的形式を整えるために発せられたものではなかったか。

イギリス内閣閣僚オリバー・リトルトンおよび合衆国前大統領フーバー氏の熟慮された言説、直接報道された言説はおそらく最も適切に、全般的情勢を説明している。すなわち両氏はそれぞれ「アメリカがしいられて日本と戦ったというならば、これは歴史上の笑い草であろう」「もしわれわれが日本人を挑発しなかったら……」といっているのである。

ABCD諸国は完全なる軍事的および経済的包囲を二つともつくっていたので、われわれは、最初の打撃は真珠湾で加えられたのではない、それは久しい以前に経済戦争が発足した時に加えられたのであると思うのである。経済戦争は頑強に不断に圧縮され、時とともに、より効果的蹂躙的になったので、それは日本の存在さえも脅威して、もしそれが続けられたなら、それだけで日本を滅亡させたかも知れなかったのである……。

日本の人々はそれを知り、それを信じ、それを信ずる理由を有し、そして彼ら自身のために行動したのである。これらの人々は日本人である。彼らはアメリカ人でも大英連邦国の人々でもない、オランダ人、ロシア人、フランス人でもない。

彼らは日本国を愛した。そして彼らの決定は祖国にとって生きるか死ぬかの決定であった。彼らは祖国を愛した。そして決定をしなければならぬ地位にあった。われわれはこの裁判をされる方にちょっと彼らの立場になって考えて下さいとお願いする。その立場に立ったら愛国者として、あなたたちは他の決議をすることができるだろうか。その決定をすべき地位にあり、しかも公正な信念およびその信念を裏付ける十分な理由があってなされた決定が、善いか悪いか、またそれは犯罪者の信念であって愛国者の信念ではない等と称されようか。

もしその決定が犯罪的意図からでなく、決定された方法が祖国を護持して行くに絶対必要であるという強い信念と愛国心の動機からなされたならば、われわれはそれが犯罪であると法廷で裁きを行なうべきでないと申し立てる。

第四章　世紀の大論争

――平和に対する罪の管轄問題――

一　論争の意義

連合国は本裁判設置の根拠を日本のポツダム宣言受諾（ならびに降伏文書の調印）に置いている。そしてポツダム宣言にはその第十項につぎのような規定がある。「……吾等ノ俘虜ヲ虐待セル者ヲ含ム一切ノ戦争犯罪人ニ対シテハ峻厳ナル正義ニ基キ処罰ヲ加フベシ……」このいわゆる「俘虜ヲ虐待セル者ヲ含ム一切ノ戦争犯罪人」の中に、通例の戦争犯罪以外に「平和に対する罪」の如き広義の戦争犯罪が含まれているかどうかによって、連合国がA級戦犯を裁判し得るか否かの根本問題がわかれるのである。この問題に関しては一九四六年五月十三日清瀬弁護人（東条被告担当）が大部分の被告を代表して「当裁判所の管轄に関する動議」を陳述したのであった。この日の論争は本裁判中の白眉で息づまる思いがした。これは本裁判所の管轄権の当否に関する根本問題であるばかりでなく、「日本軍隊」の無条件降伏をもって「日本国」の無条件降伏となす連合国側の詭弁を衝いたもので、まさに歴史的文献と信ずるから、左に要旨を摘録して大方の参考に供する。

二　清瀬弁護人の弁論

第一点　本裁判所は平和に対する罪ないし人道に対する罪につき裁判する権限はない

最高司令官によって定められた法廷憲章は平和に対する罪ないし人道に対する罪という規定を設けているが、連合国においてかくの如き罪に対し起訴をなす権限もなければ最高司令官もまたこの権限がないわけである。そこで連合国の権限の基礎であるポツダム宣言第十項にいわゆる「俘虜に対して残虐行為をなしたる者を含む総ての戦争犯罪者」の意義がいかなるものであるかが問題である。しかもこの意味は一九四五年年七月二十六日におけるこの宣言を発したところの連合国が何を考えて発したか、受けた日本が何を考えて受諾したかを決めなければならぬ。

その当時まで世界各国において知られていた戦争犯罪ということの意味は、戦争の法規、慣例を犯した罪という意味で、その実例として常に挙げられているものは、一、非交戦者の戦争行為、二、掠奪、三、間諜、四、戦時反逆の四つであって、戦争自体を計画、準備、開始、実行した事を罪とするということは一九四五年七月当時の文明各国の共通の観念ではなかった。

イギリスの戦争法規提要四四一条には明らかに戦争犯罪の定義を挙げ、さらに右の四つを戦争犯罪の種類として掲げているのである。

また有名なる国際法学者オッペンハイムもホールも各その著書でこれを明らかにし、さらに受諾したわが国の方でも立作太郎博士、信夫淳平博士等権威ある国際法学者の著書には、ことごとく戦争犯罪は戦争の法規、慣例に違反したものであると書かれてある。

とくにわが国とドイツとの降伏の仕方のちがう特殊事情についてはナ分にこれを考慮せねばならぬ。ドイツは最後まで抵抗して、ヒトラーは戦死し、ゲーリングも戦列を離れ、遂に崩壊して文字どおり無条件降伏した。それ故にドイツの戦争犯罪人にたいしては、連合国は極端にいえば裁判をしないで処刑することもできたかも知れぬ。しかるにわが国は連合国が日本本土に上陸しない間に発せられたポツダム宣言を受諾した。このポツダム宣言の第五項には連合国自身も、以下の条件はこれを守るといっているのである。すなわち民事的用語をかりれば、わが国は一つの条件付申し込みに対して受諾したのである。故にニュルンベルク裁判で平和に対する罪、人道に対する罪を起訴しているからといって、それを直ちに東京裁判に持って来ることはできないのである。

連合国は今回の戦争の目的の一つが国際法の尊重であるといっている以上、国際公法の上から見てもウォア・クライムスの範囲を超越せらるることはまさかなかろうと、われわれは確く信じていた。日本国民もさように信じ、ポ宣言受諾を決した当時の鈴木貫太郎内閣においても、その条件の一つである戦争犯罪人の処罰も、世界共通の用例によるものと信じていたのである。受諾してしまうと当時とは違う他の罪を持ち出して起訴するということは、いかがなものであろうか。

世には一九二八年の不戦条約に「国家の政策としての戦争を非とする」という言葉があるから、その後の政策戦争または侵略戦争はそれ自体が犯罪となると極論する者もあるが、同条約はただこれを非とするというだけで、刑罰の対象たる犯罪になるとはいっていないのである。したがって前記のイギリスの戦争法規提要ができたのは一九二九年で、不戦条約のできた一九二八年の翌年であるにもかかわらず、戦争犯罪は戦争の条規、慣例に違反したるものをいい、戦争犯罪の種類はこの四つだと示しているのである。これによっても不戦条約が戦争犯罪の範囲を決めたとはいい難いのである。

またハバナにおける汎米会談その他で侵略戦争を国際的の犯罪とするという決議をされたそうだが、さような局地的な条約なり決議なり会談というものは、それに関与した国だけが拘束されるものであって、全世界を拘束するものでないことは申すまでもない。いやしくもある法則が国際法となるには、世界各国がこれに関与するか、あるいはまた多年の慣行で、人類の承諾した観念が生じた時にはじめて認められるものである。

また国際条約でも国際宣言でも、条約宣言の後に現われたもので前の条約宣言を解釈することはできない。それ以前のものは資料たり得るが、以後の分は資料たり得ない。したがって一九四五年八月八日ロンドンの戦争犯罪会議で戦争犯罪の意義を拡張することが決まったそうで、これがすなわちニュルンベルク裁判のチャーターであるが、これをもって七月二十六日のポツダム宣言を解釈することはできないのである。

現在世界にこれ以上大きな法律問題はない。裁判長はすべからくこの法廷開始当初宣言せられた如く、何人をも恐れず、また何人をも依怙贔負せず、厳正なる解釈を歴史の審判の前になされんことを切望する。

第二点　太平洋戦争以外の戦争や事変に管轄権はない

ポ宣言の受諾は七月二十六日現在で、連合国とわが国との間に存在していた戦争、われわれが大東亜戦争といい、諸君が太平洋戦争といわれた戦争の戦争犯罪人に限定すべきで、この戦争に関係がなく、すでに過去において終了している戦争を思い起こして、起訴されたことは不思議に堪えない。

その一つは遼寧、吉林、黒竜、熱河における日本政府の行動を、戦争犯罪と致している。これは満州事変を宣告なき戦争と見てのことであろうが、満州事変の結果、満州国ができ、その満州国は多数の国によって承認されている。

ソ連も東支鉄道を満州国に売却した以上、満州国を承認せられたものとわれわれは解釈している。すでに古き過去において結了した歴史である。

さらに驚くべきことは、一九三八年八月および一九三九年九月に、日ソ間において協定が成立したところの張鼓峰事件、ノモハン事件まで起訴されている。

しかも日ソ間には一九四一年四月には、中立条約が締結され、一九四五年七月二十六日には、なんら戦争状態は存在しなかったのである。

第三点　太平洋戦争の交戦国以外の国に関する事項に管轄権はない

わが国とタイ国とは戦争はおろか、同盟国であって戦争犯罪などあり得るはずがない。かりにあったとしても、タイ国は連合国ではない。したがってこの裁判の対象たるべきでない。

三　キーナン首席検事の反駁

この法廷ならびに検察団側によって代表されている十一カ国は世界の人口の半数ないし三分の二を数えているが、これらがいままでの侵略戦争により多くの資源を失い、また非常な人的損失をしているのに、この野蛮行為および掠奪行為に対して責任を有している者を罰することができないことがあろうか。この十一カ国の連合国はこの侵略戦争を武力によって終結させたのであるが、いまや彼らはこの侵略戦争の責任者をただ何もせずに、このままほっておくことができるであろうか。日本の降伏は全然無条件なるものであり、それは降伏文書および他の書類で立証される。終戦当時、スイス国政府を通じて、各連合国政府に通達された二つの日本側の書簡を検討しても証明できる。

ポ宣言第十三項には「吾等ハ日本国政府ガ直ニ日本国軍隊ノ無条件降伏ヲ宣言シ且右行動ニ於ケ

ル同政府ノ誠意ニ付キ適当且充分ナル保証ヲ提供セン事ヲ同政府ニ対シ要求ス、右以外ノ日本国ノ選択ハ迅速且完全ナル壊滅アルノミトス。」一九四五年九月二日付の降伏文書第二項には「下名は茲に日本帝国大本営ならびに何れの位置にあるを問わず、一切の日本国軍隊及び日本国の支配下に在る一切の軍隊の連合国に対する無条件降伏を布告す」とある。

もしわれわれが現在の平和を守って行こうとするこの手続きが正しく遂行されなければ、世界の殲滅を意味するものである。この法廷に対し提出された正確なる法律上の主張は、文明国が文明を救うために世界の大部分に対し、侵略戦争をもたらした責任者を罰することによって、文明を救う有効なる防御手段をとる能力に対し明らかなる反駁である。その主張はその合法的な諸官憲によって結ばれた条約義務および保障がなんの意味も持たないということになる。この大胆なる主張がこの動機の発議者によって提出されている。すなわち文明の存続を危うくするところの残酷なる、また不法なる戦争をもたらした勢力を指揮したところの個人がその高い官職あるいは責任の地位によってふるったかかる行為に対して罰せられることを免除されるという提議である。

被告人の動議により、広範なる論点が持ち出された。すなわち人類は自ら法理論の型に置かれその法理論というものは根底も論理もないが、かかる屈辱的な法理論の力に従い、責任を有する犯罪人を処罰せず自由の身のままにおいておくことができようか。そもそも組織された社会が、いい加減黙認し、無関心の傍観的態度をとり、文字どおりその破滅を待たねばならぬというのであるか。

それは人類が自らを救うという法律的な権利を持っていないという主張になるのである(註)。

(註) このキーナン検事の反駁は戦勝国的感情論と検察万能主義とを暴露した以外の何ものでもないが、キーナン検事は、「被告人たちは自分たちに都合の悪い、次の重大な関連性のある決定的な宣言およびステートメントを無視している」といって次の宣言等を指摘している。

一、一九一九年のベルサイユ条約
一、一九二八年の第六回汎米会議
一、一九〇七年(明治四十年)のハーグ陸戦条約慣例
一、一九二八年八月二十七日のケロッグ・ブリアン協定
一、一九四三年十一月一日のモスクワ会談
一、一九四二年十一月六日革命二十五周年記念日および一九四三年のスターリン声明
一、一九四三年二月十二日その他のルーズベルト大統領演説
一、一九四三年二月一日のカイロ宣言

四 コミンズ・カー検事(イギリス代表)の反駁

「いかなる国家もしくは国家群も条約により自らその権利を放棄しない限り、戦争犯罪人を機会あるごとに何時でもまた何処でも裁判に付する固有の権利がある。」(ストウェル)

降伏文書自体の中に日本政府は辞句上無条件降伏を宣言している。

本件起訴に当たってこれら被告人に対しいかなる権利をも付与することを得ない。また彼らをし

て本裁判条例に対しいかなる攻撃をも開始せしむることはできない。

ポ宣言第十項は一九四五年八月十一日の文書（バーンズ回答）の第三項「降伏の瞬間より国家を統治すべき天皇および日本政府の統治権は降伏条件を遂行するため、適当と認める手段をとろうとする連合国最高司令官に服従すべきものなり」によって、戦争犯罪人の範囲も最高司令官のつぎつぎに発出する命令により拡張せらるべき余地を存する。

戦争犯罪を処罪する慣習はある法律が条約の形式に現わされたより遥か以前に慣習法の一部となった。一八六四年の赤十字条約より一九二九年のジュネーブ条約にいたる国際条約はその条規を侵犯するに当たり、犯されたる戦争犯罪の処罰に対する条規を包含しない。それらが戦争犯罪人にまで達した時には侵犯を罰するという先行慣習から逸脱しようとする意図がなかった以上に明らかなるものはない。これらの条約の最初のものから以前の慣習法は一八六三年四月二十四日のリーバーの一般命令第百号四十四項目中に記載がある。「すなわち被侵略国の人々に行なわれたる、一切の放逸なる暴行あるいは殺人行為は死刑またはその悪行の重大性に相当なりと思料せられる他の峻厳なる刑罰の下に禁ぜられる。」しかして刑罰の実行は今日にいたるまで継続せられた。（以下、裁判例を示す）

動議の第二点は二つの誤謬がある。第一は降伏文書は戦争を終結せしめたものではない。たんに敵対行為を終了せしめたにすぎない。

一種の戦争が軍事占領の形で継続している、その終了は将来にかかる。第二の誤謬は降伏文書は特定の日に開始された戦争に起因する事項のみに関すとする点である。中国に関する限り、カイロ宣言を包含したポ宣言第八項で明らかである。カイロ宣言は訴因第二に関するものを含め、日本国が中国より奪取せる領土は奪取の日時、もしくは一九一四年に遡るあらゆる事件を顧慮することなく、中華民国に返還さるべき旨を明示している。それはまた朝鮮の自由にも関係を持つ。日本の中国に対する戦争が、一九三一年九月十八日から継続しているか、一九三七年七月七日に新たに開始されたものと認めるかは、本裁判所が事実につき確定すべきものであろう。

本裁判所がこれらの戦争を各別個の戦争と考えられても、本裁判所条例、降伏条件もしくはポ宣言にはこれら戦争のいずれかに関係せる被告人等の何人かによって犯された犯罪に関する管轄権を行使することを妨げるなにものもない。同趣旨のことはソ連にたいしてなされた犯罪についてもいえる。

動議の第三点はもし十分な根拠があるなら、ポルトガル共和国に対する関係も同様にいえるであろう。しかしポ宣言第十項には戦争犯罪の行なわれた国に対してはなんら制限がない。俘虜に関しては交戦国民でない限り除外されるだけだ。さらにカイロ宣言には朝鮮に関しても記載がある。

弁護側は今にいたって背信呼ばわりをしているが、もし当時日本国政府が戦争犯罪人の意義について疑問があったなら、天皇の地位についてやったように質問を発すれば簡単に回答が得られたであろう。

最後に私は裁判所に審理していただきたい。弁護側が誤解あるいは背信を主張するなら、日本政府は降伏当時戦争犯罪人には、この二十八名を含まないと確信していたということ、あるいはもしこの二十八人が裁判に付せられるようなら降伏文書に調印しなかったであろうということを証明すべきである。そうなると日本政府はこの二十八名の被告が裁判されるよりは日本国民がポ宣言第十三項に書いてある速かなそして完全な破壊にいたらしめられることをむしろ望んでいたことになる。証拠調べが始まって、彼らがこの点に関していかなる見解を持っていたかを知るのは興味深いことである。

五　清瀬弁護人の再論

裁判長、原告被告の間で感情的な言葉をとりかわすことは冷静なる御判断を受けることに利益がないと思います。それ故に私はこの論点に関係あるものだけをひろって、静かに申し上げたいと存じます。

本裁判の基礎たる憲章の第二項には "This order was promulgated in accordance with the terms of Surrender" すなわちサレンダーの条件として宣告した。それ故にこの憲章をつくった最高司令官も "Stern justice shall be meted out" という規則はサレンダーの一つのタームと思っている。タームを付けたサレンダーは無条件の降伏ではない、またポ宣言第五項には Following are our terms という文字がある。キーナン、カー両検事の御引用のポ宣言第十三項は、日本政府がオール・ジャパニーズ・フォーセスに向かってアンコンディショナル・サレンダーを宣言せよというのである。

前線において武器を投げだして敵に身を委せることをサレンダーという。故に前線でも武器を棄てて抵抗せぬということになった時分には、ある条件が課せられている。たとえばこの条約では武器を棄てた兵隊は家庭において平和な生活を営むために郷里に帰してやろうという条件が付いている。もし連合国の方でこの条約を履行しなかったならば、それはポ宣言の違反になる。かような誤解なきことを世界平和のために本弁護人は祈ってやまぬ。

九月二日の降伏文書第二項も、またポ宣言をうけたもので、やはり軍隊参謀本部の無条件降伏をいっていて、日本政府の無条件降伏、日本国民の無条件降伏をいっているものではない。降伏文書第五項には最高司令官の宣言、命令に服すると書いてあるが、それは最高司令官がポ宣言から授権された合法の命令に従うということであって、最高司令官の一顰一笑、なにも彼もこれに委すということではない。

同第六項に、日本の天皇も、日本の政府もポ宣言の条項を誠実に履行することならびに右宣言を実施するためには司令官に従う意味が書いてあるが、それはこの条項にあるとおりこのディレクションの項を全うするために従うというのであって、ポ宣言以外のことに服従するということは降伏文書にはない。

極東国際軍事裁判条例の五条AおよびC、すなわち平和に関する犯罪、人道に対する犯罪はポ宣言以外のもので、マッカーサー元帥が持っていない権限で発布されたとするならば、日本国民はこれに従う義務はない。

キーナン検事は一九四三年十一月一日に、ルーズベルト大統領、チャーチル首相、スターリン首相がモスクワにおいて発せられた宣言に言及したが、この宣言はドイツがした残虐行為を処罰するためになされたもので、わが国には毫も関係ないものである。一九四二年および四三年のスターリン元帥の演説もまた然りである。ルーズベルト大統領の演説には、戦争犯罪を処罪することは言及されているが、戦争が侵略戦争であろうがあるまいが、これを新たに計画し準備することを罰するまではいっていない。

カイロ宣言には日本を無条件に降伏させようという条項はある。しかしこれは戦争指導中の一つの方針で、わが国に本土上陸をしないで局を結ぶためにはその無条件降伏はやめて、軍隊だけの無条件降伏にしてこれを緩和したのがポ宣言である。

両検事とも一九一九年のベルサイユ条約を援用されたが、これが間違いである。同条約はカイゼルのオッフェンスを処罰するということを書いて、それをドイツが承諾して署名したのである。もしポ宣言に日本の戦争を計画したものを処罰するということが書いてあったら、ベルサイユ条約と同じことになるが、ポ宣言にはベルサイユ条約第二二七条に相当する条項はない。しかもベルサイユ条約にはクライムスという文字を避けてオッフェンスという文字に緩和してあるが、これには一つの理由がある。当時アメリカを代表して犯罪人処罰委員会に臨んでいたランシング、スコットの両氏が、条約に違反したこと、国際道徳に違反したことをクライムスと称することは反対だと主張して、遂にこの規定になったのである。わが日本もまたその意見には当時同意した。結局カイゼルはオランダの身柄引き渡し不同意で裁判にはかからなかったが、たとえ裁判になってもクリミナルとは称さなかったのである。故にベルサイユ条約第二二七条の引用はわれわれ弁護人の方に利益になるのである。

国際連盟では戦争を非難している。しかし侵略戦争をやった国の個人を、政府、国家でなく一人一人の個人を犯罪にするという規定は未だ設けていない。

一九〇七年のハーグ条約も、また条約違反を犯罪とせず、また条約に違反した国の指導者個人を犯人とする文字はない。

ケロッグ・ブリアン不戦条約も侵略戦争、条約違反戦争を犯罪・クライムスとは一致していない。いったいクライムスという言葉にも一定した意義がある。それは刑罰をもって処罰される行為というのが、世界共通の定義である。しかるに不戦条約にはこれに違反したものを処罰する規定はなく、その前文に不戦条約に違反した国はこの条約上の権利を失うというだけである。

コミンズ・カー検事はストウェル氏の国際法を引用されたが、一人の学者の本に書いてあることが直ちに国際法にはならぬ。学説が国際法となるには多くの学者が同様の説をたて、これが国際間において実行せられ、国際法協会といったような団体で是認せられ、世界の人が常識的にこれを受け取るにいたって、はじめて学説が国際法になるのである。ことにストウェル氏の著書には事後においての犯罪を提示して、裁判所を構成して裁判に付させる、このことは諸君が最も尊重せられる事後法の処罰に反する意見である。エクス・ポスト・ファクト・ルールに反する裁判をしてもよろしいということは、未だ世界の通説にはなっていない。

両検事ともに文明の擁護のために裁判しなければならないといわれる。それは私も同感だ。しかしいわゆる文明の中には条約の尊重、裁判の公正が入っていないであろうか。もしポ宣言の趣旨が、私の申すとおりであるなら、いままでの行きがかりにとらわれず、断然この起訴を放棄することが文明のために望ましき措置と思う。

両検事は前大統領ルーズベルト氏の言葉を引用されたが、私はただ一言、現在の大統領トルーマン氏が今年一月の予算教書でいわれた言葉を引用する。いわく「世界の歴史が始まってから初めて戦争製造者を罰する裁判が行なわれつつある。」（昭和二十一年五月十三日、速記録四号二〇ページ）

六　ファーネス弁護人の追加申し立て

裁判所はこれで公正なる行動ができるであろうか。この法廷の管轄権の根源はポ宣言である。戦争犯罪人に対して厳正なる裁判をするということである。

本裁判の原告は、日本が戦争をしいまなお戦争状態にある諸国、日本を敗北せしめた諸国、日本の降伏を受諾した諸国である。この裁判所の各判事は最高指揮官によって連合国の提出した表より選出された者で、開廷の日、裁判長がいわれたとおりこの判事は日本を敗北せしめた国を代表しているものである。この起訴状にある犯罪は、これらの諸国に対する犯行である。すなわち戦争を計画し、開始し、遂行したというのであり、またこれらの諸国に対する条約の違反である。

これらの諸国は、被告人がこの犯罪に関して有罪であることを、確信していればこそ、この起訴状の各訴因は提起されたのであろう。われわれはこの裁判所の各判事が明らかに公正であるにかかわらず、任命の事情によって決して公平であり得ないことを主張する。この裁判は今日においても今後の歴史においても公正でなかった、合法的でなかったという疑いも免れることはできない。

被告は中立国の代表者によって裁判されることができるのである。中立国は戦争の熱情および憎悪から脱している。かかる国の代表者による裁判こそ合法的であり、公正で普通の裁判ができると信ずる。よって本裁判所の構成は適当でないものと主張するものである。（昭和二十一年五月十四日

速記録五号二一ページ）

七　ブレイクニー弁護人の申し立て

まず最初に申し上げたいことは「戦争は犯罪ではない」ということである。そもそも戦争とは〝力〟を合法的に使用する権利を指示する観念であるが、現に戦争に関する国際法規の存在すること自体が戦争の合法性を説明するなによりの証拠である。というのは合法的な関係なればこそ系統的な手続きや、原則の厳然たる制度の下に置く必要を生ずるからである。もし戦争が本来非合法的なものであるとするならば、戦争の開始、通告、遂行、終結等に関する一連の法則は全く無意味なものとなるわけである。

戦争は特殊な観点から眺めた場合でも、純然たる客観的様相から判断しても、決して正しいとか正しくないとか、合法とか非合法とか断定を下し得る性質のものでない。ロータ ー・パシウトはその著「オッペンハイム国際法論」の第六版においてつぎの如くいっている。「国際的な立法手段の欠如する場合、戦争は法を変化せる事態に適合せしむる機能を発揮したものである。かくの如く戦争は国際機関の不備欠陥を補充する上において、極めて粗莽的な役目を果たして来たが、それとは全く別の観点から見ても、戦争はその企画する変化の客観的価値のいかんにかかわらず、国家の権利を攻撃し、かつこれを改変するための合法的な手段として広く認められている。」

この点に関しハイドは、一九二二年の著書で「ある国が他の国に対し弾圧を加え、または戦争に訴えて政治的にまたはその他の点において有利な地位を獲得したとしても、それは国家の権力内のことである」と説いているが、国際法もこうした目的のために開始される戦争を非合法的なものとは断じていない。したがってこの限度においては戦争を正しいとか正しくないとかいうふうに区別する観念は排除されているわけである。

また事実上戦争を計画したり開始したりすることが犯罪行為として裁かれた例は、文明史上未だかつてない。あるいは「前例がないことは決して新例の発生を阻むものでない」といっても、行為当時処罰し得なかった行為に刑罰を科することにより法の遡及効を認容する結果を招くような新例をつくることは、文明国の法律制度とは相容れない。かつてライト卿はその論説の中で「人類共通の道義心に根底を置かない、超法律的規範または似而非なる法」という言葉を使って独裁的裁判制度に対し警告を発したが、それと同時にまた「われわれは法およびこれを強制すべき合法的機関の下に生を享けたことを誇りとする」といった。これは彼がナチ政権下におけるドイツの法律制度を論難したものであるが、翻ってわれわれは同政権下におけるドイツの法廷において「人民の良智により」という口実の下にしばしば法を無視した裁判の行なわれていた事実に思いを致し、大いに省みるところがなくてはならない。

法による支配ということが、時にあるいは「行き過ぎた遵法主義」の弊に陥るおそれのあったことは事実であるが、それにもかかわらずこの法による支配すなわち遵法主義が多年気まぐれな独裁的な専制的な制度の下に現われてくる幾多の悪弊を抑制する上に、必要欠くべからざる鉄則として広く認容されていたということもまた忘れてはならない。しかるに首席検察官はつぎのように述べた。「これらの諸国家すなわち今度戦争犯罪人を裁く側にある諸国家が、世界的災害を醸した人たちを処罰する〝力〟がないという法があり得るであろうか。」（英文速記録二〇四ページ）

然り、連合国側はやろうとさえ思えばこの被告たちを絶海の孤島に流すことも裁判せずに投獄することも、即座に銃殺してしまうことも不可能ではなかった。事実それだけの〝力〟と〝権力〟を持っていた。しかるに連合国政府はその一致した意見に基づく幾多の理由により戦争犯罪人を処分するに、前掲の略式、野蛮な方法をえらばず、最も厳粛なる裁判を行なうべきことを決議し、これを世界に表明したのである。その結果連合国は自発的にしかも良心的にその権利に一定の制限を付するにいたったのである。換言すれば連合国側は敗戦国およびその人民に対する専断的処罰権を放棄したのである。したがってたんに可能性があるというだけの理由で本件起訴状に現われているような法を無視した専権行使を認容、弁解することは全く言語道断である。いやしくも法に遵って行動すべきことを言明した以上、その行動が厳正なる法の規制を受けるのは当然のことであって、かかる方針の下に設けられた当裁判所の管轄権が、法に遵って決定せられ、その活動がこうして決定せられた管轄権の範囲内に限定されるべきこと当然である。

つぎに「戦争の違法性」に関し論じたい。検察当局は戦争の違法性を論じ、戦争は犯罪行為であると断じ、つぎの如く述べた。「ウエストファリア平和条約には戦争は主権の合法的発動であると言明されているが、その後における権威ある国際法学者はことごとくこれを否定する方向に向かっている。ウエストファリアの条約後に成立した国際条約、決議、協定の中にはこの新傾向を裏書きするものが数多くあるが、これら一連の国際協定の総合的効果として戦争は、法律的に否定され戦争を開始、遂行することは、非合法的行為すなわち犯罪とみなされるようになった。」そしてこの種の条約、協定の例としてハーグ条約、国際連盟規約、ジュネーブ議定書、パリ条約、汎アメリカ会議の決議を指摘した。

そもそも戦争を人道に対する罪とする観念は、修辞的には一九二四年ジュネーブ協定の成立するずっと以前から認められてきた。しかし戦争が果たして犯罪の構成要件を備えた行為であるか否か、またかりに然りとするも、戦争行為を審判処罰するために果たして公正なる裁判を行ない得るものか否かということは、修辞的な犯罪行為という観念とは別途に検討すべきものである。

かりに検察当局の主張に従い、戦争を否定するパリ条約の効果として犯罪行為とみなされるようになったとしたところで、この条約のどこに違反した行為に対する処罰条項があるか。われわれの調べたところでは皆無である。この条約をもって戦争の違法性を認めるようになったといわれている締約国は、本条約違反に対してなんらかの刑罰を科したことがあるであろうか。否それどころではなく右条約締結後における各国民の行動に照らしてみても明白に証明せらるるとおり、世界の世論はまだまだ戦争を犯罪だとは考えていないのである。

常設国際裁判所の判事で最近における国際法の権威者たるマンレ・O・ハドソン氏は一九四四年つぎのように説いた。「個人の行為たると、国家の行為たるとを問わず、これに裁判上国際法を適用してその犯罪行為なることを認めてこれを処罰することは今のところその時機に達していない。」

本起訴状に犯罪事実として挙げられたるものには国際連盟規約にその根拠を置くものが非常に多いが、今回戦争犯罪人を裁く側にある国家群、ことに当法廷にその代表者を派遣している国家群の中には、本件起訴状の指示する期間内にアジアおよびヨーロッパで侵略戦争を始め、国際連盟もこれを違法と認めたが、たんに連盟放逐だけでべつだん刑罰は科せられなかったものもいる。検察当局はこの事実を前にして果たして侵略戦争を犯罪視することは世界的公論だといいきることができるか。

本弁護人は法の遡及効を認めるような裁判をなすことが、法すなわち正義感と相背馳するものであるということを論じて、当法廷の貴重な時間を割こうとは毛頭考えていない。私はただ「われわれは新原則を樹立せんとするものである」という検察当局の高言が決して当法廷の意思に基づくものであってはならぬ、ということを申し立てると同時に、本件起訴状中「平和に対する罪」に該当する部分はことごとく却下せられんことを申請する。

つぎに「戦争は国家の行為であって、個人の行為でない」ということについて論じたい。国際法はいかなる観点から見ても戦争は国家の行為であり、かつ国家間の関係においてのみ存在し得る現象である、という前提の下に成立したものである。戦争に関する問題を取り扱った条約や協定で個人に言及したものは一つとしてない。故にかりに戦争は犯罪行為であるとする説を是認しても、それは戦争の違法性を認めたと解釈されている条約に基づくものであって、この条約の拘束を受けるものはその条約の当事者たる政治主体すなわち国家であって、決して血と肉を備えた個人ではない。

本件起訴状に指示されている新奇なる罪「平和に対する罪」の成立要件の基礎をなすものとして指摘されている、条約、協約等どれを調べてみても一国の首相や外相や参謀総長がそうした犯罪のためにその自由を奪われたり、その生命を失わなくてはならぬような刑罰を科せられるべきものであるということを規定した条文は見当たらない。この種の刑罰は国家間の都合では、一つの政治的取り決めとしてなら想定し得ないこともないが、自ら声明して法に基づく公正なる裁判を行なうべき重大な任務を負う当法廷が、そうした新奇な犯罪を創設することは全然その管轄外のことである。

本弁護人は戦争中に行なわれた殺傷は決して普通の殺人罪をもって論ずべきではないと信ずる。それは戦争が合法行為であるという主張の当然の帰結である。合法的に行なわれる殺人は、たとえ行為それ自体は排撃すべきものであり、嫌悪すべきものであっても、この種の行為に対しては刑事責任を問うべきものではないということが一般の認めるところである。

もちろん戦争中、戦争に関する法規や慣例を侵犯して殺傷を行なったかどでその刑事責任を問われた例は近代史に数多く現われている。しかしこれはむしろ国際法の慣例、原則に合致するものであり、また古くから一般に是認せられ、かつしばしば成文化されてきた法規に合致するものである。もしそれ真珠湾攻撃においてキッド提督の死を招いた行為が殺人行為なりとするならば、われわれは広島に原子爆弾を投下した者の名を幾人でも挙げることができる。そしてこの攻撃計画を立てた参謀総長や、こうした事態を発生させた最高責任者の誰であるかもよく知っている。この場合の殺人に対して、この人たちは果たして刑事上の責任を感ずべきものであろうか。

もしこれをしも殺人罪に問わんとするならば、明らかに犯罪事実を示していただきたい。そしてその殺人が戦争法規ならびに慣例に違反して行なわれたのだという証拠を挙げてもらいたい。それからこの殺人罪を犯した者の名を挙げていただきたい。さらにかかる行為を計画し、命令し、許可し、あるいは黙認する態度をとった最高責任者を指名していただきたい。そしてはじめて正義の法廷における被告席に正真正銘の犯罪人を連行されたことになるのである。

なお戦争法規ならびに慣例の侵犯は明らかに犯罪行為であるが、これはいままで述べた他の犯罪とは全然性質を異にするもので、これは本裁判所で裁判すべきものでなくて、その犯罪の実体である交戦国の組織した軍事委員会の裁判に服すべきものである。

首席検察官は起訴状の承認をアメリカ合衆国を代表して要求しておられるが、アメリカ軍隊の制服を着用するわれらアメリカ側弁護人も、またアメリカを代表する権利を有していると信ずる。われわれはアメリカ人を、アングロサクソンを、いなアングロアメリカンを、そして公正かつ公平なる民主主義的意見を代表するものである。

われわれの弁論は遵法主義擁護のためになされたもので、法の根本原則を無視する行動は法に対する最悪なる侵犯であると信ずる。しかるに本件起訴状はまさにこの法に対する最悪なる侵犯行為をあえてするものである。この法廷およびそこでなんらかの任務を帯びているわれわれの歴史に対する責任は実に重大なものがあり、全く身震いを覚えるくらいである。この重責はこの被告席に列する二十八人の運命よりもはるかに重大なものである。

コミンズ・カー検事は、合法的と非合法的とに戦争を区別されたが、検察官側の主張は、勝った方の殺人は合法的で敗けた方のは非合法的というのではないか。客観的な見方がないためにハーグ協定ならびにジュネーブ議定書において、列国は戦争の規則を決めたが、それに関する道徳的判定を下すことを控えた。オッペンハイムは、その著書の百七十五ページで「国際法の規定を戦争の原因にかかわらず当てはめると書いている。検察側は日本が宣戦布告したことは異議がない」といっている。問題は中国で、中国は宣戦布告をしなかったが、中国と日本の間に戦争状態があったかどうかはまだ議論の余地がある。

検察官諸公もお互いに意見の相違があるようだ。ある人は本裁判所は前例をつくるのであるというかと思えば、ある人は新しい法律をつくるのではないといっている。

フィリピン、インドまたその他の諸国の参加については、オッペンハイムの著書百九十六ページを引用したい。すなわち国際法に従えば純然たる主権国のみが交戦国となるの権利を有しているのであって、半主権国的な国は交戦国となる権利はない。

当法廷の如き管轄権の不明確な裁判所において行なわれる裁判は、徒らに勝者は敗者を権力をもって左右し得るものであるという印象を新たにするだけである。もしそんな結果に終わるような裁判が行なわれるのであったら、われわれはもはやわれわれが正義公正の愛護者として博して来た年来の名声に更に一層の光輝を添えんとする希望を捨てるよりほかにえらぶべき道はないのである。

八　裁　定

この管轄権に関する異議に対しては五月十七日、裁判長より、すべてを却下する、その理由は将来に宣告する、との申し渡しがあったのである。

第五章　審理状況

一　ウェッブ裁判

ウエッブ裁判長は一九四六年五月三日、東京裁判の開廷に当たり、つぎの要旨の宣言をした。
「私どもは本日この法廷に出廷するにさきだち、恐るるところなくかつ依怙贔負あるいは愛情に支配さるることなく、法に照らし、公明正大なる判決を下すべし、との共同宣言に署名したのであります。」「当裁判所の大なる任務は事実と法との両者につき虚心坦懐、公平なる態度を持するにあるのであります。」

右にいわゆる法とは本裁判所条例を指すか、国際法を指すか、またはその双方を指すか、明瞭を欠くけれども、国際法を無視するものでないことは明らかである。すでに国際法を準拠法とする以上、ポツダム宣言に基づいて作成された本裁判所条例の適否の如きも、国際法に基づき国際正義により批判さるべきものである。

キーナン首席検事はその冒頭陳述において「ワレワレハコレラノ日本人被告ノミナラズ、総テノ人ヲ拘束スル儼然タル法律ノ原則ニ遵ッテ居ルト信ズルモノデアリマス」と言明した。

本裁判の手続法としては裁判所条例第三章ならびに第四章に簡単な規定が設けられたばかりで、他になんらの制限がないのである。したがって大体において英米法に拠る場合が多かったが、特殊な点においては裁判長は独特な方法によって、自ら裁定を下して審理を進めた。故にアメリカ弁護人諸君は常にこの裁判は英米法による裁判ではなく、ウエッブ裁判だと憤慨していた。

ウエッブ裁判長は自ら豪州における第七番目の地位にある判事だと言明したから、日本でいえば地方の高等裁判所の長官ぐらいの程度であろう。容貌はゴリラの如く、目は鷹の如く、頭も普通の裁判官としては、悪くない方であった。しかし難を云えば、正直すぎて裁判長に選んでくれたマ元帥の恩顧に酬ゆべく、この裁判を占領軍の意図どおりに、成果を挙げんと、あせりすぎた観があった。元来著者は本裁判の長には、日本の国情を知悉し、かつ世界情勢や国際法に明るい世界的な権威者、たとえばアメリカのグルー氏かイギリスのクレーギー氏の如き人物を、選任せられんことを要望したのであったが、結果は英米でもない、豪州の一判事が任命されたのであった。

ことにウエッブ氏は戦時中豪州軍部の命令により、ニューギニアにおける日本軍の行動を調査報告し、本裁判所の対象たる事実に関し、予断を抱いていたと疑われる立場にあったのである。

日本の侵略を断ずるなら、種々の角度から侵略なりや否やを検討すべきである。太平洋戦争の原因中には日本の人口問題が重要部分を占めることは議論の余地がない。米英が日本の移民も植民も拒否して、日本国民の圧殺をはかったことについては、十二分の検討が加えらるべきであるにかかわらず、ウエッブ裁判長は「私共ハ今移民問題ニハ全然興味ヲ持ッテ居ナイ訳デス、今我々ノ問題ニシテ居ルノハ戦争デアリマス」と放言した。(二一・七・三)

この性格や考え方は審理の上に現われて、ウエッブ氏は公平なる裁判官として、日本が侵略したかどうかを審理するのではなくして、日本が侵略戦争を行なったということを大前提として、この事実に対する、もっともらしい理屈付けと、証拠固めをすることが、その使命であったようだ(記録一二五号二二ページ)、彼はそれを明確な自分の義務だと公言した(一三〇号一〇ページ)。

支那事変関係の冒頭陳述において、ラザラス弁護人が中国共産党が蔓延し、やがてそれが日本自身に蔓延することは、日本の破滅になるであろうと日本が恐れていたことを陳述し、さらにトルーマン大統領が今日防共声明を出しているが、被告らは一九三七年(昭和十二年)当時すでに予見していたことを主張せんとするや、ウエッブ裁判長は「アメリカ弁護人として、この連合国の法廷が、敵側の宣伝と称せらるべきことに対して、示しておるところの、寛容と忍耐力を、あまり利用しないで下さい」と抑えた。(二〇一号六ページ)そして、「私はイギリスの判事、オーストラリアの判事であります。したがって不必要に自分の国家、またはここにおる十一カ国の判事の代表する国家を、侮辱されるような言葉はこらえることはできません。私にとり自分の国に対する忠誠心というものは、この上もないものであります。これ以上のものはなんらありません」と述べた。この敵対的な憎悪の一言！　戦勝国の利益代表！　これがどうして、世界平和のための公平な文明の名による国際裁判の裁判長の態度であろうか。

支那事変の発生に関し共産党の影響が要素の一部であるとの弁護側の主張に対し、裁判所は「一般段階においては中国あるいはその他の場所における共産主義あるいはその他の思想の存在あるいは蔓延に関する証拠はすべて関連性がない」と決定した。（二〇六号一〇ページ）

裁判長の右隣りはアメリカ代表のクレーマー少将、左隣りが中国代表の梅判事であり、その隣りがソ連代表のザリヤノフ判事であった。クレーマー氏は謹厳な軍人であり、ほとんど裁判長と私語することなく、裁判長は常に梅判事と相談して審理を進めていたが、この梅判事こそは、国民政府と行動を共にせず、現在中共に残って司法部で活躍している人であることを知れば、ウエッブ裁定がどんなものであったか、想像に難くないであろう。

またウエッブ裁判長は「木曜日に悪い事をして、金曜日に立派な説教をしたからとてそれがなんだ」というコミンズ・カー検事（イギリス）のいわゆる木曜、金曜論なる愚論を容認して、証拠を却下した。（二六九号五ページ）これは小さな窃盗事件ぐらいなら通用する意見であるが、十八年間一貫して存在したという、侵略戦争の共同謀議を審理するに当たっては、全期間における、被告の全行動を、詳細に検討するのでなければ、断定は下し得ないはずである（二六九号四ページ）。

いわんや法廷は被告側の困難な消極的立証に対しては、謙虚な気持ちで考慮しなければならなかったのである。

さらにウエッブ裁判長は「他人が犯罪を犯しているということは、自分の犯罪を軽減する資料にはならぬ」と断じた。しかし国防の如き相対的関係に立つものにおいて、隣国の戦備や行動が無視されて、どうして判断ができようか。ソ連の満州国境における動静、軍備を度外視して、日本の軍備の侵略性を断ずることは、国防の何物たるかを理解しない者の態度である。

またウェッブ氏は「非常に悪賢い者は他人とくに新聞記者または出版者とかいうような人には、非常にいいような意見を述べるのが当然だ」と発言した。かような悪意をもって特殊な異例を想像して、政治家の公的記者会見の証拠を葬り去って、どうして公正な裁判といい得るであろうか（二六九号五ページ）。

本裁判の記録を読む人は誰でも、本裁判の審理が、弁護側提出の証拠をいかに制限せんかとの苦慮に終始していることに気づかれるであろう。ウエッブ裁判長の職務は日本の侵略否定に関する被告らの主張なり、立証なりを、いかに押えんかの努力に尽きている。したがって法廷が異議論争に時間を空費したことはおびただしい。

大島被告担当のカニンガム弁護人は、法廷のあまりの矛盾に堪まりかね、時間の浪費について一言するとて「ある文書の容認性を議論するために約四十五分を費したが、これは速度で約八分で朗読する文書であります……これは非常なる時間と精力の浪費となります」と一矢を酬いた（二三三号二ページ）。

また「アメリカにおいては、一人以上の判事が提出された書類に対して、証拠力があるという考えを持った場合は、少数でも、その証拠は受けいれられる。本法廷が多数決によって却下されるのは、公平なやり方ではない」ときめつけると、裁判長は「裁判所条例のほかは、私は何も申すことはありません。それは多数決を採用しています。それがよいか悪いかについては、何も申しません。私は未だかつて、国家の法廷が少数によって支配された例を聞いたことがありません」と逃げている（二〇六号五ページ）。

しかしこれは明らかに裁判長の横暴で、その書類が証拠力があるかどうか、一応条件付で受理してみようということは、一人以上の判事の賛成があれば十分で、それが少数支配ということにはならぬ。最終的にその証拠力を決定する裁定や判決とはわけが違うのである。

証拠の却下

裁判所条例第十三条(イ)には「本裁判所は証拠に関する技術的法則に拘束せらるることなし」と規定されているにもかかわらず、裁判所は小乗的な難癖をつけて、弁護側の証拠の却下をもって、能事とした観があった。

本裁判は、日本は侵略戦争を行ない、無条件降伏をしたと断定し、これを前提として、審理を進めた。したがってわれわれ弁護人が主として争わんとした、侵略戦争に非ずとか、日本軍隊は無条件降伏したけれども、日本国は無条件降伏したのではなく、ポツダム宣言なる有条件降伏をしたのであるから、連合国の同条件無視は許されぬ、という主張の如きは考慮されず、これに対する立証も認められなかった。たとえば「荒木被告の皇道思想や、従来とった行動は侵略思想とは正反対だ」というが如き立証は、性格証拠だとして却下し「その当時大臣でなかったという証拠があるなら出せ」とか、「真珠湾を奇襲しなかった」という証拠があるなら出せ、というのが彼の根本的態度であった。

検事団の提出した証拠に対しては弁護人の異議を却下して採用しながら、同じ文書を弁護人が利用せんとするや、検事の異議を容認して却下した場合さえあった。

フランス代表ベルナール判事はその単独意見において「審理の手続きについての意見」として左の如く述べている。

条例は被告に弁護のために十分な保障を与えることを許していると自分は考えるが、実際にはこの保障は被告には与えられなかったと自分は考える。

多くの文明国家ではそれに違反すれば全手続きの無効となるような重大な諸原則と、被告に対する訴訟を却下する法廷の権利が尊重されなかった。自分はただつぎのことを強調する。

(イ) 最悪の性質をもった犯罪についての告訴は、直接法廷へ起訴された。この犯罪の証明は最大の困難を伴う。そして検察団弁護団両者と全くなんの関係もない治安判事の手による検察団弁護団両者に同様に有利となる予備的調査をすることによって、弁護のための諸要素を入手し収集するに努める機会が与えられなかった。そしてその間に本来なら弁護人の援助を得て被告は大いに利益するところがあったであろう。この原則の違反の現実の結果は、私見によれば、こんどの訴訟については特に重大であった。

(ロ)　検察側は同時に全部の被疑者を起訴しないという権利を主張して、起訴は一部の被疑者のみに対してなされ、裁判もこれらについてのみなされた。この不平等の結果は天皇について特に明瞭であり悲しむべきものであった。こんどの裁判で天皇は被疑者の中に数えられることがわかった。もし天皇の場合が異なる基準によってはかられるならば、国際正義が成立するだけの価値ありや否やを人に疑わしめ、裁判に天皇の出られなかったことは確かに被告の弁護を阻害した。

(ハ)　被告に各国の法律が許与しているあらゆる保障を東京裁判の被告に確実に許したかという点について、審議のなされたやり方は、論議されるであろう。このあらゆる保障とは簡単につぎのようにいえよう。いかなる影響もうけないところで、あらゆる提出された証拠に関連して、法廷に出席のあらゆる判事の間で、口頭の論述をすることである。

二　キーナン首席検事の片影

赤ら顔のアルコール焼けのした風貌と、精悍なエネルギッシュな体つきとは、この東京裁判劇の敵役にはうってつけであった。かつて彼は若き検事時代、有名なギャングのカポネを検挙して、雷名をとどろかしただけに、強力犯に対しては、相当自信もあったであろう。しかし本件のような一国の興廃、民族の存亡を賭した、大戦争の侵略性を審理する知能的大事件の首席検事として、果たして適任であったかどうか。

現に第三日目（一九四六・五・六）には「起訴状は英文によってこの法廷に提出したものであって、日本文はたんなる便宜のために作ったものだ」と発言して、すぐに清瀬弁護人から「法廷憲章は日本語と英語と両方で、裁判を進行させると明定しているが、これは便宜のためではなくて、被告人に対する公平な裁判をする一つの保証として規定されたものである」と一本きめつけられた。

これは彼が、日本国軍隊の無条件降伏を日本国家の無条件降伏と、明文を無視して詭弁を弄したこととともに、油断をしていると何をいい出すかわからんと、検事団の信用を疑われ鼎の軽重を問われた問題であった。

彼はニュルンベルク裁判のジャクソン首席検事とちがって、法廷憲章の起案には関係しなかったようであるが、首席検察官は最高司令官に対し法律上の助言をなす立場（条例第八条(イ)）にあったので、この裁判の政治的運営に関する、マッカーサー元帥の相談相手でもあった。その最も大きな現われは、天皇喚問を拒否し続けて、押し切ったことである。

この裁判は当初、日本の破壊と弱体化とを使命とし、途中から日本の利用に転換したアメリカの高等政策に、順応しなければならなかっただけに、彼としても相当の苦心を要したであろう。ことに裁判長は三流国で、反日の豪州出身者で、終始偏見を抱いて日本を見、被告らに対していたのであったから、弱体化方針の時は便利であったが、それだけに利用復興政策に転換後は、事ごとに反感を露骨に現わし、天皇不起訴不喚問については単独意見書で最後の不満を吐露しているあんばいだったので、首席検事としてはそれだけ骨が折れたことと思われる。

さらに首席検事として厄介だったのは、ソ連の判検事を抱擁しながら、この裁判を遂行しなければならなかったことであった。気に食わねばすぐに帰国するとふて腐れる、ソ連や中国の判検事団を、とにかく機嫌をとって最後までひきずった苦心は、買ってやるべきであろう。

それはさておき、重光や梅津を起訴したのは、四月になってからやって来た、ソ連検事団の提案によって、被告中に追加したのだそうだが、キーナン氏は重光の追放解除に際しては「自分は最初から重光を起訴することを好まなかった」と声明して世の批判を受けた。首席検事が自ら欲しない被告を起訴することもおかしいが、さらにその事実を臆面もなく、公表するにいたっては、彼の良心、いなアメリカ人の責任感を疑いたくなる。同時に彼によって提出された起訴状全体の権威を疑わざるを得ない。今後世界情勢の変化によって、彼はおそらく第二、第三の重光のような被告に関する声明を出すのではあるまいか。いな全被告に対して心ならずも起訴したなどと、述懐しないとも限らぬ。検事はそれでもよかろうが起訴された者こそいい災難だ。（なおキーナン氏は一九五四・十二・八死亡した。）

三　言語と思想・感情

著者は最初、本裁判のガンは言語の相違にあると考えた。事実、困難な法律語や中国の地名等が突如として現われ、即座に通訳することは容易な業ではなかった。「旅、大の回収」を「旅順大学の回収」と訳した等はもっともらしい誤りだった。

しかしこの言葉の問題はモニターや、通訳諸君の勉強により、一年たち二年たつうちには逐次慣れてきて、初期のような誤訳や渋滞は少なくなったが、西洋人と日本人との思想感情習慣の根本的相違は、一朝一夕に理解、融和することは困難であって、結局これが本裁判の決定的致命傷であったと考えられた。

たとえばアメリカ人弁護人はオブゼクション（異議）を盛んにいう。しかもその十中八、九は却下される。それでも執拗にまた出す、また却下される。あまりの醜態に、まず音をあげたのは被告たちであった。そうして「アメリカ人は仕方がないが、日本人弁護人は自重して下さい、いやしくも異議をいうなら、採用される見込みのあるものを堂々とやって下さい」と希望した。

もちろん、われわれも同感だった。ところが暫くたつうちに、この法廷では、アメリカ人弁護人の英法流のやり方が適当であることがわかってきた。それは裁判所や検事側の不当な発言に対して、もしこちらが沈黙していると法廷は「弁護側は満足している」と解釈する。これに反して異議をいっておけば、たとえ却下されても、弁護側は満足していない、ということが明瞭になり、さらにそれが記録にとどめられるから、後日再審に際しても、批判される資料を残すことになる。これがわかってから、私は被告たちと語り合って笑った。「これが日本人が外交で失敗した機微だろう。日本人は語学が下手なためもあろうが、いやしくも発言する以上は、堂々たることをいってやろうと、自重しているうちに、日本代表は満足しているとみなされて、会議は済んでしまったであろう」と。現にアメリカ人の弁護人中には「日本人がハワイの襲撃をやる位なら、なぜもっと、外交で強く出られなかったであろうか」と不思議がっていた者もあった。

日本人はすぐに責任を感ずる。たとえば荒木は「大東亜戦争の開始には反対だった。しかし日本国民の一人として、責任は回避しない」というと、アメリカ弁護人は顔の色を変えて驚いて、戦争の責任を自覚するのでは死刑は必然だという。「いやその責任の自覚は道義的であって、法律的意味のものではない」と説明しても、彼はそんな区別は認めない。「荒木が戦争の責任を自覚するのは感心できない。事実に反する意思の表示はすべきでない」といって譲らない。

アメリカ人弁護人たちが大勢で著者の家庭によく押しかけて来たが、最初「僕の家は焼け出されで、狭くて、きたなくて、ご馳走もないが、よかったら遊びに来てくれ」というと、彼らは「人を招待するのに、そんな挨拶があるか」「これは家族の心づくしのご馳走だ、うまいだろうといえ」という。なんでもないことだけども、伝統的思想感情の相違の根は深い。法廷の陳述でも、結論を先きにいって、後から簡単に理由を説明することに慣れるまでに、著者は相当な時間を要した。敬語が翻訳には少しも出ないことを知りながらも、敬語を使う習慣が、なかなか抜けなかった。極端な敬語や、くどくどしい挨拶は、外人にはかえって不快の種らしい。物を貰っても、その場で包みを開いて大きな表情で感謝の挨拶はするが、それっきりで、度々いったり、翌日また繰り返えすようなことは下品として決してやらない。

彼らの間では礼も過ぎれば非礼になるということが徹底しているようだ。習慣や感情の相違は実に恐ろしい。そうした習慣の相違や思想感情のくいちがいから、法廷における審理にどれだけ誤解や感ちがいの種をまいたことか。

ウエッブ裁判長は証人の米内光政大将に対し「お前は馬鹿だ！　よく総理大臣が勤まったものだ」という意味の侮辱的言辞を弄したが、これも必ずしもウエッブ氏の憎悪感のためばかりでなく、大将の応揚な態度と慎重なものいいぶりからきた誤解であったと思われる。

四　偽証罪と法廷侮辱罪

本裁判の審理において、最も興味深く感じたのは、偽証罪の追及がほとんどなく、その反対に法廷侮辱の剔抉がすこぶる峻厳を極めたことであった。この点ウエッブ裁判長は自信をもって、法廷の秩序保持を、もっぱら法廷侮辱罪の活用に置き、全公判を一貫した。

法廷の論議も裁判長が「これに関する議論はこれでおしまい」と宣言した後、なお発言すると、法廷侮辱だと、きめつけるあんばいだった。

著者はわが国法曹界の諸氏の御参考までにこの点について、今少しく詳しく述べてみよう。

偽証罪

最初われわれ日本人弁護人は、検察側証人があまりにも厚顔無恥で、しらじらしい嘘を平気で証言するので、憤慨のあまり「証人は検事から何度調べられたか、その調べ方はどんなふうであったか」と追及した。ところがそうした弁護人の発言に対して、ウエッブ裁判長はきまって「そんなことはわれわれ裁判官の助けにならぬ」と拒否した。そこで弁護人は「いや大いに助けになる、証人があらかじめ検察側から、どんなふうに調べられたかということは、証言の信憑力に重大な関係を持つものだ」と抗弁したが、裁判長は受けいれようとしなかった。そうして、それは、だんだんウエッブ裁判長のつぎの如き信念に基づくものであることが、明瞭になった。すなわち「検事側も弁護側も、いやしくも証人を法廷に連れて来るには、あらかじめ十分取調べて、その最も有利な部分を整理して、証言せしむべきだ。法廷に来てから混雑するようでは、法廷のためにならぬ。もしそれ偽証であるか、どうかがわからぬようで、どうして裁判官がつとまるか。われわれは陪審員ではなく、本職の判事である」というにあった。

裁判所の心証を害さないように、証言前には証人に会見することとさえ遠慮するように習慣づけられていたわれわれ日本人弁護人としては、この徹底した当事者主義の実行には、当初奇異な感を催したが、裁判長は最後までこの方針を貫き、四百十九人の法廷証人、七百七十九人の宣誓口供書の取り調べに際し、ただの一度も偽証の疑いを挾んだり、偽証罪を振りかざしたことはなかった。これは証人をして屈託なしに十分に証言をなさしめる考慮からで、人格尊重の点からいっても、真実発見の意味からいっても肝要なことである。

法廷侮辱罪

これに反して真向から大上段に振りかざしたのは法廷侮辱罪であった。それも被告や弁護人を威圧するためばかりでなく、ウエッブ裁判長がまっさきにこれを適用したのは、フランスの代表検事オネト氏に対してであった。しかもそれは大した問題ではなく、フランスの国語をもって冒頭陳述を許可することの可否の問題で、オネト検事は、フランス国の名誉のために強くこれを主張し、裁判所が拒否して、休憩のため退廷せんとするや、追っかけるようにして「裁判長！」と叫んだ。それが法廷侮辱に値いするとして、振り返った裁判長は「もしオネト氏が再考し、陳謝されぬなら、午後は同検事に対する法廷侮辱罪を審理することになろう」と申し渡した。しかし再開の法廷においてオネト検事が「私の誤解であって申しわけがなかった」と陳謝したら、至極あっさりと「これでこの問題は打ち切る」と声明して終わりを告げた。（一九四六・一〇・一）

第二回目に適用されたのは、スターズ・アンド・ストライプス（星条旗紙）の編集長であった。昭和二十二年二月二十四日裁判長は開廷劈頭「本日弁護団がなす弁論の性質を予言しているような新聞記事は、法廷を侮辱すること甚だしい。星条旗紙の責任者は発言台のところへ出て来い」と命じた。声に応じて報道陣席より同紙主筆チャールス・ピー・テーラー大尉が出て来て発言台に立たされた。裁判長は厳然として、その裁判の神聖を冒瀆する不都合をなじり、厳重に戒飭し「…法廷はその審理に際し、連合国の保安ということを常に念頭に入れて、審理を進めている。これはたとえば、公文書の取り扱い方によってもわかるのである。イギリスにおいてもアメリカにおいても同様であると思うが、大臣がある文書は、国の保安を護る点からして、これを発表してならぬといえば、それは発表できないことになるのである。星条旗紙の担当者たちは、この事は知っているべきである。もし今まで知っていなかったとするならば、今後は十分知るべきである。過去においても警告を発したが、もう一度あなた方に対して警告を発します。そして今後これを守られないとするならば、われわれに与えられた権限を執行し、そしてわれわれ自身でこの連合国を護ることに努めます……」と申し渡した。（一六六号、七ページ）また日本側新聞社も朝日、毎日が同様に法廷に提出されない証拠を事前に報道したという案件で法廷侮辱罪に問われ、陳謝しかつ社説で詫びて許された。

第三回目に法廷侮辱罪に問われたのは、広田被告の弁護人スミス氏であった。裁判長に対して「不当な干渉（Undue interference）をやめてもらいたい」と発言したことから、裁判長はこの言葉を取り消し陳謝せよと命じたが、スミス氏はこの言葉はアメリカ法廷では常に用いられているところで、あえて法廷侮辱を意味しないといって、頑として応じないので、裁判長は合議の結果「スミス弁護人がこの言葉を取り消し陳謝しない限り、本法廷から除外する」と申し渡し、スミス氏も所信をまげず、ついに最後まで復帰しなかった。（詳細は二三七ページ参照）

第四回目は大島被告担当の弁護人オウエン・カニンガム弁護士であった。同弁護人は結審後判決までの休暇中帰米し、シアトルにおける全米弁護士大会に出席して「東京裁判は報復とその宣伝であった」と演説し、その後判決いい渡しに立会うべく東京に帰って来たが、裁判所は、これを法廷侮辱として、秘密会議の結果、同氏の弁護人としての権利を剥奪し、出廷を拒否した。(一九四八・一〇・一七・UP電)

五　本裁判の長所

事務的には、さすがに英米式に洗練された処理ぶりを見せ、記録の整備には驚嘆すべきものがあった。法廷速記も英文の方は爪を赤く染めた婦人速記者が小さいステノグラフを緩慢な速度で叩いているが、途中で、先刻の弁論の個所を読んでくれと命ぜられればたちどころにすらすらとテープを繰って読みかえして行く。これに反して日本文の速記は国会の選り抜きの速記者たちが来ているのに、最初はすぐに読みかえすことすら困難であった。

ことに決定的に頭を下げたのは、英文速記録はその日の中に整理され、アメリカ人弁護人や検事は、午前中の相手方の弁論の速記録を読みながら、昼食をとり、秘書を呼んでタイプを打たせ、午後の法廷では、それを見て弁論をすることができるのに、日本文の速記録は二十日ないし一カ月かからねば弁護人の手に渡らなかったことである。これでは事務的にも無条件降伏するほかなく、これは将来日本字の符号を工夫するか、仮名文字やローマ字の使用に徹底するか、あるいはタイプを改善するか、なんらかの技術的方法を講じない限り、現在の状態では国際場裡に活躍できないことを痛感した。われわれの先祖は象形文字を学んで、「カタカナ」や「ヒラガナ」を発明した優秀な頭脳の持主であった。私は今後とも弘法大師の再生を祈ってやまない。

なお時間の尊重についても、学ぶところがあった。たとえば裁判長はあと五分で四時という時でも、新たな証人を発言台に立たせ、人定訊問その他でき得るだけのことをやらせて、正四時になるとピタリとやめて閉廷する。日本の裁判所では後五分という時には、大概の裁判長が「あと五分あるが区切りがよいから、今日はこれで閉廷し、次の証人は明朝十時から訊問する」といい渡すのが普通だ。ところがこの五分が積もれば、三年間では大した時間になる。これは確かに学ぶべきことだと思う。

いま一つ秘書の使い方にも感心した。アメリカ人は検事も弁護人も一人ずつ女秘書をもっていたが、これら女秘書の主たる任務は、書類の整理保管にあった。西洋人は日本人のように、仕事中にお茶を飲んだり、来客のつど、お茶やお菓子を出すことをしない。したがって彼女らはお茶汲みや来客サービスから全く解放されて、もっぱら記録の整備に当たっている。そのかわり書類に関する限り全責任を持たされ、何日の記録を持って来てくれ、と命ぜられれば立ちどころに持って来る。見ていて気持ちのよいまでに、てきぱきと事務を処理する。この点重役室の飾物然とすましている美人娘型や、サービス専門の接客婦型の多いわが国の女秘書とは、種類がちがうようだ。これは使われる者より使う者に、反省の必要があろう。そうして日本人の生活態度も全般的に東洋流の接待本位より、西洋式の事務中心に、切り換えるべきではあるまいか。

六　日本刑訴運用の参考となる

東京裁判が、アメリカ法を多分にとり入れて急遽制定したわが国刑事訴訟法の運用に多大の示唆を与え、参考になったことは争えぬ。なかんずく左の事項については今後といえども研究さるべきものと信ずる。

一、冒頭陳述のやり方
一、証人訊問のやり方（主訊問、反対訊問の仕方ならびに誘導訊問の限界）
一、意見と事実陳述の区別
一、継続審理の実行方法
一、法廷侮辱罪の問題
一、少数意見の発表
一、判事控室（チェンバー）の活用
一、時間尊重による訴訟の促進方法

一、記録の整備（ならびに速記録、録音の完備）

七　被告陣営

かつて大臣、大将その他の指導者として多年国家の要位を占めた人たちが敗戦の結果、一朝にして、その特権を剥がれ、自由を奪われ、旧敵国の法廷に立たされる。しかもその判決が極刑たるべき公算は強い。彼らの同僚中には逮捕前自決して、清節を維持した者も多数あって、彼らは生き恥を晒らす者として、国民の指弾を受けている。財産は没収され、家族の生活は保証されない。占領軍は横暴の限りを尽くし、共産党は時を得顔にふるまっている。国民の虚脱状態は、いつ回復するとも曙光さえ見えない。国家、皇室の前途は、いかになり行くであろうか。被告らの思いが千々に乱れ、身心ともに焦悴していったことは当然である。

しかしそれも次第に落ちつきをとり戻し、法廷対策を練りはじめたのであった。ただ彼らの中に、「どこまでも国家と運命を共にすべく、死を賭して公判闘争をしようとする者と、国はすでに亡びたのだからこうなった以上は命あってのモノ種だ、この際は少しでも軽くなるよう努力した方が利口だ」と悟りすました者との二種類ができたことは、やむを得ぬ成り行きであった。そしてそれはアメリカ人の弁護人が来てから一層拍車をかけた。

その戦争責任がどこにあるかは、日本人の手で裁判するとしても、容易なことではないのであるが、事情を知らぬ外国人の誤解と偏見とで審理されるのであるから、被告らの困惑は言語に絶した。ことにたんなる個人の利害ばかりでなく、かつての陸、海軍省とか外務省とか団体の利害とか、同僚の名誉とかに関する場合は黙過することができないのもその被告としてはやむを得なかったことであろう。

被告ら中一番利害の対立したのは㈠重臣と内閣㈡軍部と外務㈢陸軍と海軍との関係であった。右のうち重臣と内閣の関係は四重臣の動きや木戸対東条関係の微妙なところもあったが、大過なく終わった。軍部対外務関係では、ついに東郷、島田の大論争となり、お互いにその背後の名誉のためにと、りきんだが、一般国民には苦々しきセクショナリズムの対立としか、見えなかったようだ。問題は対米最後通牒が真珠湾攻撃の三十分前に到達するように外務省に任せてあったのに、駐米大使館の手ちがいのために予定より一時間十分遅れてしまったので、無宣告攻撃、日本海軍のだまし討ちとして国際法違反の責任を問われた事に関するものであった。

東郷は次のように証言している。(昭和二十二年十二月十九日)

昨年の五月の半ばだったと思いますが、ここの一部屋に来て昼食をした後、島田が永野と私と三人で話したいということを申し出て話をしたことがあります。その時、島田から私の方へ、海軍が奇襲を欲しておったということをいってくれるな、という話がありました。もし私がそういうことをいったら、私のためにならぬだろうという何か脅迫的のことを申しました。

この暴露的供述にたいして、島田は証言台に立ってこれを反駁した。（二十三年一月九日）

永野と余は東郷より数カ月早く収容されたが一九四六年五月中永野は「東郷が永野と伊藤中将が連絡会議で一九四一年十二月の敵対行為開始は無通告で行なうべきことを主張し、東郷氏の説得によって、遂に両名は通告を送付することに同意した」という意味の陳述を検察側に提出した事実を知らされて激怒し、私は、日本海軍の名誉に関する重大事だと述べた。それは海軍大臣として私が全然記憶にないばかりでなく連絡会議に出席した全被告も東郷の陳述に同意する者はなかった。永野と余とは本建物内で休廷時間中彼と会談したことはあるが、それは他の被告全部の面前で行なわれた。会談の要旨は東郷にこの問題に関する他の被告全部の陳述を語り、左様な事実については、もっと注意深くあるべきだといっただけだ……すでに数回にわたり、その意味の陳述をしている東郷を掣肘して撤回させるために脅迫した等とは馬鹿らしいことである……彼がかくいうことは、まことにいいにくいことだがよほどやましいところがなければならぬ。また彼は外交的手段を使った。烏賊が墨を使って逃げる方法を使った。すなわち言葉を換えれば非常に困って、いよいよ自分の逃げ道を探すために、とんでもない、普通使えないような脅迫という言葉を使って逃げたと思います……軍令部が要求した時間はワシントン時間の午後一時であります、実際攻撃が行なわれた時間は午後一時三十分であります。野村大使がハル国務長官に、日本の最後通告を渡したのは、ワシントン時間午後二時十分頃と記憶します。日本が最後通告におくれた一時間十分、この時間は全然攻撃には関係のない時間であります。もし午後一時に予定通りすなわち軍令部の要求通り野村大使が渡しておれば、攻撃まで三十分の余裕があり、国際法上なんら差し支えのないことであります……島田としては東郷となにも関係はありません。私がこうやって証人台でいろいろ申し上げるのは当時の海軍大臣たる責任者として海軍の名誉が彼の証言によって汚されたから、やむを得ずやっておることであります……

かくこの期に及んでまで歎かわしき論争を繰りかえされたこの問題も、法廷はそのいずれにも扇を挙げることなく、つぎの如く判示した。

本裁判所は訴因第一に付属した細目に明記されているところの条約協定および誓約に違反した戦争を遂行する共同謀議が存在したかどうかを考慮する必要を認めない。侵略戦争を遂行する共同謀議はすでに最高度において犯罪的なものであった。本裁判所はすでに述べた目的に関する制限を付した上で訴因第一に主張されている侵略戦争を遂行する犯罪的共同謀議が存在したことは立証されているものと認定する。……

二十八名の被告中、大川、松岡、永野の三名がつぎつぎに欠けたが、惜しいことであった。大川被告は東亜の論客として連合国検事団を相手に理論闘争をやる唯一の人として期待されていたし、松岡被告は数ある外交官被告中英語で検事団を手玉に取れるのは彼一人であろうと嘱目されていた。そして永野被告にいたっては、奥山弁護人の話によれば「皆が知らぬ存ぜぬでも仕方がないから、一つずつ責任を負ってはどうか。自分は真珠湾攻撃の責任を負うから、後は皆で然るべく考えてくれ」と悠々としていた人だけに、その病死は深く惜しまれた。

愉快なのは快男子橋本欣五郎被告だった。最初「おれがなんでも引き受けて、死んでやるから任せておけ」と快気焔を挙げていたが、後では「いくらおれがゲーリングを買って出ても向こうが相手にせんわい」とこぼしていた。

その健筆をふるって著者に贈られた「新春富士」の詩は赤誠会統領の往年の意気未だ衰えざるの感を深うした。

鉄窓初日燦　回首望天涯　富嶽千秋雪
神州万古姿　浮沈一朝事　社稷又何悲

被告中の最年長者平沼騏一郎氏はいつも悠々自適、ほとんど裁判そのものを意識しないかのように超越していた。法廷では鶴のような痩軀を窮屈な椅子にもたせていたが、控室に帰れば手製の碁盤と碁石（紙製）で誰彼の別なく烏鷺を戦わせていた。面白かったのは、彼の最初のアメリカ人弁護人は三十歳余りのサムエル・J・クライマン大尉であったが、この若きアメリカ人弁護士は、祖父のような平沼被告の人格に打たれ、心から尊敬し、こと平沼被告に関すれば、じっと自席に坐っておれず、しまいには検事側から「枢密院」という言葉が出ても、すぐに発言台にとび出すという熱狂ぶりであったが、ついにGHQの御機嫌を損じたか、途中でアメリカに帰されてしまった。

八　日本人弁護人団

日本人弁護人団について、その混乱が伝えられたが、真相はこうだ。

最初、外務省の終戦連絡事務局では戦犯係を設け、中村豊一公使が主任となり、高柳賢三教授や鵜飼信成教授等数名の学者を相談相手として戦犯の世話や、裁判の研究その他の準備をはじめた。しかし巣鴨プリズンの中に中村氏一人しか入って行けなかった当時はともかく、その後逮捕者の数も増し、裁判開始も近づくにつれて、被疑者等も各々自己の信頼する弁護人を依頼して法廷に臨まんとする希望が濃くなってきた。ことにこの裁判が個人を対象とするよりは、むしろ終局の狙いが日本国の侵略を決定し、講和会議をリードせんとする底意あることが明瞭になるにしたがって、弁護の規模も外務省中心より復員局、司法省を包含した全日本的な構想に移って行った。幣原内閣の書記官長楢橋渡君は、一千万円の資金を集めて弁護団の健闘を後援せんとしたが途中で内閣が崩壊したのでそのままになった。たまたま日本弁護士連合会においてはBC級戦犯のため戦犯委員会を設けて世話をしていたが、その機構を拡大してA級裁判に善処することになり、さらにA級戦犯日本人弁護人会を結成し、鵜沢、清瀬両博士以下数名の理事が任ぜられ、高橋義次、林逸郎の両氏ならびに著者が常務理事に選任され、裁判開始に当たっては鵜沢団長、清瀬副団長、林スポークスマンを決定した。林弁護人は当初よりGHQのハリス少佐（後の橋本被告弁護人）と連絡し、八面六臂の活躍をした。彼は弁護陣を全日本的規模に切り替える時の急先鋒であった。

主任弁護人が右翼系弁護人と、外務省系弁護人と対立せる如く喧伝した者もあったが、だいたい本職の弁護士は二、三の民事専門家を除いては、刑事弁護の権威揃いで、五・一五事件その他の右翼事件の弁護を担当した経歴を持つことは当然であった。また代議士もしくは団体役員の故に追放を受けていた者もあったが、そのために右翼弁護士というのは当たらない。同時に外務省関係の弁護人も必ずしも語学だけでなく、弁護事務の処理もまた憂国の熱情もなんら他に劣るところはなかった。

ただ多少の相違があったのは各被告の立場によって弁護人としてもその擁護上、表面的協調を排して独自の行動をとらざるを得なかった場合が多少あった。たとえば清瀬氏によって代表された冒頭陳述に参加しなかった者が生じたり、高柳氏の意見に反対を唱えた者があった等である。しかし大体において鵜沢団長の統卒よろしきを得て、三年近くの長年月を緊密な連繫の下に大過なくこの裁判を終了したことは「野蛮裁判の日本側立会人」としての苦心は買わるべきだと思う。

弁護人として特異な存在は、三文字正平氏（小磯担当）であった。私費を投じてあらゆる情報を収集し、アメリカ人弁護人や判、検事ならびにその補佐者たちと交歓し、七被告荼毘《ダビ》の際は身の危険も顧みず、遺骨の保存に尽力して、遺族を感激させた。しかもいっさい表面に立つことを嫌い、黙々として裏面工作に終始した。

弁護人中最も英語に堪能であった岡本敏男氏（南被告担当）と、刑法学の泰斗、草野豹一郎氏（佐藤被告担当）の両主任弁護人が過労の結果、裁判終了後いくばくもなくあいついで長逝されたことは哀悼に堪えない。（その後、鵜沢団長をはじめ岡本尚一、宮田光雄、穂積重威氏等も易簀された。）

なお当初二十八人の被告につき一人の主任弁護人と、三人の副弁護人と一人のアメリカ人弁護人とを決定したが、副弁護人中にも、刑法学の泰斗小野清一郎博士を始め、滝川政次郎、佐伯千仭、戒能通孝氏等学界の権威や、奥山八郎、加藤隆久、小野喜作、毛利与一氏等々在野法曹の有力者が名を列ね、その他外交界、旧軍部関係者、海外で活躍された民間指導者等、人材が網羅されており、またたんだん副弁護人も自由に発言出来るようになったので、後では主、副の区別を撤廃して、同等の資格で弁護に協力するようになった。

第六章　証　拠　物　語

証拠収集の苦心

本裁判において弁護人側の最も苦労したのは証拠収集の困難であった。終戦直後のあの混乱時、陸海軍をはじめ官公庁の重要書類はほとんど戦災に罹るか、あるいは本土決戦に備えて自ら焼棄してしまったあとである。検察側は職権と交通機関を利用して、全国的に証拠の収集を行なうのに対して、われわれ弁護団は自動車のないのはもちろん、汽車に乗るのが命がけで、紙も帳面もない、鉛筆もペンもろくな品はなく、郵便は当てにならず、たまに届くと検閲されているというあんばいで、肝心の食生活さえ思うにまかせず、大なり小なりみな栄養失調にかかっていた時代だった。

証人か被告か

ことに弱ったのは終戦後人心が萎靡頽廃して、東京裁判に関する旧敵国の意図が侵略国日本の烙印を押さんとの謀略たることを洞察して、これに対抗せんとする気概が、一般国民はもとより国家の枢機に参じた人たちにも乏しかったことだった。要人ともなれば何も死ぬことがそんなに恐ろしくないはずだが、人間というものは、ひと思いに死に赴く時は簡単に死ねるが、一度死機を逸するとなかなか臆病神にとりつかれたように、自分自身で愛想が尽きるほど死神を恐れるものらしい。

検察側は要人を呼び出しては「お前は証人になりたいか被告になりたいか」とまず浴びせる。九千万人ことごとくが俘虜だ、日本人は誰でも容疑者だと、いわれても文句のつけようがない敵軍の占領中だ。しかしできるだけ免れたいのが人情の常。「とんでもない、証人で結構です」と答えると「よしそれなら、こちらのいうことを聴け」と薬籠中に収めたと伝えられた。

しかし中には、検事側が、その意を迎えた供述に多寡をくっていると、さすがに法廷では真実を述べようとする者も現われる。驚いた検事側は「敵性証人」として弾劾するぞと脅かしたこともあった。東大教授の某氏もこの手を食った。

キーナン首席検事からご馳走を受けた宇垣、若槻、岡田、米内の四重臣や、インド代表判事から「検事側が証拠の埋め草に使った」と酷評された田中隆吉少将等の態度を不信だとか、反逆だと怒る人もあったが、こうした環境における気の毒な事情を了察、同情すれば腹も立たない。

それでも横浜のBC級関係の若い軍人たちは元気だった。「どうせ自分らは、戦場の死にそこないです。戦友のためなら、どんなことでも致しますから、どんなふうに証言したらよいか、教えて下さい」と戦闘意識を表明した者も多かった。これに反して、A級戦犯の関係者ともなれば、おとし格好や、多年特権雰囲気に棲息して来た要領人種の本性を発揮して、証言を頼みに行っても「古い事でね、忘れてしまいました」とか「僕の立ち場は違っていましたからね」などと巧みに逃げを打った人も相当あった。万一被告に有利な証言をすれば、共同謀議者の一人としてにらまれ、巣鴨にぶち込まれたが最後、命のあるうちには出られないことは必定だ。不幸にして捕われた人たちは気の毒だが、国家自体が亡国の悲運にあえいでいる今日だ。あまり他人をわずらわさないで、このままじっと我慢して運命に従ってもらうより仕方がない、と過去の因縁も、情誼も、見事に清算しきったおえら方もあった。

しかし気骨隆々憂国の熱情が若い者に少しも劣らなかった長老連も少なくなかった。荒木被告関係だけでも真崎甚三郎、有田八郎、石渡荘太郎、香坂昌康、松山常次郎、中村嘉寿、飯村穣、中島虎吉、川越守二氏等はもちろん、井上孚麿、富田健治、松本滝蔵、高村坂彦、岩松五良、横溝光暉、大森曹玄、菅波三郎、等々力栄、水野新幸、の諸氏は喜んで証言台に立つことを快諾された。鳩山一郎氏も満州事変収拾の際の荒木陸相を法廷に闡明せんと、わざわざ軽井沢から帰京していただいた。池田成彬氏も病中にもかかわらず、近衛内閣当時の荒木文相の態度証明について協力された。山岡重厚、吉沢謙吉、安井英二、阿部信行、米内光政、若松宗一郎等の諸氏からも有力な助言を得て、荒木被告とともに感激した。

被告証人

この裁判では被告もまた自己のために証言台に立つことを認められた。

しかしその得失については被告、弁護人においていろいろの意見があって、実際証言台に立ったのは荒木、橋本、板垣、賀屋、木戸、小磯、松井、南、武藤、岡、大島、嶋田、白鳥、鈴木、東郷、東条の十六被告であって、土肥原、畑、平沼、広田、星野、木村、佐藤、重光、梅津の九被告はついに立たなかった。

はたして立った方がよかったか否かは、本人の出来不出来もあって、一概にはいえないが、東条被告の場合は区々たる法廷作戦にかかわらず、堂々と立って縦横に供述すべきであって、本人もこれを期待し、むしろ楽しむような観があったが、結果から見ても確かに成功したというべきであろう。その他の被告諸氏も、概して堂々と陳述ができて検事の反対訊問に窮したような被告は、一人もなかった。

宣誓口供書

証拠収集に最も困難を感じた弁護団が、かろうじて血路を見出したのは、宣誓口供書の方式であった。これも清瀬弁護人の知恵だったが、何千人もの証人を一々、法廷で訊問する煩雑を避けるために、あらかじめ弁護人に対して宣誓させ、口供書を作成して、裁判所に提出したのであった。裁判所条例は第十三条の㈢に宣誓口供書を規定しているが残念なことには、日本においては弁護士は、証人を宣誓させ、公式証明力を持つ文書を作成する権能を与えられていない。しかし逡巡すべき場合でなかったので、窮余の一策として、この制度を案出し、日本において行なわれている「良心に従い云々」の、宣誓方式を裁判官ならぬ弁護人の面前で行ない、宣誓口供書を作成して、裁判所に受理せしめこの難関を突破したのであった。

残虐行為の証人たち

残虐行為の主張は、中国代表向検事の宣伝演説にはじまり、検事団はつぎつぎにいわゆる被害者や目撃者を法廷に立たせて、法廷をして掠奪、強姦、放火の坩堝と化せしめたのであった。侵略論議や日本の伝統に対する理解に冷然たる法廷が、こと残虐行為に関する限り、非常な興味をもって、きき耳を立てて傾聴する態度に、心ある者は、あるいはその低級を不快とし、あるいは残虐行為の責任をもって、死刑のきめ手とする底意あることを看取して、法廷の現実に失望したのであった。

インド代表パール判事は、その単独意見書に「これらの証人は、いい聞かされたすべての話を、そのまま受け入れ、どの事件も強姦事件とみなしていたようである」と各証言を一々論評してさすがに高い見識を示している。

われわれ日本人弁護団も、最初は全然彼らの悪宣伝で、中国軍が退却に際し常套手段として行なう残虐行為を日本軍に転嫁しているのだ、と冷笑しながら聴いていたが、審理の進むにつれて、多少その考えを修正しなければならなくなった。もちろん彼らの主張する十中八、九は虚偽と誇張と見るべきであろう。しかし一、二割は実際にあったのではないかと、残念ながら、疑わざるを得なくなった。これは日清、日露の両役では、断じてきかれなかったことであって、日本民族としては、敗戦にもまして、悲しき事実の是認であった。

証言台の元満州国皇帝

昭和二十一年八月十六日、元満州国皇帝傅儀氏が証言台に立った。

脊丈もずんぐりとして、顔色浅黒く脂ぎって乱れた頭髪を額に散らした精悍な風貌は、脊高く貴公子然ととりすました、往年の皇帝をまぶたに画く者にとっては、およそ似ても似つかぬ、風采面容であって、期せずしてにせ者ではないか、の声さえ湧き上がった。

しかもその証言が進むにつれ、その供述は日本国民を唖然たらしむるばかりであった。

コノ八紘一宇ナリ、日本ノ神道ノ精神ニ基キマシテ、梅津ハ日本政府ノ内命ヲ受ケテ、私ニ対スル圧迫執行者トナッテ来タノデアリマス。従イマシテ日本ハ一方ニ於テハ武力的侵略ヲ行イ、他方ニ於テハ宗教的侵略ヲ行ウテ、ソウシテ全世界人ヲシテ日本ノ奴隷ニ化セシメヨウトシタノデアリマス。ソウシテ日本ハ東三省ヲ以テ神道的侵略ノ試験地トシ、其神道的侵略を始メタノデアリマス。即チ日本が斯カル武力的侵略ノ下ニ於テ一切ノ自由ヲ奪イ、即チ私ノ口モ手モ自分ノモノデハナシ、言ウコトモ何モ出来ナイシ、一切ノ自由ヲ奪ッテシマッタノデアリマス。（第五十号八ページ）

さらに彼の御用掛として長年忠勤を励んできた吉岡安直中将に対しては「彼は私の妻を殺した」とまで極言した。事実はその愛妻がコレラか赤痢で急死した時、吉岡が差し向けた日本人医師もなおし得なかったということらしい。

いかにソ連に捕われの身とはいえ、あまりにも甚だしきその態度の豹変ぶりに驚き、きく者みな口をきわめて罵倒し、日本はこの不良児を、永年の間世話をしてきたのか。皇室もまことにお気の毒であったと、臍をかむ者も多かった。

しかし著者は僚友を顧みていった。「これを罵倒するのはまだ早くはないか。満州国皇帝としても、日本を頼り切ってあらゆる努力を払ってこられたのに、日本の力たらず敗戦の果て皇帝は、鬼畜ソ連に囚われて明日をも知れぬお気の毒な運命だ。どんな悪口でも、嘘でも結構だから、なんとかこの場は免れて、生きながらえてください。そのうちにはまた笑って、あの時は苦しかった、と後日物語をきく時もありましょう、と同情すべきではなかろうか」と。左の漢詩は著者がその時作って安岡正篤氏に添削してもらい、小磯被告にほめられたものである。これも今は思い出の種である。

傳儀前皇帝出廷

馥郁蘭花天壇薫　旭光照至好芳芬
颱風一齣空狼籍　弄殺残枝狗鼠群

草場辰巳中将の自決

満州皇帝同様数人の将官たちがソ連に拘禁されたまま、あるいは宣誓口供書をつくらされ、あるいは直接証言台に立つべく、日本に空輸されて来た。その中の一人草場辰巳中将は、昭和二十一年九月二十日夜、検察側監視の隙を窺って自決した。

拘禁中に作成させられた口供書が、その本意でないことは想像に難くない。しかもソ連の粛清工作には、常にこの偽りの口供書が付きものである。かのユダヤ人医師の反逆事件と、その釈放ならびにベリヤ副首相事件を見れば思い半ばに過ぎる。

しかしいやしくも、もと軍の幹部として栄位にいた者として、遠く異境において作成した口供書はとにかく、今、故国に還り、かつての上官、同僚の罪を裁く資料として証言を徴せらるるに際して、どうして嘘がいえようか。いわなければ、殺されることは、必定だとすれば、いわずに死んだ方が、どれだけましか知れないと、意を決して懐しき故国の土と化したことは、武人として本懐であったであろう。自決もせず、平然と、祖国に反逆する供述をしたり、供述書を送ったりしている人も相当あるが、著者は満州国皇帝と同様にむしろその窮状を憐れんであげたいと思う。

剽窃証拠

今度の戦争は、B29と原爆で負けたといわれる。しかし戦争のきめ手はそうでもあったかも知れぬが、彼我実力の差異は、いろいろな面に現われている。

戦争に最も必要な電信の暗号が、日本では、中国のものは解読できたが、アメリカのはできなかった。これに反してアメリカは、日本のものを完全に解読しながら、知らぬふりをしていた。ミッドウェーの惨敗も、山本元帥が邀撃されたのも、皆その結果にほかならなかった。

東京裁判中、かつてのソ連駐在武官だった某々将軍らが、国際検事団に呼び出されて、一通の写真を見せられ、この中の字は君らの字かと、質問された。見ると、それは十四、五年前、自分らが駐在武官当時作成した機密書類で、かつては、武官室の金庫の中に厳重に保管し、帰朝の際、完全に焼き棄てたものであった。これがどうして検事団の手に入ったか、まさに狐につままれたような話だった。しかしいまさら、筆跡を否認しても始まらないので、これを認めるのほかはなかった。

この真相はこうであった。当時ソ連にはスパイの網が全国に張りまわされ、郵便物はことごとく、郵送の途中で写真に撮られ、大使館の中も、スパイの巣みたいにボーイにいたるまでスパイでない者はいなかった。駐在武官はソ連軍の好意によって、しばしば数泊の国内旅行に誘われた。スパイはもちろん、その留守中に金庫を開き、重要書類はすべて写真に撮って、そのまま金庫の中に収めて知らぬ顔をしていたものだった。駐在武官は、金庫の内外に異状がないので安心して、帰朝の際は焼き棄てて、すまし込んでいた次第だ。それが数年にわたって行なわれていた。その駐在武官の人たちも、累進して中将になり、枢要の地位に就いていたのだ。しかしこれではまるで親が子供の机の引出しを検査して、素知らぬ顔しているのと同じで、とうてい喧嘩にも、戦争にも、なるものでない。まさに大人と子供との相違と、いわなければならない。

しかし裁判は戦争とはちがう。こうした剽窃して入手した証拠は、少なくとも神聖なる国際法廷においては提出すべきではなかった。しかるに厚顔無恥のソ連検事団は、平然として、これを法廷に提出したのであった。そうして憤慨した弁護団が、事実の釈明を求めると、裁判長は「ソレハ重要デナイ」と阻止した。これが文明裁判と云えるであろうか。

このソ連の常套手段は、戦争の末期、ソ連の参戦にさきだっても起こった。すなわち昭和十九年十一月初旬、参謀本部暗号班長金子中佐と浜田大尉とは、新しい暗号書を携えて、シベリア鉄道でモスクワに向かったが、車中で一人のソ連人に、ウオトカを飲まされ、中佐は死亡し、大尉は人事不省で、途中駅に降ろされた。そうして暗号書の入っていたトランクは後で、大使館に引き渡されたが、もちろん暗号を剽窃されたことはいうまでもない。暗号班長が、わざわざ出かけたこともどうかと思うが、重要使命を帯びながら、見知らぬ外人に、酒を飲まされる呑気さは、あまりに無邪気が過ぎる。

木戸日記

本裁判所には近衛手記をはじめアメリカのグルー氏やイタリアのチアノ氏、ソ連のリトビノフ氏等の多くの日記が証拠として提出されたが、その中で最も問題となったのは木戸日記と原田熊男日記であった。

およそ日記は自己の主観に基づきその日の出来ごとや感想を記録しておいて、後日の思い出または子孫への文献として認めるのが世の常である。パール判決はつぎのように述べている。

ある日記がその筆者の観察にかかる個々の日常の出来事を記録するだけのつもりで書かれた場合には、その記事にはなんら本質的に信憑性を欠くようなものはないであろう。しかしながらその筆者がある生活もしくはなんらかの事件の委曲全部を記録する場合には、その記事に筆者自身の生み出したものが、無意識な影響で入ってきて、これがその記録の当初の信憑性を減ずるほどに強く影響を及ぼすことになるかもしれない。人世の行路は不可解なことで包まれているのが常である。それには常に数多くの自己矛盾があり、自家撞着がある。調和し得ない過去の事柄と現在の事柄が常に存在する。しかし人間たる創造者の筆は、すべての衝突と矛盾とを解決し調和して、定められた経路を辿ろうとするのが常である。そうなると、日記に従って進展させられることになるのである。その日記の筆者が、利害関係を持たない一観察者ではなく、自身が全事件のおもだった参画者である場合、事実をゆがめる影響の生ずる可能性は一段と強くなるのである。もし普通の出来事または生活についてそうであるとすれば、その記録の主題をなす政治事件または政治生活に関する場合、こういう可能性は特に一層重大となるものである。

木戸被告はその官邸も戦火にかかったのに過去十五年間の日記だけは大切に疎開保存し、逮捕されるや自発的にこれを証拠として提出したのであった。彼の冒頭陳述には「私は全く自分の意思でサケット中佐に、私が日記を持っていることを告げました。私には隠したり、恐れたりすることは何一つありませんでした」と記載されてある。

多年君側にあって宮中の秘事を記録せる日記を、自己の一身をいさぎよくするために、国際法廷に提出したことは側近最高奉仕者の態度として後世の批判を免れぬであろう。勿論彼れは自己のため許りでなく、陛下の御仁徳の立証のためと考えていたであろう。しかしウエッブ裁判長は二十二年八月五日の法廷において陛下の責任についてつぎのような重大発言をしたのである。

木戸日記によれば、十一月三十日は高松宮が天皇に対して海軍は全然戦勝の見込みがない、勝算の見込みがないと進言されたと書いてあります。そこで天皇は陸軍大臣、参謀総長、軍令部総長並に当時の首相東条に相談されましたところが、これらの人々はその戦争の結果に対して、自信を示した。そこで天皇はその計画を遂行すべしという命令を下したということになっております。(一一四三号三ページ)

ウエッブ裁判長が最後まで陛下の有罪を主張したその有力なる根拠がかくの如く木戸日記に置かれたことは重大といわなければならぬ。また検察側はポツダム宣言受諾に当たって、日本が本戦争裁判を予期していたことの証拠として、木戸日記に「天皇が戦争犯罪人が処罰されることを考えると忍び得ざるものがある」といわれたとの記事を引用した。これらは用心深い木戸被告としてもさすがに予測しなかったことであろうけれども、結果はまさにかくの通りであった。

木戸被告が「私には隠したり恐れたりすることは何一つもありません」とひとり悦に入っていたら、検察側は裁判の後半にいたって、原田日記を持ち出して反対証拠に使った。その内容も木戸日記と大同小異の情報記事、伝聞証拠にすぎなかったが、木戸側はやっきになって反駁、防戦に努めていた。

昭和七年三月二十七日の木戸日記によれば「西園寺老公の御胸中を推察するに、本邦の現状はすでに革命の過程に踏み込みつつあるように考えおらるるものの如く……」とあるが、元老すでに老いて、革命の過程に踏み込みつつありと意識しながら、往年の祇園見物でも夢見られてか、京大同窓の近衛、木戸、原田等一連の公達《きんだち》情報屋の活躍に任せきった国運こそ、泣いても泣ききれぬ日本の悲劇であった。

けだし元老なき後の内大臣の主たる任務は適切なる後継首班を奏請することにあるべきだ。それが重臣会議なる合議制の陰に隠れて、四カ月で野垂れ死をするような内閣を奏請しても、また戦争防止内閣が戦争をはじめ、敗戦し、詰め腹を切っても恬として責任を自覚しないようなら、侍従長以外に内大臣を存置する必要がどこにあったであろうか。

その当時の日本の重大問題は下剋上の幕僚ファッショ群をいかに粛清するかの一点にあった。彼らの思いあがった興奮を身をもって抑え得る後継首班を奏請することが唯一絶対の方途であった。木戸被告の宣誓口供書に「私の生涯は軍国主義者と闘うことに捧げられてきました」とあるが、まさか君側にありながら軍人全部を敵としたわけでもあるまい。故にここにいわゆる軍国主義者とはまさにこの幕僚ファッショ群を指したものと解せざるを得ない。しかるに彼は無知か怠慢か保身か、粛軍に思いを致さず、姑息偷安に終始して遂に破局を招いたのではあるまいか。

ゾルゲ・尾崎事件立証の拒否

大東亜戦争の開戦ならびに敗戦の秘密の鍵はゾルゲ事件の剔抉にあることは識者の一致した見解であった。この点に関し、大島被告弁護人カニンガム博士と白鳥被告担当のコードル弁護人は献身的努力を払ったが、法廷はついにこれをとり上げなかった。この一事を見ても本裁判が大東亜戦争の真相に触れていないことは明らかである。

マッカーサー総司令官は情報部長ウイロビー少将に命じて収集させたゾルゲ事件の膨大な記録を帰国に際して持ち帰り、ゾルゲによって好ましき人物と記された数多のアメリカ要人たちを攻撃する資料に使っていたが、その一部は先般、ウイロビー少将の名前で「赤きスパイ団の活躍」と題して出版された。

「性格証拠」問題

法廷は日本週報や朝日新聞さえ証拠価値なしとして排斥して「腹黒き政治家はあらかじめこれらの報道機関を利用し宣伝したのだ」といった。この認定は実に裁判所があらかじめ被告を有罪ときめてかかっている証左であった。被告が腹黒い政治家であるかどうか、世界侵略の共同謀議が実際に行なわれたかどうかは、虚心坦懐にあらゆる証拠を検討した後、断ずべき結論であって、予断を抱くべきものではなかった。

いっさいの公文書が焼棄された敗戦後の日本において新聞、雑誌を除いて何が残るか。政府で出した週報や世界の大新聞「朝日」を排斥した法廷の処置は乱暴も甚だしい。しかもその記事が、被告において故意に出させたというなんらの証拠もないのにかかわらず、この裁定を敢えてしたのである。

本件において最も大切なことは共同謀議をしたという具体的事実の摘示とその立証である。しかるに検事側も抽象的概括的に日本の政治上の出来ごとを羅列したばかりで主張も立証もしないし、法廷もこれを要求しなかったのである。

そこで被告側としては消極的に共同謀議の事実がないことを立証すべく、被告の思想や過去の行動、大臣としての施策を挙示せんとしたところ、ことごとくこれらを「性格証拠」だとして却下したのであった。

第七章　判決批判

一　多数判決

本判決は十一人の判事全員の一致した結論ではなくして、いわゆる七人組の手によってなされた多数判決にすぎない。

本件はその特異性や重大性により、判事の間にも意見がわかれ、アンリー・ベルナール判事（フランス）、バーナード・ローリング判事（オランダ）、ラダビノード・パール判事（インド）およびウイリアム・ウエッブ判事（オーストラリア）の四判事はそれぞれ単独意見を発表し、これに反しジャラニラ判事（フィリピン）は全般的に刑が軽すぎるとの意見を発表した。

多数判決は起訴状の訴因第一、第二十七、第二十九、第三十一、第三十二、第三十五、第三十六、第五十五だけを立証されたものと認め、第二、第三、第四、第五、第六ないし第二十六、第二十六、第二十八、第三十、第三十四、第三十七ないし第五十三を無視した。

訴因第一に主張されている「彼らが東アジア、西および西南太平洋およびインド洋と、これらの大洋における島々の一部とを日本の支配下に置くために侵略戦争を遂行する犯罪的共同謀議」(全面的共同謀議)が存在したことは立証されたと認定するが故に、特にそれが条約、協約、協定および誓約に違反した戦争を遂行する共同謀議が存在したかどうか、を考慮する必要を認めないという。またすでに全面的共同謀議が成立した以上部分的共同謀議を取り扱う必要はないといって、これらに関する訴因を全部無視した。

日本では、一九二七年から二九年まで、田中義一大将が総理大臣であった時、すでに軍人の一派は、大川周明博士やその他の官民の支持者とともに「日本は武力の行使によって進出しなければならない」という、大川のこの政策を唱導していた。ここにおいて、共同謀議が存在した。一九四五年の日本の敗北まで、それは続いて存在した。共同謀議者はすべてが最初に参加したわけではなく、また、参加した者の一部は、それが終わらないうちに、その遂行についての活動をすでにやめていた。どの時期にしても、この犯罪的共同謀議に参加した者、またはどの時期にしても、罪であることを知りながら、その遂行に加担した者は、すべて訴因第一に含まれた起訴事実について有罪である、と断じている。

訴因第五の日独伊三国同盟による共同謀議は証拠不十分と認定した。

訴因第三十のフィリピン関係は、戦時中フィリピンが完全主権を持たなかったことにより、アメリカ関係の一部をなすべきものとして訴因第三十四のタイ国関係とともにこれを無視した。

訴因第二十七（中国）、第二十九（アメリカ）、第三十一（イギリス）、第三十二（オランダ）、第三十三（フランス）、第三十五（ソビエト）、第三十六（蒙古およびソビエト）は各諸国に対して侵略戦争が行なわれたものと認定した。

訴因第五十四の通例の戦争犯罪の遂行を命令し、授権し、許可したこと、訴因第五十五の捕虜と一般人抑留者に関する条約と戦争法規の遵守を確保し、その違反を防ぐために、十分な措置をとらなかったことも立証されている事例があったと認定した。

二　ずさん極まる判決

判決は英文で堂々千二百十二ページにわたるもので、日子を費すこと三年、五万ページに及ぶ記録の結論としては、一見まことにふさわしい見事なものである。しかし詳細に検討すれば、実に奇怪々な判決文である。広田弘毅は軍事参議官（現役の陸海軍大中将に限る）になっており（判決速記録二十七ページ四段目）、荒木貞夫は国家総動員審議会総裁（総理大臣の兼任職）になっている。広田被告が文官でありながら、死刑になったのは軍閥の巨頭と誤解された結果とすれば大変な問題である。

国家総動員審議会総裁は総理大臣の当然兼任すべきもので、初代の総裁は東条総理であった事を証拠調べの際とくに注意し、検事もそれは荒木が文部大臣時代の国民精神総動員委員長の誤りであることを認め、裁判長もこれを了承したところであった。しかるに肝心の判決文には依然として国家総動員審議会総裁になっているのである。

ここにおいて著者は多数派判事によって下された判決なるものは、公判審理に関係なく、あらかじめ、別途に起草され、用意されていたものでないかを疑うのである。多数派判事はこの用意された判決原案を検討したり修正することもなく、広田軍事参議官や、荒木総理大臣のまま言い渡したのではあるまいか。もし連合国側においてこれを否定するならば、法廷において訂正され、記録にのっている（二七二号五ページ）事項が依然としてそのまま判決にのっている奇怪な事情を釈明すべき義務があると信ずる。

フランス代表アンリ・ベルナール判事は多数派判決に反対して単独意見を発表したが、その中につぎの如く記載している。

判決文中の事実の調査結果に関する部分全部は起草委員によって起草され、その草案が進捗するにつれて起草委員会によってまず「多数」と称せられる七判事の委員会に提出された。この草案の複写は他の四判事にも配付された。この四判事は自分たちの議論内容に鑑みて自分らの見解を多数判事に提出することを要求された。そしてもし必要なら草案の修正のために。しかし法廷を構成する十一判事は判決文の一部または全部を論議するために召集されたことはなかった。ただ判決文の個人の場合に関する部分だけが口頭の討論の対象となった。

果たして然らば、本件判決として多数派意見が宣告されたけれども、それは全判事の自由かつ隔意なき論議の結果作成されたものでない。これは司法裁判所の判決とはいいがたいのである。いわんや文明の名における国際裁判所の判決とは断じていい得ないものである。

三 宣告方法の違法

裁判所条例第十七条の「判決及び審査」には「判決ハ公開ノ法廷ニ於テ宣告セラルベク、且ツ之ニ判決理由ヲ附スベシ云々」とある。

しかるに法廷はインド、オランダ、フランス、フィリピン、オーストラリアの各判事の少数意見の判決を認め、これを公表し、法廷記録に集録しながら、多数派意見をもって全裁判官の判決なるが如き形式をよそおい、これのみを公開の法廷において宣告し、少数意見の宣告をしなかったのである。これは公開の原則ならびに宣告の原則を無視した違法手続きである。

右条例には、判決には理由を付することになっているのに、宣告された判決はかたよった見方による日本の政治史、軍事史を羅列しただけで各被告の有罪を断じ、判決の理由たる事実と証拠の摘示はこれを欠いたのであった。

インド代表パール判事は一九五二年十一月六日、広島弁護士会においてつぎの如く演説した。

一九五〇年のイギリスの国際事情調査局の発表によると、東京裁判は結論だけで、理由も証拠もないと書いてある。ニュルンベルクにおいては、裁判を終わって三カ月目に裁判の全貌を明らかにし、判決理由書とその内容を発表した。しかるに東京裁判は判決が終わって四年になるのにその発表がない。他の判事は全部有罪と決定し、私一人は無罪と判定した。私はその無罪の理由と証拠を微細に説明した。しかるに他の判事らは、有罪の理由も証拠もなんら明確にしていないのである。おそらく明確にできないのではないか。だから東京裁判の判決の全貌は未だに発表されていない。これでは感情によって裁いたといわれてもなんら抗弁はできまい。要するに彼らは日本が侵略戦争を行なったということを、歴史にとどめることによって自己のアジア侵略の正当性を誇示すると同時に、日本の過去十八年間のいっさいを罪悪であると烙印することが目的であったにちがいない。東京裁判の全貌が明らかにされぬ以上、後世の史家はいずれが真なりやに迷うであろう。歴史を明確にするときがきた。そのためには東京裁判の全貌が明らかにされなくてはならぬ。……これが諸君の子孫に負うところの義務である。

私は一九二八年から四五年までの十八年間の歴史を二年八カ月かかって調べた。とても普通では求められないような各方面の貴重な資料を集めて研究した。この中にはおそらく日本人の知らなかった問題もある。それを私は判決文の中に綴った。この私の歴史を読めば、欧米こそ憎むべきアジア侵略の張本人であるということがわかるはずだ。しかるに日本の多くの知識人は、ほとんどそれを読んでいない。そして自分らの子弟に「日本は犯罪を犯したのだ」「日本は侵略の暴挙を敢えてしたのだ」と教えている。満州事変から大東亜戦争勃発にいたる真実の歴史をどうか私の判決文を通して十分研究していただきたい。日本の子弟がゆがめられた罪悪感を背負って、卑屈、頽廃に流れて行くのを、私は見すごして平然たるわけにいかない。「あやまられた彼らの戦時宣伝の偽瞞を払拭せよ、あやまられた歴史は書き変えられねばならぬ。」(平和の宣言二五九ページ以下)

四　法廷憲章の検討がなかった

東京裁判が連合国の軍事行動の一部であり、戦勝国の追撃戦にすぎないというなら何をかいわんやだ。しかるに連合国は、いみじくも、将来の世界の平和のために、国際法に基づいて国際的司法裁判所として行なう、正義・人道・文明の裁判だと宣伝した。

裁判長もニュルンベルク判決の「裁判所条例は戦勝国の側で権力を恣意的に行使したものではなく、その制定の当時存在していた国際法を表示したものである」を援用、是認した。

はたして然らば裁判所として、まず本裁判の基本規則たる裁判所条例が国際法に適合するかどうかを検討しなければならぬ。狭義の戦争裁判とは全然趣きを異にする本裁判であるが故に少なくとも、連合国最高司令官はいかなる権限(戦勝国固有の権限か被占領国主権の代行か)に基づいて、かくの如き規則を制定し強行し得るか、また戦勝国だけで戦敗国民だけを対象として国際裁判が成立し得るか、国家間の関係を律すべき国際法が個人を対象とし得べきか、平和に対する罪、人道に対する罪を勝手に定義し得るか、これらを事後法によって規制し得るか、いわんや国際法の違反者侵略者に対して刑事責任を科し得べきか等については、裁判所は独自の見解をもって少なくとも実体規定に対しては根本的に批判、検討すべきであった。

しかるに本法廷はこれを欠ぎ、裁判所条例を無批判に受けいれて、これを唯一の聖典として「裁判所条例の法は本裁判所にとって決定的であり、これを拘束するものである」として無条件でこれに服従したことは国際法を無視し、司法裁判所としての実質を持たぬ、たんなる軍事委員会に終わらしめたのであった。

インド代表パール判事はその単独意見書に本裁判所の権力の唯一の源泉は国際法でなければならぬ。故に裁判所条例が指示した犯罪があるかどうか、事実を調査し、国際法を勘案して決定すべきであると論じている。

また、いわゆる広義の戦争犯罪なるものが現在の国際法上認めらるべきものであるか否か、すなわち現在の国際法は侵略戦争を刑事上の犯罪として認めているかどうかの法律問題と、ポツダム宣言ないし降伏文書の条項はこのA級戦犯の処罰を合理化し得るや否やの解釈問題等、重大なる論点があったにもかかわらず、判決は管轄権の問題はじめ重要なる法律問題をニュルンベルク裁判の見解に同意するといって全面的に追随して、独自の見解を発表しなかったことはまことに寂しい極みであった。（詳細は第二章の四「チャーターの越権」参照）

五　判決の実質上の欠陥

日本に十八年間一貫した世界侵略の共同謀議があったと判定した

これは明らかにナンセンスである。日本の歴代内閣が一貫して悩んだことは、共産国ソ連の侵略からいかにして日本とその国体を擁護すべきかの一事であって、断じて世界侵略の野望ではなかった。米英がソ連のごまかしの手に乗せられて、この共同謀議を肯定したことは、東京裁判をして茶番化してしまった。

いわんや検察側の主張を排斥して、「皇道や八紘為宇は、本来侵略思想ではない」と断定しながら、歴代の政府がこの共同謀議に関して一致していたように判定したことは矛盾も甚だしい。しかも法廷は共同謀議は会った事も話したこともない者の間にも成立する（記録第一六九ページ）とし、結局検事団の妄想による共同謀議を歴代政府の指導者たちに割り振ったにすぎない。

ジョージ・ヤマオカ弁護人は検察側の主張する共同謀議の矛盾を衝いて、左の如く弁論した。

検察側が訴追し描写しょうとした共同謀議なるものは、最近十四年間にわたる相互に孤立した、関係のない諸事件が寄せ集められて並べられたにすぎない。検察側はこの集積中から起訴状に述べられた目的を達成するため「共同計画または共同謀議」が存在したことを、いっさいの合理的疑惑を捨てて承認せよと、法廷に求めているのである。しかも彼等の議論の示す如く、かかる共同計画または共同謀議の概要を指摘することさえ、困難しているのである。……けだし世界のあらゆる列強は自国民の繁栄を維持または増進するために外国貿易を拡張せんと必然的に希望するものであり、また同時にこれと並行して、自己防衛を確保するため適切な措置を講ずるものであるが、もしここに検察側のとった如く、無数の孤立せる関連のない、諸事実を寄せ集めるという方法をもって、他の強国の同時代における活動を律せんとしたならば、世界のあらゆる主要国は彼ら自身の国家的見地および意思中に意図されたことのないにかかわらず「侵略戦争」を準備し、かつ挑発せるものと断罪されることができる。

満州事変を太平洋戦争の一部とみなした

本判決の想定は日本は太平洋戦争なる一大侵略戦争の前提として、まず日華事変を戦い、さらにその前提として満州事変を戦った、すなわちこの三者は不可分的に一貫した侵略戦争をなすものであると、断定したのである。

しかるに満州事変は一九三三年五月三十一日塘沽停戦協定の調印以来、日華間は友好関係をとり戻し、一九三五年六月十日には梅津・何応欽協定の締結があり、中国政府は敦睦邦交令を公布し、排日運動を取り締り、教科書を改訂した。日本は列国に先んじて、公使館を大使館に昇格せしめた。岡田内閣の広田外相は、満州ならびに華北における「現状」の承認を含む「広田三原則」を公表し、中国政府の同意を得た。

この点は検事側証人も一致して、これを認めている。たとえば秦徳純証人の供述（記録第三三号三ページ）またキーナン検事自身、ゲッテ証人に対する主訊問において「これを終止せしめたのは塘沽停戦協定でありましたか」とたずねたら証人は「そうであります」と明確に証言した。そして蔣介石政府は満州国と関税、郵便、電信および鉄道に関して取決めを結んだ。

ソ連は満州を独立の国家として承認し、一九四一年の日ソ中立条約では、満州国の領土保全と不可侵を尊重することが規定された。

以上の事実は明確に満州における敵対行為が、すでに早く終わった事を立証するにもかかわらず、判決はこれを一九三七年七月七日芦溝橋事件をもって開始された日華事変と結びつけたのである。

ウイリアム検察官が「一般戦争準備」の劈頭陳述において、一般の陸軍軍備として述べたところによれば、陸軍軍備は一九三七年より急激に増強せられ、かつ一九三八年国家総動員法の採用により一挙に全体主義国家となり、ついに侵略拡張政策に身を委ねることになった、と断じたのである。そして検察側が専門家的証人として喚問した、リーベルト証人も明瞭に「一九三二年に日本が満州を侵略しました事件は、すでに日華間において解決された問題でありまして、……日華間の紛争は私の記憶するところによりますと、正式に一九三七年に勃発したのであります」と証言した（記録九七号三ページ）。

これを要するに、満州事変が日華事変ないし太平洋戦争と関連しているという有力な証拠は何もないにもかかわらず、無理な判決をしたのは、一に、ソ連の日本や満州に対する侵略をカバーするための方便であったであろうが、これは実に、本件判決をして無価値なものとした要因の一つであった。

ソ連の侵略を黙過した

日ソ間は過去における一九三八年七、八月中の張鼓峰、一九三九年夏のノモンハンの両事件にもかかわらず、完全に敵対行為は終了し、一九四一年には、日ソ中立条約の締結を見、日本はこのソ連に頼って、太平洋戦争を和平に導かんと腐心している時、ソ連は一九四五年八月八日突如日本に宣戦を布告し、侵略戦争を開始したのである。

もちろんそれにはヤルタ協定により、ソ連を教唆した米、英の責任は免れないが、とにかくソ連のこの公然たる国際法無視の侵略行動を不問に付して逆に日本を対ソ侵略者として問擬し、有罪を宣告したことは、ヤルタ協定の責任者たちがその責任の糊塗を企て、毒食わば皿までの暴挙を敢えてしたのが、実にこの判決であったと解せざるを得ない。

共同謀議の具体的事実の摘示ならびに立証がない

判決は事実摘示において、起訴状の方式をそのまま踏襲し、まず一般的には一九二七年より一九四五年にいたる日本の政治史、軍事史を、日本人から見れば滑稽なほどの偏見をもって略述し、その間に被告等の国家的任務を悪意をもって織り込み、最後に各個人に対する判定を記載してあるが、いずれにおいても各被告が個人として犯罪行為を行なったという、具体的な共同謀議ならびに既遂事実の主張も、立証もないのである。

キーナン首席検事はその冒頭陳述において

国家自体は条約を破るものでなく、また公然たる侵略戦争を行なうものでもないということを、再三再四強調する必要があります。責任はまさに人間という機関にある。すなわち平和を維持するためにかかる条約および協定を実施するためなり、または破棄したりするためなりの権力をなんらかの方法によって自発的に求めかつ獲得したる個人にあるのであります。彼らはこの権力を自発的に掌握したのであるから、一般普通の正義の命ずるところに従って、彼ら自身彼らの行為に対し個人的に処罰を受けねばならないのであります。

と主張した。

これに対し、草野豹一郎弁護人は「首席検察官は刑事責任における意思の問題を論議の外に置かれあたかも被告らの犯意は当然の如くにされております」として、次のように明快に反駁したのである。

従来採用せられていた国際法の定義は、独立国家間の関係を支配するものであって、個人に関するものではありませんでした。すなわち常識上の問題として「国際公法は独立国家相互間の関係におけるそれらの国家の行為を律するものである。それは狭義の法、すなわち執行力を持つ法とは本質的に異なる。けだし執行力は訴訟当時者に優越する力を意味するものであるが、独立国家は各国に共通な優越者を認めていないからである。したがって彼らの行為を律する法規は戦争以外に執行すべき手段を有しない」と理解されていました。首席検察官でさえ「これら高位の文官達の個人的責任ということは、本法廷に提出される国際法上の最も重大な問題の一つであり、かつおそらくその唯一の新しい問題であろうと認めておられます」と論駁し、また首席検察官によれば検察側は「本公訴状に指名された被告らのいずれもが不法なるこれらの所業に重大なる役割を演じ、日本の条約義務および彼らの行為が犯罪である事実を熟知の上行動したことを立証するであろう」というのですが、ここに検察側論拠の誤りがあると思われます。なんとなれば条約義務の認識と行為の違法性の認識とは全く別個の問題であるからであります。近代の国内法においては契約違反は故意によると然らざるとにかかわらず、これを処罰しておりません。国際法においても条約違反につき個人を刑事的に処罰したことは、まずいわゆる普通戦争犯罪と海賊の場合を除き、未だかつてないのであります。しかるに判決は、裁判所としては本問題についても本裁判所はこれを却下すべき形式上の拘束を受けていると一蹴しているのである。

しかしフランス代表アンリー・ベルナール判事は単独意見として、

世界のある部分にその住民たちの受諾しえない日本の支配権を確立する目的で特定の人々が特定の日に特定の場所で共同謀議を行なったという直接の証拠は何も提供されなかった。証明された唯一のことは、日本国民の一部有力な階級の間に、どんな犠牲を払っても、東部アジアの他の部分に日本の支配権を確立したいという願望があったということだけである。

と発表した。

さらにインド代表のパール判事の単独意見は次の如くである。

日本の被告人の立場は、いかなる意味においてもナポレオンやヒトラーの立場と同一視することはできない。日本の憲法は完全に機能を発揮していた。君主、陸海軍および文官は従前どおり、そして平常の方法によって、すべて社会と結びついていた。日本の憲法は以前と同じように、社会の意志に従っていた。これらの被告人たちは立憲的に政権を獲得し、憲法によって、与えられた機構を動かしたにすぎない。被告人たちはいかなる権力も簒奪したことはない。

原爆不問は文明の冒瀆

残虐行為を裁いた本判決がアメリカの原爆無警告使用に対し、なんら触れるところがなく、今後の世界平和と最も重大なる関係に立つ本問題を頬被りして、世界人の疑問に答え得なかったことは、また判決の無価値を表明したものであった。原爆使用を大統領へ勧告した当時のアメリカ陸軍長官ヘンリー・L・スチムソン氏は「原子爆弾使用のいきさつ」について左のとおり述べている（ハーパース誌より要約、リーダースダイジェスト、昭和二十二年五月号）

七月には原子爆弾に依存せずして——ニューメキシコの実験は未だ行なわれていなかった——日本を攻略する計画ができあがっていた。海上封鎖の強化と戦略爆撃の大々的強化に続いて、十一月一日に南の島、九州上陸という計画であった。本州は一九四六年春上陸の予定であった。この大計画に要すべきアメリカ陸海軍兵力は五百万見当であった。アメリカがこの計画をどうしても最後まで遂行せねばならないことになったとすれば、大規模の戦闘は最も早く見ても一九四六年後半以前には終わらなかったであろう。かかる作戦はアメリカの死傷百万以上となるかも知れないことが予測され、従来の経験に徴すれば、敵の損害は遙かにそれ以上であったであろう。余は以上のような考慮を頭において七月二日大統領へ覚え書を提出した。……そして余が見たところのすべての証拠は、日本をして最後にわが条件受諾を決意せしめた決定的要素が正しく原子爆弾であったことを明らかにしている。

原子爆弾使用の決定は十万の日本人を死に至らしめた決定であった。余はこの事実を糊塗する気持ちは更にない。しかしながら同時に、この事を敢えて行ない、前以て企てたところの破壊もわれわれにとっては最も苦痛の少なかった選択だったのである。広島と長崎の破壊は、日米戦争に終止符を打った。焼夷弾攻撃もやみ咽喉を締め上げる海上封鎖も終わり、また巨大な陸上部隊の破壊に伴う悪夢の如き惨事も終わりを告げたのである。

二十世紀の戦争はあらゆる面において、ますます野蛮にますます破壊的にますます非道義的になる一方であった。いまや原子力の出現によって人間が己れを殺す力はほとんど完成の域に達した観がある。広島と長崎に落とされた爆弾が戦争を終わらせた。またその爆弾はわれわれが二度と再び戦争をしてはならないということを明らかにした。これこそ、あらゆる国の国民も指導者も銘記せねばならぬ教訓であり、彼らがこの教訓を銘記した時にこそ、永続性ある平和への途を見出すであろうと信ずる。それ以外に選ぶ途はないのである。

しかしながらパール判決書はつぎのように記載している。

ドイツ皇帝ウイルヘルム二世は第一次欧州戦争の初期にオーストリア皇帝フランツ・ヨーゼフにあてて、次のような旨を述べた書簡を送ったと称せられている。すなわち「予は断腸の思いである。しかしすべては火と剣の生贄とされなければならない。老若男女を問わず殺戮し、一本の木でも、一軒の家でも立っていることを許してはならない。フランス人のような堕落した国民に影響を及ぼし得るただ一つのかのような暴虐をもってすれば、戦争は二カ月で終焉するであろう。ところがもし予が人道を考慮することを容認すれば、戦争は幾年間もながびくであろう。したがって予は自らの嫌悪の念をも押し切って前者の方法を選ぶことを余儀なくされたのである。

これは彼の残虐な政策を示したものであり、戦争を短期に終わらせるためのこの無差別殺人の政策は一つの犯罪であると考えられたのである。

われわれの考察の下にある太平洋戦争においては、もし前述のドイツ皇帝の書簡に示されていることに近いものがあるとするならば、それは連合国によってなされた原子爆弾使用の決定である。この悲惨な決定に対する判決は後世が下すであろう。

かような新兵器使用に対する世人の感情の激発というものが不合理であり、たんに感傷的であるかどうか、または国民全体の戦争遂行の意思を粉砕することをもって勝利を得るという、かような無差別尽殺が、法にかなったものとなったかどうか、を歴史が示すであろう。

原子爆弾が「戦争の性質および軍事目的遂行のための合法的手段に対するさらに根本的な究明を強要するもの」となったか否かを今のところ、ここにおいて考慮する必要はない。もし非戦闘員の生命財産の無差別破壊というものが、未だに戦争において違法であるならば、太平洋戦争においては、この原子爆弾使用の決定が第一次世界大戦中におけるドイツ皇帝の指令および、第二次世界大戦中におけるナチス指導者たちの指令に近似した唯一のものであることを示すだけで、本官の現在の目的のためには十分である。このようなものを現在の被告の所為には見出し得ないのである。(『日本無罪論』五五九ページ以下)

またパール博士は一九五二年再来朝され、十一月四日広島において開かれた世界連邦アジア会議に出席して特別講演をされたが、その中につぎの一節があった。

いったいあの場合アメリカは原子爆弾を投ずべきなんの理由があっただろうか。日本はすでに降伏すべき用意ができていたのである。

広島に原子爆弾が投ぜられる二カ月前から、日本はすでにソビエトを通じて、降伏の相談、交渉を進める用意を持っていたのである。

当時すでに日本は連合軍との戦いにおいて敗北したということは明白にわかっていたのである。彼らはそれを十分知っていたにもかかわらず、実に悲惨なる破壊力を持つところのこの原爆を日本に投じたのである。しかもこれは一種の実験として、この日本に投じたのである。この惨劇についてわれわれはそこに、いろいろの事情を汲み取ることができないでもない。しかしながら、これを投下したところの国から真実味のある、心からの懺悔の言葉を未だにきいたことがないのである。今後平和を共に語る上において、果たしてそうした冷酷な態度が許されるだろうか。いったいこの原爆投下について西洋諸国がこれまでいろいろと説明あるいは口実を設けているが、それにはどのようなものであったか、私はここに原爆投下の意義を十分に考えて見たいと思う。

原爆を投下するということは男女の別なく、戦闘員非戦闘員の別なく無差別に人を殺すということである。しかも最も残虐なる形においての大量殺人である。しかしながら、彼らの原爆投下の説明あるいは口実となっているところのものは、「もしもこれを投下しなかったならば、さらに幾千人かの白人の兵隊が犠牲にならなければならなかったであろう」これがその説明である。いったいこの幾千人かの軍人の命を救うということが、どういう意味があるだろうか。どうゆう価値があるだろうか。その代償として罪のない老人や子供や婦人を、あるいは一般の平和的生活を営む市民を幾万人、幾十万人殺してもいいというのだろうか。こういうようなそらぞらしい説明や口実がなされたということとそれ自体、この説明で満足するところの人々が彼らの中に沢山いることを説明するものである。こんな説明で満足しているような人々によって、人道主義だとか平和だとかいうような言葉が寄せられていることをわれわれは深く悲しむものである。われわれはこうした手合いと再び人道や平和について語り合いたくはないのである。

このごろになって、前日か前々日に空からアジビラを撒いて、立退を要求したから、無警告でないなどと、アメリカのために弁解している者も出てきているが、左様な不正確な方法でしかも一両日前に撒いたのでは、避難の暇も何もない。形式だけのビラ撒布が予告に値いしないことはいうまでもない。

要するにB29の無差別爆撃と、原子爆弾の使用とは人道上許すべからざるものであると同時に、法律上、ハーグ第四条約違反であってアメリカがいかに弁解するとも国際法違反たることは免れ得ない。

そして戦争は相対関係であって相手国の違法行為を不問に付して、日本の行為のみを審判することは、公平かつ真実にそう裁判とはいい得ない。これは法廷としても万々承知のことであったろうが、もしこれを許したら、おそらく、A級戦犯の裁判は不可能になりはせぬか。かりにできるとしても、その審理に何年を要するか予想できぬ。ニュルンベルクにおいても首席検察官となったアメリカのジャクソン判事は一九四五年六月のロンドン会議において、強硬にこの点を主張し、政治上、経済上ないしその他の考慮は、侵略戦争を正当づけないという原則を提案している。

東京裁判においてウエッブ裁判長がしばしば繰り返した「彼が泥棒したということはお前が泥棒したことの弁解にはならない。ここは日本を裁く法廷であって、連合国を裁く法廷ではないから、連合国側の違法を立証することは、本裁判の助けとならない。これらはすべて関連性なきものとして却下する」と裁定したことは、こうした政治的考慮が払われた結果であって、A級戦犯裁判がいかに、公平なる司法裁判においては、困難であるかを物語るものであろう。

六　純然たる復讐行為

土産首七個

本裁判は国際裁判に名をかる各連合国の純然たる国内対策を目的とする復讐行為にすぎなかった。すなわち戦勝の誇りに酔った国民が日本軍の残虐行為の罵倒に夢中になっているのに、その責任者の一人さえも処罰できないでは、指導者の面目が立たない。そこで国際法や刑法理論はいかにあろうともその国民の興奮を鎮静さすためには、各国共に勝ち戦さのみやげが必要になってくる。これが国際軍事裁判所が設けられた原因であり、七個の首をあげてその各々の国民にみやげにした所以でもある。

すなわち判決理由はいろいろと勝手に書かれてあるが、実質上の狙いは、南京残虐行為の責任者として松井支那派遣軍総司令官を、泰緬鉄道の残虐行為の責任者として木村方面軍司令官を、シンガポール残虐行為は板垣司令官、バターン死の行進の責任者として武藤参謀長、真珠湾は東条大将というあんばいで、そして満州、中国の策動者として土肥原大将を、更にソ連、中国に対する強硬政策を持し、陸海軍大臣現役制を復活させ、国家総動員法を制定し、対支三原則を確立した南京残虐事件当時の外務大臣広田弘毅氏の首を唯一人の文官代表として加えて、合計七個の首級をあげたのであった。その方面での主役をつとめなければならなかったこれら七人の有力者こそいい災難であったのだ。

運命の一票——五対六

殺そうと思えば全部を殺し得る勝者の裁判だ。平和―人道―正義―文明を看板にした憎しみの裁判！　しかし裁く者はすべて、旧敵国人といえども、また公正を職とする司法人……半夜心静かに戦争裁判の使命と、原子力時代における世界平和の確立とを沈思する時、その悩みも深刻であったであろうことは想像に難くない。人間が感情と理性との板挟みになり苦悩するとき、その行動は中途半端の間を出入し徘徊する。それは個人においても団体においても今も昔も変わりはない。

東京裁判十一人の判事たちも、被告らを極刑にすべきや否やについては、さすがに意見がわかれた。木戸、大島、荒木、嶋田は五対六すなわち一票の差で死刑を免れ、広田は一票の差で死刑になったといわれる。しかも広田の死刑反対派五票中三票までは無罪論者であったという。

殺す者にとっては格別大した理由もない浮動票の一票であったろうが、殺される者にとっては絶対である。フィリピン判事はいかにもフィリピン代表らしく、これでも軽るすぎるという単独意見を出しているが、平和に対する罪という新しい制度でかつ法律上、事実上まことに疑問多き本件で、七人もの死刑を出し、唯一人の無罪を出さなかった判決は、後世の批判の的となろう。

ニュルンベルク裁判においては四人の判事中、三人の同意がなければ有罪の判定はできないことになっていた。この比率でいけば東京裁判では八人の同意を必要とすることになる。しかるに東京裁判の条例では過半数の出席があれば開廷ができ、その出席者の過半数でいかなる決定をもできることになっていたので、最小限度六人の出席者があり、かつその場合四人の同意があれば、死刑の判決もでき得る仕組みになっていた。有色人に対する反感か、ドイツと区別した理由はどこにあるか、実に乱暴な規定であった。そこにいわゆる「七人組」なる判事団の存在価値があり、公判とは別個に暗躍した判決起草委員会の策動の余地があった。

広田被告の死刑理由

「広田弘毅氏は非軍人でありながら、何故死刑になったか」これは国民の誰でもが不可解としているところであろう。

判決はすでに述べた如く、彼を軍事参議官としているから、おそらく彼を文官とは考えなかったかも知れない。判決は第十章判定のところで、つぎのように記載している。

一九三六年に彼の内閣は東アジアと南方地域における進出の国策を立案し採用した。広範な影響のあることの政策は、ついには一九四一年の日本と西方諸国との間の戦争をもたらすことになった。

一九三六年にソビエト連邦に関する日本の侵略的政策が繰り返されて、その結果が防共協定となった。

一九三八年の初めにも中国に対する真の政策が明らかにされ、中国を征服して、中国国民政府を廃止し、その代わりに、日本が支配する政府を樹立するためにあらゆる努力が払われた。

広田は非常に有能な人物であり、また強力な指導者であったらしく、このように在任期間を通じて、軍部といろいろの内閣とによって採用され、実行された侵略的計画について、ある時には立案者であり、またある時には支持者であった。

訴因第五十五については、彼をそのような犯罪に結びつける唯一の証拠は一九三七年十二月と一九三八年一月および二月の南京における残虐行為に関するものである。彼は外務大臣として、日本軍の南京入城直後に、これらの残虐行為に関する報告を受け取った。弁護側の証拠によれば、これらの報告は信用され、この問題は陸軍省に照合されたということである。陸軍省から、残虐行為を中止させるという保証が受け取られた。この保証が与えられた後も、残虐行為の報告は、少なくとも一カ月の間ひきつづいて入ってきた。本裁判所の意見では残虐行為を、やめさせるために、ただちに措置を講ずることを閣議で主張せず、また同じ結果をもたらすために、彼がとることができた他のどのような措置もとらなかったということで、広田は自己の義務に怠慢であった。何万という殺人、婦人に対する暴行、その他の残虐行為が、毎日行なわれていたのに、右の保証が実行されていなかったことを知っている。しかも彼はその保証に頼るだけで満足していた。彼の不作為は犯罪的な過失に達するものであった。

そのほかに彼は、広田内閣当時における陸海軍大臣現役制の復活によって軍部をして政権を掌握せしめた責任も問われている。

要するに彼は広田内閣当時には「国策大綱」を決定し「国策の基準」や「第二次北支処理要綱」を作成した。第一次近衛内閣の外務大臣としては一九三八年一月十四日の「爾後国民政府を相手とせず」の対支強硬の公式声明を閣議決定し、続いて一月二十七日に日本の後援している南京政権が中支臨時政府の中核をなすべきであることを閣議決定した。

さらに二月には国家総動員法を議会を通過せしめた等、一連の侵略態勢を強化したと誤解されたのであった。

広田被告は公判中まことに落ち着いて悟りすましていたが、つとに死を覚悟し、傍聴に皆勤した二人の令嬢に対しても、たとえ無罪になっても自分は生きていたくないと洩らしていたということである。彼は眼をつぶって死刑のいい渡しを受けたが、絞首刑の宣告をきき終わるや、顔を上げて二階の傍聴席に目をやり、二令嬢に微笑を投げて別れを告げた。

死刑の執行に際しても感傷的な辞世もよまず、花山教誨師に「ただ黙々として死に就いて行ったという事実を、どうかお伝え願いたい」と語ったそうだ。さすがに玄洋社育ちのたしなみは立派であった。静子夫人は既に東京裁判開始直後、自決して後顧の憂いを絶ち、夫君の覚悟を励まし、大和撫子の貞節を全うした。

七　関　係　資　料

各被告別訴因責任表

（被告名）	（訴因1）	（〃27）	（〃29）	（〃31）	（〃32）	（〃33）	（〃35）	（〃36）	（〃54）	（〃55）
荒木	G	G	×	×	×	×	×	×	×	×
土肥原	G	G	G	G	G	×	G	G	G	○
橋本	G	G	×	×	×				×	×
畑	G	G	G	G	G		×	×	×	G

平沼	G	G	G	G	G	×	×	G	×	×
広田	G	G	×	×	×	×	×		×	×
星野	G	G	G	G	G	×	×		×	×
板垣	G	G	G	G	G	×	G	G	G	○
賀屋	G	G	G	G	G				×	×
木戸	G	G	G	G	G	×	×	×	×	×
木村	G	G	G	G	G				G	G
小磯	G	G	G	G	G			×	×	G
松井	×	×	×	×	×		×	×	×	G
南	G	G	×	×	×				×	×
武藤	G	G	G	G	G	×		×	G	G
岡	G	G	G	G	G				×	×
大島	G	×	×	×	×				×	×
佐藤	G	G	G	G	G				×	×
重光	×	G	G	G	G	G	×		×	G
嶋田	G	G	G	G	G				×	×
白鳥	G	G	G	G	G					
鈴木	G	G	G	G	G		×	×	×	×
東郷	G	G	G	G	G			×	×	×
東条	G	G	G	G	G	G		×	G	○
梅津	G	G	G	G	G			×	×	

（注）Gは有罪、×は無罪、○は判定せず。

判決言渡後、刑の執行まで

一九四八年十一月十二日――判決の言い渡し
同月十九日――各被各再審申し立て
同月二十日――再審査申し立てを受理したマ司令官は、十一判事を送った各国の東京使節団代表を集めて意見を聴取した。インド、オランダの両代表以外は原判決を支持したと発表された。
同月二十四日――マ司令官は特別声明を発表して再審査権を放棄して、原判決を支持し刑の執行を命じた。
同月二十九日――次の二組がアメリカ大審院に対する人身保護令の発動を訴願した。
　第一組＝土肥原、広田
　第二組＝木戸、嶋田、岡、佐藤、東郷（ローガン、ブラナン、スミス、ウオーレン、ブレイクニー等、各担当アメリカ人弁護人代表）
十二月六日――アメリカ大審院は五対四の表決で訴願の聴取会を開く事に決定した。
同月十六―十八日――アメリカ大審院は聴取会を開き、ローガン、スミス、ブラナン三弁護人の訴願理由とパールマン連邦検察所長の政府代表としての抗弁を聴いた。レビン弁護人とキーナン検事は傍聴した。
同月二十日――アメリカ大審院は東京裁判に対する管轄権なしとして正式に訴願を却下した。
同月二十三日――午前零時過ぎ七戦犯の絞首刑を巣鴨プリズンで執行した。執行立会人は対日理事会代表米英ソ中の四名。
（註）終身禁錮、有期禁錮に処せられた者は、判決確定と同時に巣鴨拘置所で服役した。ただし梅津、白鳥、小磯、平沼、橋本はあいついで病死した。哀悼に堪えぬ。

辞世集

天地も人もうらみず一すじに無畏を念じて安らけく逝く、
七十有年事、回顧悔恨長、在青山到処、行楽涅槃郷

松井石根氏

とこしへにわが国護る神々のみあとしたいてわれはゆくなり
大神のみたまの前にひれ伏してひたすら深き罪を乞ふなり
さすらひの身の浮雲も散りはてて真如の月を仰ぐうれしさ
なつかしき唐国人よ今もなほ東亜のほかに東亜あるべき
しおき待つあさな夕なの片ときも人の人たる道にいそしむ

板垣征四郎氏

いざさらば今宵限りの命ぞと名残を惜む窓の月影
うたかたのことくこの世に生れてきて露と消えゆくわが身尊し

土肥原賢二氏

荒れ果てし御国の姿見るにつけただ思はるる罪の深さを
うつし世はあとひとときのわれながら生死を越えし法のみ光
踏み出せば狭きも広くかはるなり二河白道もかくやありなん

木村兵太郎氏

武藤章氏

醜草のおどろが中のむくろをも神の光はいつか照らさむ
みんなみの島に死すべき我なりき今さらなどか命惜まむ
現世のひとやの中のやみにゐてかの世の光ほのに見るかな
窓越しに遺髪を渡す寒さかな
霜の夜を思い切ったる門出かな

（註）東条英機氏の辞世については二九二ページ以下参照。

第二部

第八章　天皇問題

一　陛下と戦争

昭和二十二年九月二十五日岡田啓介大将が証人台に立ち「陛下は戦争はお嫌いであった」と陳述したらキーナン首席検事はすかさず、それは負けたからそういうのだろうと追及した。岡田氏は「いや勝つとか負けるとかの問題ではない、陛下は御性格として戦争そのものがお嫌いであった」と証言した。また終戦の際、陛下は鈴木総理に対して「今の程度の軍備を再建するとしても三百年はかかるだろう」と仰せられたということである。このお言葉によってもこの際とりあえず軍備を廃止して将来おもむろに再建しようなどとのお気持ちでなかったことは明らかであろう。対米英戦争開始に際しての御前会議においても陛下は明治天皇の「四方の海みなはらからと思う世になど波風のたちさわぐらむ」の御製を泣いておよみになって「朕は常にこの御製を拝誦して明治天皇の平和愛好の御精神を紹述せんと努めているのである」と仰せられたこともさこそとうなずける。

この御性格の陛下が、一瞬にして数十万の無辜を鏖殺したり、頼りきって和平斡旋を懇請されていたソ連が中立条約を一方的に破棄して横腹にドスを突きつけるような、おおよそ文明国間の戦争のルールや、国際道義を無視した野蛮戦争をしかけられて、どうして我慢されることができよう。もはや一刻の猶予も相成らぬ、無条件降伏でもなんでもやむを得ないから直に終戦して国民を救うようにと、政府を説いてポ宣言を受諾せしめ、排戦の大詔（敗戦ではなく戦争そのものを排除する詔書）を渙発されるにいたったことはけだし当然であろう。

ただ終戦の御処置は全く陛下の自発的御行動であって、張作霖事件の際、田中義一首相に詰め腹を切らせられたことと、二・二六事件の時、蹶起部隊を反乱軍と呼び討伐を命ぜられたこととともに、今上陛下の三大御聖断と推賞申し上げる者もあるが、著者としては賛成できない。陛下はどこまでも帝国憲法を守られ、国務大臣の輔弼にまたなければ決裁遊ばされていない。終戦の際のことも軍部を憎むのあまり、陛下の御聖断で和平に入ったと讃辞を奉らんとする者もあるが、陛下としては開戦の場合も終戦の場合もひとしく正式に閣議決定すなわち内閣の輔弼によって行動せられているのであって決して御専断ではない。もし内閣の意見にかかわらず終戦に入ることができたのなら何故にもっと早く終戦に導かれなかったか、いな何故に開戦を阻まれなかったか、というような疑問に突き当たる。著者は陛下はどこまでも帝国憲法を忠実に遵守されていたと確信する。したがって輔弼無視のいわゆる天皇御専断は行なわせられなかったと考えている。前例の田中首相に対する御詰問や二・二六事件の蹶起部隊を反乱軍と呼ばれた如きは、終戦の際の御発言同様に注意、戒告程度の御意見の吐露であって、あえて御専断御親政というに当たらぬものと思う。ウエッブ裁判長の単独意見中の「天皇の免罪」の項にはつぎのように記載している。

天皇の大権は終戦に際して疑いもなく証明された。戦争開始の際にも同様天皇が顕著な役割を果たしたことは、検察側の証拠に明らかである。しかし検察側は同時に天皇を起訴しない旨を明らかにした。この天皇の免罪ということは、太平洋戦争開始に演じた彼の役割と比較して、本法廷が刑の判定を下す際に考慮にいれるべきことだと私は考える。……天皇の大権は戦争のために求められた。もし彼が戦争を欲しなかったならば、その大権を停止しなければならなかったであろうし、最悪の場合彼は暗殺されていたかもしれない。義務にしばられる統治者のすべてがこうした危険にさらされるのである。いかなる統治者も侵略戦争を開始するという犯罪を犯すことはできないし、生命の危険があったからそうならざるを得なかったのだとの言訳を正当に主張することはできないのだ。天皇が助言によって活動するよう拘束されていたという提議は証拠と相反する。

もし彼が助言にもとづいて行動したとすれば、彼がそうする方がよいとみたからであった。この事実はなん《》ら彼の責任を軽減しない。それどころか、国際法においては立憲君主ですらその閣僚の助言に従って行なった犯罪は許されないことになっている。私は天皇が起訴さるべきだといっているのではない。起訴は私の職務以外のことだ。彼の免罪は疑いもなく全連合国の最大の利害関係において決定された事柄なのだ。裁判所は私に、有罪被告の刑の決定に際し、天皇の免罪を考慮に入れるよう要求した。それがすべてである。天皇に対して公平を期するため、次のことは述べておくべきであろう。すなわち、証拠によれば彼は常に平和を愛したが、彼が立憲君主としての役割を果たすとすれば、彼の意見に反して閣僚その他から戦争に対する助言しか得られなかったということである。しかし、戦争を停止するために彼はゆるがぬその大権を主張し、遂に日本を救ったのであった。（註）

（註）ウエッブ判事の所論が帝国憲法第五十五条に反し、日本を専制君主国のごとくに曲解し、陛下の行動を開戦時と終戦時とを正反対に認定していることは事実に反する。ことに辞職の道なき天皇の地位を一般官吏と同視しているところに彼れの無知はきわまっている。しかも陛下は未だかって御自身の責任を免れんとされたことはなく、もちろん生命の危険のために開戦に同意されたこともない。判事の前後矛盾した論旨は彼の悪感情と無知との暴露にすぎない。

二　天皇制の問題

敗戦の大嵐のさなかで日本国民の最も心配したことは天皇制存続の問題であった。鈴木終戦内閣がポツダム宣言受諾に際して、つけんとした唯一の条件も天皇統治制を存置することであった。すなわち八月十日「該宣言が君主トシテノ統治者タル天皇ノ大権ヲ侵害スル如何ナル要求ヲモ包含セザルモノトノ了解ノ下ニ受諾スルノ用意アリ。日本政府ハ此了解ガ保証セラルル事ヲ真実希望シ、且ツ其ノ旨ノ明白ナル指示ガ速カニ与ヘラレンコトヲ熱望ス」との条件付受諾を通告したが、これに対しては翌十一日バーンズ国務長官名をもってつぎの如き回答に接したのである。「降伏ノ時ヨリ天皇及日本国政府の国家統治ノ権限ハ降伏条項ヲ実施スルタメ適当ト認ムル措置ヲ執ル連合国最高司令官ノ権力下ニ服セシメラルルモノトス……」この回答はトルーマン大統領がスチムソン陸軍長官や、大統領最高顧問リー元帥等の意見をきき、バーンズ国務長官に起草せしめたものであるが、大統領は関係閣僚とともに間接的ではあるが巧妙に日本の申入れに答えていると賛同したものである。（外務省編纂終戦史録六二四ページ参照）

この回答に接した日本政府においては、なお意見が二つにわかれた。一は占領中最高司令官の権力下に服するけれどもそれは一時的の問題であって、本質的には天皇の統治権には変更ないものであると解する者と、他は降伏条項実施のために天皇の統治権は否定され占領軍司令官の隷下に属し、ここに三千年の国体は傷つけられ、将来の保証も期しがたいと解する者であった。しかしながら前者がついに勝を制し、鈴木内閣はこの回答にはかなき信頼を寄せてポツダム宣言を受諾したが、阿南陸相は自決し果てたのであった。八月十四日午後十一時過ぎ発布された終戦の詔書に「朕ハ茲ニ国体ヲ護持シ得テ」と仰せられたのは、実に右の経緯をお示しになられたものと拝察する。

しかるに翌二十一年十一月三日発布された「日本国憲法」には明らかに天皇統治制は国民主権制に変革され、君主国日本は、民主国日本となった。すなわち日本国憲法第一条には「天皇は、日本国の象徴であり日本国民統合の象徴であって、この地位は主権の存する日本国民の総意に基づくと規定された。

かくしてポ宣言受諾に際して日本が付けた最後的かつ唯一絶対の条件だった天皇統治制の保持は、憲法改正によって完全に無視され、三千年の国体は新憲法上一時葬り去られてしまった。

この日本国の大変革に対して、占領軍の傀儡となった政治家や御用学者たちはいろいろな理屈をつけてこれを弁解、容認せんとしている。すなわち、ある者は国体は変更されずとして、古来天皇制は本質的に必ずしも統治権を伴うものでないといい、またある者は天皇も国民の象徴として八千万分の一の主権を有せられるから未だ完全に主権を喪失されたというべきではないという。さらにある者は国体は変革された、しかしそれはポツダム宣言受諾とともに当然革命になったものであって、憲法改正はその効果にすぎないといい、またある者は日本は憲法改正を通して革命が起こったのだ、すなわち日本国民を代表する諸機関――天皇、政府、議会、枢密院等の改憲行為によって無血平穏裡に革命が成就したのだといぅのである。

しかしながら第一の国体不変更説は日本人の確信に反する。また第二の革命説の中のポ宣言受諾による革命説はポ宣言を曲解したる意見である。ポ宣言はその第十項において「日本国政府ハ日本国国民ノ間ニ於ケル民主主義的傾向ノ復活強化ニ対スル一切ノ障礙ヲ除去スベシ」と規定されているだけである。すなわちポ宣言においては従来日本における天皇制の下、民主主義的傾向の存在を認め、その復活強化を要望したにすぎないのである。これはいわゆる民主主義なるものが国家の組織の問題ではなくして実際政治の運営の問題で、すなわち国民の世論公議を尊重する議会政治の実施を指すものである以上、日本の戦前の政治が民主主義的であったことは疑問の余地がない。故にイギリスやオランダ、ベルギーその他北欧の君主国と同様、天皇の存在と民主主義はなんら矛盾するものではない。したがってポ宣言第十項の規定はなんら天皇主権制を排除するものではない。されば前述の如く八月十一日のバーンズ国務長官回答もこれを承認し、さらにマッカーサー元帥も日本国憲法の原案作成をGHQの民政局長ホイットニー准将に命ずるに当たっても特に「天皇の地位は元首たること」なる条件をつけているのである。それがいつ、どうして国民主権制に変更されたか。それには次のようなこみ入った事情があったのである。即ちソ連は終戦当時北海道に進駐して朝鮮や西ドイツのように日本を分割しようとしたが、日本の無血進駐受入れによりアメリカ軍の進出が意外に早やかったのでソ連の野望が達せられなかった。そこでソ連は翌二十一年二月二十六日に第一回の会合が開かれたワシントンの極東委員会において、日本に共和制をしくことを提案し、その実現により日本を大混乱に陥れ、その機に乗じて北海道進駐の野望を果たさんと策動し、それが中国、フィリピン、豪州、ニュージーランド等によって支持されそうになったので、GHQでは大いに驚き、これを阻止するには、こちらが先手を打つ外はない、すなわち日本の憲法を急速に改正して、天皇の権能を全面的に剝奪して、日本はすでに完全に民主化しているからあえて共和制の必要はないと、主張するほかはないとの結論に到達し、民政局において一週間で原案を書き上げたのであるが、天皇主権制の廃止は実にこの民政局のケーディス大佐（ニューヨークの弁護士出身）を中心とする事務当局の会議において二月の始めに決定したというのがその真相であるようだ。故に天皇統治制の廃止の根拠を民主主義の本質に置いたり、ポ宣言受諾の当然の結果となす見解は根本的に誤りであることを知るべきである。

さらに日本諸機関の改憲行為により無血革命ができたという説も事実をしいるものである。その反駁はつぎの著者の見解によって尽きる。著者は日本国憲法は占領軍の占領政策上日本諸機関に強要して作成せしめられた日本管理法規の一つであると解する。したがって占領軍の占領期間中の管理法規としては有効であったが、独立の回復と同時に実質上失効しているものである。ただ日本指導者の無自覚のため独立回復後も今日まで慣行的にこれを施行しているにすぎない。これは一日も早く国会において失効宣言をして、名実ともに日本国憲法の失効を確定すべきであると思う。

いわんや日本国憲法は帝国憲法をその第七十三条によって改正して成立せしめたものであるが、その改正は時期的に見て、はたまた方法的ないし内容的に見て違法であって、したがって日本国の正統憲法としては当然無効たるべきものたるにおいておやである。すなわち敵軍が日本を占領し、銃剣の力をもって管理し、日本国民としては完全な主権もなく、意思の自由もない時、どうして国家の基本法たる憲法改正や制定ができ得ようか。これはフランス第四共和国憲法第九十四条の「本国領土の全部または一部が外国軍隊の占領下にある場合には、いかなる改正の手続きも、これに着手しもしくは継続することができない」との規定や、西ドイツの基本法第百四十六条の「この基本法はドイツ国民が自由なる決定によって議決した憲法が効力を生ずる日において、その効力を失う」というような規定がなくとも当然失効しているものと信ずる。

また改正の方法としてGHQにおいていかなる方法でいかなる程度に強迫を加えたかということは、GHQからアメリカ政府に対する「日本占領に関する報告書」中の第三章「日本の新憲法」中に得々として、記載されてある。(国家学会雑誌第六十五巻第一号参照)

さらに改正の内容の問題は、帝国憲法の骨子たる、日本立国の大本を定めたる帝国憲法第一条ないし第四条を抹殺して日本国憲法を作成したことは明らかに憲法改正の限界を逸脱したものであって、この点からいってもその改正が違法であって無効たるべきことは明らかである。

しかのみならず国際法的に見ても占領軍が日本国の憲法を不必要に改廃したことは、ポツダム宣言違反はもちろんハーグ規約(一九〇七年陸戦法規慣例ニ関スル条約及ビ規則)第四十三条ならびに大西洋憲章第三項の趣旨に違反するものである。

この占領憲法の処遇について、日本は今後益々大混乱に陥らんとしている。それは政府や保守党の怠慢のために左翼の人たちが、再軍備反対の方便として現行憲法を支持し、憲法擁護運動を全国的に展開しているのに対し、保守派は現行憲法第九条其他一部改正でお茶をにごさんとし、右翼は新憲法の制定論をもってこれに対抗せんとしている。再軍備反対運動と共同戦線を張る憲法擁護運動の不見識であることは多言を要せぬが、占領下完全なる主権も自由意思も持たなかった時期において、占領軍の威力をもって強要改正した占領憲法を、独立を回復した現在、自由意思をもってこれを追認、合法化し、永久化せんとする改正論は、占領下抗拒不能の時、現行憲法を作成したる者以上に屈辱的であり、法理無視であり、その責任は重大である。新憲法制定論も占領終了後廃棄までは現行憲法の有効を肯認するものであって、その過誤は改正論に同じだ。ことに注意すべきは、この説は自己の理想的と信ずるところに従って新憲法を制定せんとするところに憲法を軽視し、政権争奪の度ごとに憲法の改正をもたらし、フランス同様の混乱に導かんとする革命主義に坐すことである。

もし改正論なり、新憲法制定論なりが実行に移されたなら、日本はいかになり行くであろうか。現在のままではおそらく保守派は、参議院において三分の二を獲得することは困難であろうが、かりにこれができたとして、国民投票の結果はどうなるであろうか。政府がなんらの啓蒙運動もせず、卒如として国民投票に問うたなら純情な青年層と婦人層とは、煽動者派の餌食となり反対派に回わるであろう。否投票にいたらずして運動は暴動化し、極左分子の計画どおり、革命騒ぎを現出することになるであろう。

その責任は日本の指導者たちが国体を軽視、終戦唯一の条件たる天皇統治制をＧＨＱ民政局の事務当局によって無視されたことに異議もいわず、憤慨もせず、御無理ごもっともで放任し、しかも独立後の今日においてもなお後生大事にこの占領憲法を日本の正統憲法として奉戴してるところの不見識に帰すべきである。指導者たちにしてもし良心があるならば、占領憲法はたんなる占領軍の管理法規にすぎない、占領終了とともにその効力をうしない、占領なる一時的圧迫によってその効力を停止していた日本固有の帝国憲法が当然復原するものであると宣言すべきである。かくすることによってのみ終戦の際の「国体ヲ護持シ得テ」の詔書の御趣旨も一貫し得る次第である。

そして国会はすで失効しているものの失効を宣言し、また実質上復原しているものの復原を宣言するのであるから、あえて憲法改正の条項による必要はなく、議員の過半数の決議のみをもって十分と信ずる。ただ復原せる帝国憲法がそのまま施行されては今日の時勢上はたまたポ宣言受諾の手前不都合だというなら、憲法改正の大委員会を設置すべく、またその改正ができるまでは臨時措置法を制定して国政の運営に誤りなきを期すべきであろう。

さらにいま一つ暗黒時代の所産として遺憾に堪えないのは終戦翌年の元旦の現津御神（あきつみかみ）否定の詔書が渙発されたことである。

……朕ト爾等国民トノ間ノ紐帯ハ、終始相互信頼ト敬愛トニ依リテ結バレ、単ナル神話ト伝説トニ依リテ生ゼルモノニ非ズ。

天皇ヲ以テ現御神トシ、且日本国民ヲ以テ他ノ民族ニ優越セル民族ニシテ、延テ世界ヲ支配スベキ運命ヲ有ストノ架空ナル観念ニ基クモノニモ非ズ。……

これはおそらくは幣原首相が英文で「ゴッド」と書いたものを、伝統を知らぬ翻訳者が、気をきかしたつもりで「現御神」と和訳した失態ではなかったであろうか。日本民族の伝統的信仰によれば、ひとり皇室に限らず、またわれわれ日本人のみならず、あらゆる生きとし生けるものは皆神の聖なる理想を地上に具現すべく、神の御末としてこの世に生まれ出ているのである。故にこの意味において人間を表現人ともいうのである。この信仰に従えばわれわれの遠き先祖もわれわれと同じ肉体を持ち、同じ欠点を持つものである。さればこそ永遠に正しきを養い、修理固成し、勤労に出産に努力、奮闘して神の理想を具現して行かなければならぬというのである。

この神の理想を身に体したる表現人中の表現人たる天皇を現津御神と申し上げるのであって、いわゆる宇宙の絶対神、創造の神とはおよそ異なるものである。事実日本人で天皇を万能の神と信じていた者は一人もあるまい。天皇を絶対神だといえば、それは迷信であろうが、現津御神と申し上げても、迷信でないばかりか一語よく神と人間との融合せる人類の本質と理想とを道破した日本民族の思想信仰を表現したものである。「相互ノ信頼ト敬愛」も天皇と国民との間はただ個人の能力とか情誼とかの関係ではなく、書かれたる歴史以前から連綿として継続せる宗家の御主人であって、尊い仁愛の大御心を体せられるお方だという信頼である。それが神話とも伝説ともなっているのである。たんなる伝説や神話というようなものは本来ありようはないのであって、相互の信頼と敬愛との無限なる積み重ねによってこそ神話も伝説も成立するのである。伝説とか神話ともなっていい継ぎ、語り継がれつつあるところに始めて終始一貫する信頼も敬愛も見らるるのである。この両者を択一的に見るところに無理な解釈があるのである。この国体や伝統を表現する現津御神の理念をたんなる神話や伝説や架空なる観念として否定して、どこに皇室と国民とのつながりがあり得るであろうか。

さらに「日本国民ヲ以テ他ノ民族ニ優越セル民族……」とあるが、世界いずれの民族が自尊心を持たぬものがあろうか。優秀性を自覚しないでどうして民族の発展が期し得られようか。問題は自尊心とか、優越感が悪いのではない。優秀性を自覚すればするほど、他民族の幸福を願い、これと共存共栄の実を示し、その優れた点を全人類のために具現するよう努めなければならぬ。他民族を侮辱したり、横暴な真似をすることは、真の優秀民族のするところではない。こうした誤った優越観念は白人の一部には当てはまるが、本来の日本人には該当しないことである。

この国を昔から神国とか神州というのもこの日本だけが神の造られた国というのでもなければ、この国に絶対神が現存するというのでもない。上下挙って純真に神の理想を具現していこうという信仰を持つところの国柄であるというのである。

また「世界ヲ支配スベキ運命ヲ有ストノ架空ナ観念」とあるのが、もし皇道とか八紘為宇とかを指しているなら、それは東京裁判の判決さえもが「究極的には全世界に普及する運命をもった人道の普遍的な原理以上の何ものでもなかった……」と判示していることを指摘しておけば十分と思う。

終戦の詔書には「……斯ノ如クンバ何ヲ以テカ億兆ノ赤子ヲ保シ皇祖皇宗ノ神霊ニ謝セムヤ…」「……確ク神州ノ不滅ヲ信ジ……」「……誓テ国体ノ精華ヲ発揚シ……」とあって、敢えて日本民族の伝統や信仰を否定されていないのである。されぼこそ、八千万国民が一糸乱れず、無血進駐を受けいれたのである。それが半歳もたたぬうちに、伝統の根本を否定し去るかのような表現が用いられてあることは、いかに占領時代の詔書とはいえまことに残念なことであって、輔弼者の責任は軽くない(註)。

(註) この詔書起草者は幣原首相であって、初め英語で書かれ、後に日本語に翻訳されたと伝えられている。(現在、国会図書館に保存) この詔書と同時にマッカーサー司令官の満足の意を表する旨の声明が発表されたが、司令部として皇室に対して好意を公けにしたのはこれが初めてのことであった。これらの事情はこの詔書がいかなる環境において、いかなる動機の下に案出されたものであるかを推知せしむるものである。ジョン・ガンサー著「マッカーサーの謎」には、この頃では、「この勅語が天皇自らの発意から出たものだということにされているが、その内容が、総司令部当局者の手によって書かれたものであることは断わるまでもあるまい」と書かれている。この詔書は元来現津御神の真意を理解し得ず、これに対して反感を有する者にとっては、なによりもよい口実を与えたことになった。彼らは口を開けばこの詔書に

よって天皇は人間天皇になり下ったと得々と主張する。承詔必謹の罵倒者共が、今や承詔必謹者に転向してるから面白い。しかし天皇は本来人間であって、なり上りも、なり下りもしない。神の理想を地上に実現すべく努力することを使命とされる人間である。

三　天皇と戦争責任

渦巻く戦争責任論

当時国の内外を問わず、天皇の戦争責任が論議されたが、真に国を憂うる者の間にも、天皇制護持のためには陛下に御退位を願うべきであるという強硬意見と、これに反対する意見とが渦を巻いた。前者は主として皇族、学者等により主張され、後者は重臣および政府筋によって支持された。

近衛公は前者の急先鋒であり、木戸内府はその反対論者であったと伝えられた。松本治一郎参議院副議長の発言はとにかくとして、三淵最高裁判所長官の週刊朝日の座談会での発言は相当なる衝動を内外人に与えた。南原前東大総長が第九十一議会で皇室典範に退位規定を欠くことを指摘して質問したのも前者の意見を表明したものであるといわれた。その他田辺元、佐々木惣一両博士等の意見もこれに近い。近衛公の自決は身をもって陛下に御覚悟を促し奉ったのだとの観測さえ行なわれた。

海外においても種々の噂が乱れ飛んだが、すでに一九四三年夏のギャラップの世論調査によれば三四%は天皇を死刑にせよといい、ただの四%が天皇にはなんの刑罰も加えないでよい、というのであった。

一九四四年二月に、アメリカ・キリスト教会会議はルーズベルト大統領に電報を打ち「神なる天皇とその祖先の持つ加護力に対する日本国民の信頼を粉砕するために、神道の国社二社を爆撃すること」を要請したそうだ。その結果か、伊勢神宮、熱田神宮はじめ多くの神宮や神社が戦災に罹った。しかし焼けたのは社殿であり、社屋であって、神霊ではなかった。当時、熱血歌人寿柳茂はB29の乱撃下天をこがす火炎を眺めながら詠んだ。

焼くるもの皆焼き尽くせ醜の群れ
　焼けぬ我魂火と燃ゆる見よ

一九四五年十月十日、中国の雑誌「民主」には鄒森氏が、天皇の権威を保持せしめようとするのは封建的残滓を維持し、民主的革命運動を抑圧し、上層階級の摩擦を緩和し、連合国との緩衝地帯たらしめるための用意である。故に日本の軍隊を武装解除した後は天皇制を維持させてはならない、と論じ、同年十一月二十日の大公報は社説で、天皇制については日本人によって存廃を決めさせてよいが、現在の天皇はまさに第一級戦犯に列せらるべきであると述べた。

政策論的責任論

連合国側の天皇の戦争責任を論ずる者に三種類あった。

第一は政策論に基づくものであって、日本の強力に恐怖した連合国側、なかんずくアメリカの左傾分子やソ連は、日本の弱体化をはかるには、中心的存在である天皇にその責任を負わしめ、天皇の処刑もしくは退位を強行し、さらに天皇制を廃止して、一挙に共和制に移行せしむべしと主張した。この種の意見は戦争前から存する太平洋問題調査会あたりでしきりに論議されていたが、アメリカのいわゆる左派で、中国を中共に売り渡したといわれる、一連の支那通のラチモア、ビンセント、マクリーン、デービス、アチソン、マーシャルらによって主張された。ことにラチモア教授はその中心的分子であって、一九四五年二月出版した「アジアの解決」中には左の如く強調している。

天皇と天皇位継承の資格あるすべての男子は中国に流して抑留し、国際連合委員会の監視下に置かるべきである。天皇の財産と日本財閥及び重要な軍国主義者に属する財産は、国連の命令により農地改革計画の中に振り向けらるべきである。天皇が流刑後死亡した後に残った皇族は、彼らの好むところに行くことを許される。そのころには新たに権能を与えられた力が天皇制の復活を十分阻止し得るであろう。

この左派から反動と呼ばれたいわゆる知日派のグルー、ドーマン、キャッスル氏らは、天皇制はヒトラーのナチと違い、日本民主化の障碍にならぬ。アメリカとしてはむしろこれを利用すべきであると主張した。この一派は、グルー氏が国務次官であり、ドーマン氏が国務次官顧問であったので、一時国務省内の指導権を握り、グルー次官の依頼でドーマン顧問が起草した「対日宣言文」(一九四五年五月二十六日作成)はトルーマン大統領も、陸海軍の首脳部において異議がなかったら、承認するとまでいったのであった。

ところが軍首脳部会議ではマーシャル陸軍参謀総長の尚早論が強調されたためこの「対日宣言文」は一おうお預けの形となったが、これが大体において後日ポツダム宣言の骨子となったのである。ただ第十二条は左の如く第一項と第二項とがあったのを、ポ宣言では第二項を削除したのである。

(一)　連合国占領軍はこれら目標が達成せられ、かつ日本国民の自由に表示された意思に従って、平和的傾向を持つ責任政府が樹立された暁には直ちに日本から撤退さるべし

(二)　これはかかる政府が、将来日本における侵略的軍国主義の発展を不可能ならしめるような平和政策を追求する真の決意を持つことを、平和愛好諸国に確信させるならば、現皇室下の立憲君主制を含み得るものとす

なお知日派はステチニアス国務長官が退いて、バーンズ氏がその後任となるや、グルー次官、ドーマン顧問もあいついで辞任し、これらに代わって次官補のアチソン氏が次官に昇格し、三省合同委員会の極東分科会委員長にはビンセント氏がドーマン氏に代わって就任したので、国務省は左派の全盛時代を現出し、ラチモア教授は直接トルーマン大統領に会見して、天皇制廃止に関し強硬意見を進言し、前記の如くポ宣言第十二条の第二項は削除された。

この国務省内における左派全盛の影響は終戦後も、日本占領統治の上に現われて最初に国務省からマッカーサー元帥に指令された苛酷きわまる「対日占領方針」はビンセント氏らが起草したものであり、また日本経済の徹底的破壊を目標としたポーレー賠償委員会のいわゆるポーレー報告は、

実にラチモア教授が起草したものであるといわれている。

十二月十五日国家神道禁止の命令が出た時、総司令部は「国家神道の廃止によって、天皇制度の支柱となっていたものの最後の邪悪の根が引き出され破壊された……」と悪意きわまる声明を出した。

また総司令部が発表した「占領一年の回顧」には天皇制に対する国務省系左派官吏をもって固められた民政局（GS）の考え方を遺憾なく暴露している。すなわち

旧体制のからは一つ一つはぎとられ、封建性の触手は除かれた。……軍閥の張りめぐらしたクモの巣によって人民に加えられていた、上からの支配は解き放たれた。日本国民の生活を規正していたこれらの諸要素こそ実に天皇制による強権支配の根幹をなしていたものである……これらの支配の除去とともに天皇制は破壊され消滅せしめられることになろう。

戦略的責任論

第二はアメリカ軍部の戦略的見解に基づくものである。前記国務省内の知日派の失脚と、左派の台頭で万事決定したように見えたが実は然らずして、アメリカ軍部は厳然たる対日政策を持っていたのであった。その最も具体的に現われたのはスチムソン陸軍長官が一九四五年七月二日大統領に提出した覚え書である。この覚え書は原爆使用を進言したことで有名なものであるが、

アメリカ軍の日本本土上陸作戦計画は六月十七日決裁を受け、その準備は着々進行中であるが、この作戦を実行すれば、日本は気ちがいのような最後の抵抗をするであろう。本土上陸作戦をせずに、日本軍の無条

件降伏と日本の闘争力の永久的破壊に等しい結果をもたらすなんらかの方法が他にありとせば、試みる価値がある。日本はもはや同盟国もなく、海軍もほとんど失い、都市工業施設は爆撃に曝されている。しかも新聞等に述べられているところとは違って、日本には戦闘を続ける愚を悟り、無条件降伏を受諾するだけの聡明さがあると信ずるし、日本を平和的な国際社会の一員として再建するに当たって、信頼し得る自由主義的な分子も残っていると思う。この点はドイツよりはましである。であるから米英華三国の代表者から日本に対しこの際警告を発すべきで、その警告は大体つぎのような意味である。

と述べて、ドーマン氏起草の前記「対日宣言文」と同趣旨の事項を列記し「現在の皇統の下に立憲君主制を維持するとすれば、この警告を日本が受諾する可能性はいちじるしく増大すると信ずる」と進言したのであった。

いったいスチムソン長官にしても、前記のグルー氏以下の知日派にしても、何故にかくも天皇制の維持に努めたのであろうか。彼らは個人的感情から親日的態度を明らかにしたのであろうか。絶対にそうではない。また戦争の真最中にいかにアメリカといえども現前の敵国のために、好意の表現ができるはずがない。彼らが天皇制の維持を主張した唯一の根拠は、実にスチムソン覚え書にもあるとおり「本土上陸作戦を実行すれば、日本は気ちがいのような最後の抵抗をするであろう」。その結果アメリカ陸海軍は五百万の兵力を要し、死傷は百万以上と予想されるといっているのである。（第七章の五参照）

このことが公式に現われたのはスチムソン覚え書が最初であるが、アメリカはサイパン、タラワの戦闘以後勝利は得たとはいえ、あまりに甚だしい損害に恐れをなし、この状態で日本本土決戦をやったら、どれだけの損害が出るかわからぬと朝野を挙げて痛心していたのである。

ことに衝撃を与えたのはライフ社長ヘンリー・ルース氏の戦線視察によって前線の士気沮喪の情報が伝わったことである。ルース氏はタイム、ライフに無条件降伏方式を修正すべきことを提案し「自殺に対し測り知れざる献身さを有する日本人を抹殺せんとする戦争はおそらくさらにアメリカ人百万人の犠牲をしいるであろう……」と主張した。

一方、日本の戦力は非常に低下し、モスクワ駐在の佐藤大使をしてソ連政府に講和斡旋を依頼させているという情報も入り、また鈴木貫太郎内閣は明らかに降伏内閣であるとの観測が一般に行なわれた。

たまたまハワイでアメリカ軍の心理戦争部長をしていたダナー・ジョンソン大佐がワシントンに行ってグルー次官らに会い、「俘虜になった日本将校の話では、『日本は天皇と天皇制とを存置させるという条件なら降伏する用意があるが、もし日本を共和国にするというなら玉砕まで行くだろう』とのことであるから、この際条件付降伏を勧告してはどうか」と進言した。

デーリー・ワーカー（七月十八日）は、

無条件降伏の方式より逸脱せんとするアメリカ提案は全く合理的にして、必ずしも対日緩和を意味せず。アメリカ提案は日本がアメリカとの友好関係をもたらせる明治天皇の政策に復帰するを条件とし、天皇に在位せらるべしとなすものなり。熱狂的に戦う日本軍人は連合国に高価な犠牲を与うべし。

と論じ、ニューヨーク・タイムス（七月十九日）は、
グルーの否定にかかわらず和平の噂さかんにして対独条件と異なり、日本に対し武装解除、占領地域の剝奪以外の要求をなさずとの妥協和平説あり、もし右により戦争の早期終了に成功し、日本が無害の存在となるとせば、これを考察する十分の価値あり、もし日本がかかる条件にて降伏せばこの上なく結構なり。

と論じた。アフトン・チドニンゲンはロイター電としてつぎの記事を掲げた。

アメリカは無条件降伏の固苦しき方式を変更せんと努力する傾向あり、アメリカ専門家は無条件降伏方式は熱狂的日本人をして、その神聖視せる本土防衛は、最後の血の一滴まで戦わしむべしと見おれり。イギリスにては政府筋は天皇の退位問題に関し発言を避けおれり。

知日派の一人、ザカライヤス大佐は、五月八日、ドイツ降伏の日、トルーマン大統領の対日降伏勧告声明放送以来、八月四日まで十四回にわたり、無条件降伏方式の実質的内容を説明して勧告に応ぜんことを日本向け放送した。

スチムソン陸軍長官は、七月二日の覚え書提出後バーンズ国務長官やアチソン次官ら国務省の左派を警戒し、大統領一行より一歩先きにドイツに行き、ポツダム会談前、チャーチル英首相と会見し、「対日宣言文」に関する了解を得たのであった。

トルーマン大統領はポツダム宣言に際しては国務省と国防省との折衷的態度をとり原則として日本陸海軍の無条件降伏の形式とし、一方第十二条第二項を削除して、特に規定することをやめた。

しかして他方国務省左派要求の天皇の中国流刑も拒否したのであった。しかし日本の八月十日付天皇の地位に対する質問に関しては、十一日天皇統治制を存置する見解を、回答したのであった。もちろん降伏文書にも、これを踏襲して「天皇及ビ日本国政府ノ国家統治ノ権限ハ……」と存続することを明瞭にした。また降伏文書調印に際しては、バーンズ国務長官は、国務省の意見を代表して、天皇の署名を主張したが、これはイギリス政府が、天皇に恥辱を与え、いたずらに日本国民を憤慨させるだけだと反対したので、ついに撤回した。

以上グルー国務次官一派の活躍も、スチムソン陸軍長官等アメリカ軍部の態度もすべては、無条件降伏形式の強行による損害と、天皇制存置の弊害とを比較考慮し、アメリカとしては不安なしとの結論に到達してとった政策であった。マッカーサー元帥や、キーナン首席検事が、対日占領統治ないし東京裁判でとった態度もただこの根本政策に従っただけであった。すなわち彼らは彼ら自身の国策遂行のため、アメリカ合衆国民の利益のために動いたに過ぎないのである。

したがってこれを反面から見れば、天皇制を護持し得たのは、実に皇室の御徳、日本民族の伝統、国民の団結力と、各戦場で健闘した英霊はじめ数多勇士の殉国的行動が、アメリカ朝野をしてこの政策をとらしめたのである。換言すれば国体の威徳と、日本国民の愛国心と、英霊の加護とにより、わが天皇制が護持されたことを、日本国民は銘記すべきである。このごろ、心なき日本人で自国のこの力を意識せず、いたずらに米、英人に感謝し、わが国体が日本軍部によって破壊されんとしたのを、外国有志によって救われたかの如き、錯覚に陥っている者のあることは反省を要する。

占領軍と天皇制　つぎは占領軍の天皇制の処理であるが、終戦後の占領統治においても、アメリカ統合参謀本部は一貫して、天皇制護持の方針を堅持した。一九四五年十一月三日のアメリカ本国からのマ元帥に対する「連合国最高司令官に対する日本占領および管理のための降伏後における初期の基本的指令」では「貴官は合同参謀本部との事前協議および合同参謀本部を通して貴官に発せられる通達なしには天皇を排除したり、または排除するようないかなる措置をも執ってはならない」と厳重な指令を発している。

さらに一九四六年一月、統合参謀本部は極東国際軍事裁判所設置の指令の中でマッカーサー元帥に対して天皇を戦犯として起訴しないようにと指令している。しかも統合参謀本部は右暫定指令をマ元帥に出す前に、国務、陸、海各省最高首脳者の承諾を受けている。極東委員会も、その後右の政策を承認し、四月三日政策決定し、同月二十三日マッカーサー元帥宛「貴官は天皇の取扱いについて、特別の指令があるまで、天皇に対し、戦犯としていかなる措置も執ってはならぬ」と指令した。東京裁判の条例がニュルンベルク条例とちがい、特に「元首」を国家機関より除いたのも統合参謀本部の右の見解の表明にすぎない。

このアメリカ統合参謀本部の見解の基礎は、日本における天皇の地位がたんなる権力者の関係を超越した、民族的伝統的信頼関係であって、日本を占領統治するには、天皇の勢力を利用するのが、最も賢明であると考えたことと、さらに天皇制そのものが、決して侵略的ではなくして、日本の民主化にも不可欠の要素であることを認識した結果、政治的に解決されたのであって、これまた、天皇制の護持は、国体の本質と、国民の忠誠心とによって、もたらされたものであるといい得るのである。

かくてマ元帥は天皇をただに「戦犯」としてばかりでなく「証人」、「参考人」等、いやしくも天皇の退位を促すようなことに関しては、いっさい処置しないように細心の注意を払ったのである。

もちろん陛下御自身としては、審理されることも、処刑されることも、追放されることも御覚悟があったと拝察されるのであるが、もしそのために御退位ということになれば、日本の将来はどうなるか。皇太子未成年のため、摂政を置くことになろうがその摂政に誰がなるか、皇后は戦犯の配偶者として不適格、三皇弟はいずれも旧軍人で駄目ということになれば、七十近き皇太后のほかはないことになる。

由来、日本は歴史的に見て、摂政時代が、一番国運の衰頽を来たしている。たとえば今次の敗戦にしても、大正の摂政時代の産物と見るべきだ。今上天皇が東宮として摂政に立ち、明治天皇の賢臣名将が、雲の如く残っていてさえ、あの状態であった。まして未成年の天皇と老婦人の摂政とで、どうしてソ連を抑え、極東の安定勢力となる再建ができようか。どうしても、この際は現天皇にこのまま頑張っていただくのほかはない、天皇の存在は二十個師団の兵力に相当するというのが、アメリカ軍部の結論であった。そうして極東委員会も、戦犯委員会も、GHQも、対日理事会も、検事団も日本政府や重臣までもが、これに従って動かざるを得なかったのである。（註）

（註）GHQの天皇認識は、マ元帥の副官であったボナー・フェラーズ大佐の「降伏のために闘った天皇裕仁」としてリーダースダイジェスト一九四七年九月号一六ページ以下に掲載されている。

法律的責任論

第三は法律論に基づく見解で、天皇は日本の政治に絶大なる権力を持っていたから、当然戦争責任を問うべきであり、天皇の責任の如何によって、二十五被告の断罪に重大なる影響を与えるという者と、これに反対する者とがあった。東京裁判のウエッブ裁判長（豪）ザリヤノフ判事（ソ連）梅汝敖判事（中国）アンリ・ベルナール判事（仏）らは積極的見解を持っていたが、判事たちがいかに天皇の戦犯責任を断じようとしても、肝心の検事団において起訴しない限り、裁判にかける方法がなかったので、少数意見書によって、不満を述べたにすぎなかった。また連合国検事中にも、中国代表の向哲濬検事や、ソ連代表のゴルンスキー検事らはしばしば天皇の起訴を提案したが、キーナン首席検事によって葬り去られたということである。

ウエッブ裁判長の単独意見はすでに述べた。ベルナール・フランス代表判事の単独意見は左のとおりである。

検察側は同時に全部の被疑者を起訴しないという権利を主張して、起訴は一部の被疑者のみに対してなされ、裁判もこれらについてのみなされた。この不平等の結果は天皇について特に明瞭であり悲しむべきものであった。

こんどの裁判で天皇は被疑者の中に数えられることがわかった。もし天皇の場合が異なる基準によってはかられるならば、国際正義が成立するだけの価値ありや否や人に疑わしめ、裁判に天皇の出られなかったことは確かに被告の弁護を阻害した。

これに対してキーナン首席検事は「天皇および重要実業家を戦犯として裁判にかけるべきだとの議論もあったが、長期に亙る調査の結果これらの議論には正当な理由がない事が明瞭になった云々」と語った。(一九四七・一〇・一〇・ジャパン・タイムス)

しかし世論としては必ずしも納得せず、一九四八年十一月東京裁判の判決が下された時、ニューヨーク・タイムスは「東京裁判の被告席には一人の顕著な欠席者がいた。それはまさしく天皇である。」と論評した。

立ち消えになった責任論

結局、天皇起訴問題は一九四九年三月極東委員会においてソ連の反対を押し切って「日本のA級戦犯の裁判は今後はもはや行なわない」と決議してようやく一段落を告げたのであった。

それでもあきらめかねたソ連は、一九五〇年二月一日、米、英、中の三国政府に対し「天皇は細菌戦の主犯であるから特別国際軍事法廷を組織して裁判すべきである」との覚え書を送って特別裁判の即時開始を強調し、「関東軍の軍医部長であった梶塚隆二は、ハバロフスクの軍事法廷において満州における細菌部隊の設置は一九三七年に天皇の秘密命令によるものであると証言し、軍医少将の川島清もこれを認めた」と通告した。これに対し中共政府は直ちにこの覚え書支持の正式回答を行ない、東京裁判の中国代表判事だった梅汝敖氏も「天皇は永久に裁判にかけないというのではなく、新しい事実と証拠が出ればいつでも裁判にかけるべきであって、ソ連提案の正当性を認める」と裏打ち的声明をした。一部の国家に対してはこのソ連の提案はかなりな反響を呼んだが、当時すでに米、ソの冷戦はかなり激化し、ベルリンの封鎖、北大西洋防衛同盟等と西欧の風雲ようやく急を告げんとするの時であったので、アメリカ国務省は三月に「ソ連の提案は抑留中の日本人俘虜問題を糊塗するためであって、アメリカとしてはこれを真面目にとり上げる意思はない」と黙殺の態度を発表し、イギリス政府も同調の態度を明瞭にしたのでそのまま立ち消えになった。

四　天皇と東京裁判

日本のいわゆる玉体派の宮内官僚や旧重臣はもちろん第八軍司令官アイケルバーカー中将の親友原口初太郎元中将や野村吉三郎元海軍大将、さては検事団に接近した田中隆吉元少将までが、あらゆる手を使って陛下御一身の安泰のために叩頭百拝心を砕いたことも事実であろう。しかし統合参謀本部の天皇制に対する意見は終戦当初から既に確定していたことは前述のとおりである。

マ元帥も、キーナン首席検事も、このアメリカの基本方針にもとづいて行動したため、ウエッブ裁判長らは痛烈な皮肉を浴びせる以外に手はなかったのである。

しかも最初は天皇を被告中に加えることにかなりな策動が行なわれたが、アメリカ軍部が厳として動かずイギリスも同調したので、つぎに考えられたことは証人もしくは参考人として法廷に召喚することにより、退位に導かんとする画策であった。これは被告らに好意を持つアメリカ人弁護人中にも被告らのために真面目に考えていた者もあったが、いずれも被告諸氏の反対に会って申請を思い止まったのであった。ソ連や中国の判事はもちろん、ウエッブ裁判長も「天皇は終戦の時と同様に開戦に当たっても重要な役割を演じたこと明らかであるから、当然証人として喚問すべきである」と主張したが、キーナン首席検事もまた弁護団も申請しなかったので問題にならなかった。

キーナン首席検事はワシントンへの帰還を前にしてUPのホーブライト支局長につぎの如き談話を行なった。

天皇を裁判から除外するということは連合諸国が政治的見地からした決定であった。この決定にはソ連のスターリン首相さえも不本意ながら同意したのである。この決定は政治的であって検察当局のあずかり知るところではなかったが、いずれにせよ首席検察官としての余は天皇を戦犯人として起訴するだけの証拠はないと考えていた。証拠の示すところによれば天皇はわれわれ西洋人の概念から見て意志の弱い人物であった。しかし天皇の終始平和を望んでいたということは、はっきり証明されている。余個人としては天皇自らの立場を説明するだけでもいいから証人として出廷させたいと思っていた。しかし同様に国王をいただくイギリス側からそうゆうことはしのび難いとの反対があった。マッカーサー元帥の考えもどちらかといえば、このイギリスの見解に近いものであったが、おそらくこれには占領行政上の考慮があったものと思う。マ元帥が余に語ったところによれば、もし天皇が証人として出廷させられたならば、天皇自身はわれわれが証拠によって見出した彼に有利な事実をすべて無視し、日本政府のとった行動について自ら全責任を引き受ける決心があったという。すなわち証拠によって天皇は立憲国の元首であり、法理上また職責上必ず側近者の補佐に基づいて行動しなければならなかったことが証明されているが、それにもかかわらず、天皇がもし出廷されたらこのようなことを自己の弁解に用いるようなことはしなかったであろう。ウエッブ裁判長はその単独意見書中に、天皇が必ずしも補佐者の意見を受け容れなければならなかったということは証拠不十分だったといっているが、天皇が平和論者であったことが証拠により証明されている事実には触れていない。（二三・十一・二十一・朝日）

かくて被告諸氏の本件に関し最も心配した陛下に累を及ぼさぬことの悲願は、ついに達せられて、陛下は被告としてはもちろん、証人としても参考人としても出廷されることなく、無事に終了することができたのである。そして天皇制自体も御稜威と国民の忠誠心とによって、この曠古の難局を突破し得ることの見通しもいまやつけ得る状態に達したのである。被告諸氏の満足や察すべきであるが、それだけにまた陛下断腸の思召を拝察すれば涙なきを得ない。

故小畑敏四郎中将（東久邇内閣国務大臣であり、無血進駐のかくれた大きな功労者）はこの問題を深く心痛していた一人であったが、「軍人の志ある者はみな今は林のように静かにしているが、実はこの問題の成り行きを監視しているのです。もし検事団の手が陛下に触れるようになれば、日本は占領前に立ち戻って、大混乱に陥るおそれがあるから、よくよく注意して下さい」としばしば著者に注意されていた。またウエッブ裁判長がとどこおりなく判決を終わり離日するや、有力なある弁護士は著者に対して「ウエッブ氏も無事に帰れてよかった。もし陛下を喚問するようなことがあれば、彼も、東京裁判も無事には済まなかったであろう」としみじみ述懐された。

五　マ元帥との最初の御会見

マ元帥が陛下に好意を寄せるようになったことについては、いろいろな理由があるであろうが、最初（二〇・九・二七）の会見の際の好印象もその一つといわれている。

この日、元帥は訪問の陛下を出迎えもせず、陛下より握手を求められてもこれに応ぜず、最高司令官として敗戦国の君主に対する威容を示したらしい。

陛下は静かに「自分は今回の戦争に関して重大なる責任を感じている。したがって戦犯として極刑に処せらるることも覚悟している。また自分が天皇の地位にあることが占領統治の妨げとなるなら、いつでも退位してよろしい。さらに皇室財産は挙げて司令部の処置にお任せする。要するに自分の一身や皇室はどうなってもよいから、どうか国民をこの上苦しめないでもらいたい……」という意味のことを申し述べられたということである。通訳が終わるといままで椅子にふんぞりかえって、両手を頭の後ろで組んで聞いていた元帥が、両手を下げ粛然と姿勢を正したそうだ。元帥としてはおそらく、敗戦国の一般君主と同様に命乞いに来られたもの、自分の生命とともに自分の財産、自分の地位の安全を哀願されるものと、予期していたのであったろう。しかるに陛下の御態度が全然これに反したので全く意外であり、感激に堪えなかったのであろう。元帥が果たしてこれは「身を殺して仁をなす」特攻精神の極致、東洋思想の真髄たることを悟ったかどうかはわからないが、霊妙なこの精神に打たれたことは間違いない。

お帰りには元帥は玄関までお見送り申し上げ、第二回御訪問の際は「陛下は戦争の責任者でなくして、戦争の被害者である。陛下の地位については御心配なきように」との好意ある挨拶があったらしい。この第二回目御訪問の際の会談内容がアメリカの雑誌に発表されて、元帥は非常に迷惑したが調査の結果、日本人の通訳が感激のあまり、アメリカの親友に書き送った私信がたまたま雑誌にのせられたことが明らかになって、元帥は一層陛下の御人格を信頼するようになったそうである。右の発表で問題になったのは、元帥が敬語を使いすぎたということと、占領軍撤退後の日本の安全保障に関して、元帥が独断的にお答えしているということであった。(註)

(註) 紫雲荘橋本徹馬氏著「天皇秘録」一一四ページ以下にも詳しく書かれてある。

六　政府の態度

かくの如く陛下御自身は一身を犠牲にして国民を救い、玉体を超越して国体を護らんとの御覚悟をお持ちになっていたのであるが、側近者や政府の態度は必ずしも聖旨に添い切ったとはいえなかった。前掲の現津御神否定の詔書も、民族精神の根本を蹂躪せんとする占領軍の指示に屈したと見るほかはない。

終戦の詔書中にも陛下御自身の責任をお感じ遊ばす意味の文句を挿入するようにとの聖旨も、政府の意向で実現ができなかったそうである。

また昭和二十七年五月三日、皇居前広場で行なわれた独立記念祝典の際にも陛下は、この機会において終戦以来各種事情にはばまれて率直に現わすことのできなかったお気持ち、すなわち今回の戦争の大責任を御自身に痛感されていることを述べて天下に詫びるお気持ちをおん自らおしたためになって、宮内庁をへて、その草案を内閣にお下げになった。

しかるに当時の政府の意向として陛下からそのような戦争責任を痛感されておられる御言葉が出ると、また退位論などが起こって面倒だからというので、その個所を削除したいといってきた。宮内庁の方からは、たとえ多少の問題が起こっても、いうべきことはいわねばならぬからこの言葉はこのままにしておいてもらいたいと、聖旨に基き幾度も強硬に押し返したが、ついに政府のいれるところとならなかったという。(註)

(註) 前掲「天皇秘録」一三七ページ以下。

七 陛下の御信念

昭和二十三年十二月二十四日、A級七戦犯死刑執行の翌日、朝日新聞は左の如き記事を掲載した。

陛下自身が感ぜられる戦争責任はただ退位することによってつぐない得ず、公人としての立場よりすれば感情のままに軽々に進退を決すべきでないとの信念を抱いておられ、このお気持ちは東京裁判の終幕にさいしても動揺はなく、むしろ強められたようである。戦犯被告逮捕の際は「自分が身代わりになれたら……」と洩らされ、食事も進まず、昼は物思いに沈まれ、夜は眠られぬ夜を過ごされることがしばしばで、深夜床を出られて「……みんな自分が悪いんだ……」と独語されつつ、居間の中を行きつ戻りつされたこともあったという。こういった心の若悩をふみ越えられて、陛下の心境は次第に整理されて行った。それは内外の情勢、とくに客観情勢を、深く考慮されてのことであったようである。当時国内のある著名の人から天皇制護持のためにも退位を可とするという内容の著書が差し出されたとき陛下は「個人としてはそうも考えるが公人としての立場がそれを許さない」と洩らされたそうである。

それは退くよりも留位して国民と慰め合い励まし合って、イバラの道を切り開こうという信念の裏付けと思われれるが、この気持ちはまもなく都内の見学、地方巡幸の形で具現された。一時は中止の意見も出たが、陛下は「自分の身体のことは、心配してくれなくともよい。経費は皆が自粛すれば節約できはしないか」と洩らされ、さらに「国民を今日の災いに追い込んだことは、申訳けなく思っている。退くことも責任を果たす一つの方法と思うが、むしろ留位して国民と慰め合い励まし合って日本再建のため尽くすことが、先祖に対し国民に対し、またポツダム宣言の趣旨に添う所以だと思う」と述べられたそうである。

終戦の八月十四日の御前会議の際、陛下は「これから先、日本は再び起ち上っていかなければならない。それは大変むずかしいことであって、時も長くかかることであろうと思う。しかし皆の者が一軒の家の者のような心持ちになって努力するならば、できないことはない。自分も国民と一緒に努力するつもりである」と仰せられ、それが詔書には「朕は常に爾等臣民と共にあり」と示されてある。(註)陛下は、この当初のお考えと少しもお変わりにならず、御所信に邁進しておられるのである。

(註) 迫水久常氏著「降伏時の真相」。

陛下の地方御巡幸はまさに十字架を脊負った者の態度である。なれない庶民との会話を操つりながら、真心を民草の上に置いて懺悔と激励の旅を続けられる。

しかも締るべきところはきちんと締っておられる。高知県の敷島紡績を御視察の時であった。労働組合の指導者が突然進み出て「陛下組合のために握手を願いましょう」と手を差し出した。瞬間陛下はニッコとほほ笑まれ「日本式で行きましょう」と軽く会釈して行き過ぎられたということである。これは全く陛下の御徳の発露であって、人気取り政治家であれば、そうかと手を差し伸ばして、写真の一枚もうつさせるところであったであろう。とっさに執られたこの態度にも御修養の程が偲ばれる。

陛下が自然科学に趣味をお持ちの事は、世界的に有名であるが、単なる自然科学万能論者ではなかった。かつてある人文科学者が、われわれの方は自然科学のように一々実証ができませんから困難でありますと申し上げたら、陛下は「生命の神秘」に至っては自然科学も実証は容易でないからね…」と仰せられたそうだ。

希くは日本再建の第一着手として陛下の御発意で一大皇立科学研究所（なかんずく原爆症の治療医学）と、技術研究所とを建設せられて、日本人の創意工夫を生かし世界平和と人道に貢献せられんことを。

八 国体の護持

国民の中には敗戦の結果に懲り、日本の国体の護持や、天皇親政や帝国憲法の運営の如きは、明治天皇のような英邁な方でなければ期待できないと考えている者も相当あるようであるが、著者はそうは考えない。著者は今回の敗戦を神意による民族的大試練と考えている。明治維新以来の日本の国力の膨張は、必然的に先進国の圧迫を受けた。満州事変より支那事変に及ぶ、猪突的打開策はいよいよ日本を革命か、敗戦かの窮地に追い込んだ。革命はソ連に負けることであり、敗戦は米英に降伏することであった。

試みに近衛公が計画した、ルーズベルト大統領との太平洋会談が実現したとして、その結果はどうなったか。支那大陸からの全面撤兵は、ル大統領不動の鉄則であったから、これを呑まずには、会談成立の見込みはなかった。もしこれを呑めば、日本はどうなったであろうか。勝ち誇った百万の大軍が、一片の外交交渉によって本国へ引き退げられた時の国内事情はどうなるか。右翼や軍人の不満の爆発が、赤の思う壺にはまることはケレンスキー革命を顧るまでもない。

民族の歴史的興亡の跡を顧る時、そこに不可思議な偉大なる奔流の如き自然の力に引きずられている事実を見逃すことができない。個人や集団の力はこの奔流を誘導したり部分的に停止せしむることはできても、奔流自体をせき止めたり、消散せしめることはできない。

人類のはかなき悲願、それは永遠に企てられまた努むべきであるが、自然にいどむ人間の力の限度は無視できない。

我国においても明治以来、いくたの先哲が、日本民族発展のために尊き不屈の健闘を試みられた。しかし西洋文化を急激に取り入れた日本は、胃腸障害を起こして重態に陥った。しかして昭和日本は所詮、革命か敗戦かの外科手術によって、行きづまった軍其他の建て直しをしなければならぬ羽目に陥っていたと考えるの外はない。下剋上と相剋摩擦とは重大なる敗因といわれるが、これらはすべて人心の倦怠と軍其他諸政の行き詰りから生じた現象であった。しかして敗戦によらずしては、軍の建て直しをすることが不可能であることは世界史の教えるところである。

こうした悲しき運命が、日本民族発展途上の必然的段階とすれば、今上陛下はまさにこの試練時代集中時代に相応した、ご性格やご修養をお持ちになった御適格であったと申し上げざるを得ない、明治天皇ならばもちろんこうした窮地に立つ前にしかるべき方策をめぐらされたとは思うが、ここに至っては明治天皇の御性格としては、或は玉砕まで持って行かれたかも知れない。著者は神意の広大無辺に感激するとともに陛下の御立場に対し、衷心より恐懼を禁じ得ない。

大東亜戦争は、国体擁護と、民族保全のために戦われた。しかして戦敗るるや、国体護持だけが唯一無二の降伏条件であった。陛下も、国体を護持し得たことを宣して、ポ宣言受諾を命ぜられた。東京裁判の被告達も、死刑を意とせず国体擁護を信条として、法廷論争を行なった。著者は「日本の国体」は、戦争の勝敗や、一時的占領等をはるかに超越した絶対性、永遠性を有するものであることを、国民も為政者も改めて意識せられんことを祈る。

近来、世界は急速に、君主制が衰えて、民主制の全盛時代が来つつあるといわれている。しかし名ばかりの君主制がどうなろうと、また独裁国が民主主義の看板をかけようと、かけまいと、問題ではない。要は唯物主義者同士で、資本主義と共産主義、自由主義と独裁主義とにわかれて、対立抗争し、そのあおりを食らって、無力な君主国がつぶれて行った。わが日本も、占領の初期、占領軍の指示で、憲法改正名義で、天皇統治制を廃止して、国民主権制に切り替えた。しかしそれは占領中だけ効力を有する占領法規に、憲法を僭称せしめたもので、占領終了と同時に失効しているのを、日本国民の無自覚なため、未だにその儘この偽憲法を施行しているに過ぎない。

日本の天皇制は、世界の他の君主制よりも古くて、根が深い。そしてそれ自体立派な宗教的及び政治的の哲理をもっている。すなわち時間的には天壌無窮、場所的には八紘為宇、そして三種の神器の象徴する智仁勇の円満具足により正しきを養う心をもって、勤労に、出産育児にいそしみはげみ、修理固成、生成発展を、永久に続けて行く家族国家の中心的存在が天皇である。換言すれば人類の何万年前より何万年後にわたる縦の生命（時間的）と、隣人・隣家・隣国という横の生命（空間的）とを結び合わせた大生命を表現し、神の理想を実現することを使命とされる御人格であって、認識不足の左翼の連中や、外国人のいうような、封建的で、好戦的で、独裁的な反動的存在ではない。

西洋文明が行き詰まって、世界が権力や、実力や、金力の横行から抜け切らず、選挙制度の宿命的欠陥を克服し得ず、依然として人が物から使われて、優勝劣敗、弱肉強食が続けられ、ついには地球を壊滅する核戦争もあえて辞せずとするとき、これを救い得る哲理は、ただ天皇を中心とする日本民族伝統の奉仕主義ではあるまいか。天皇制こそは、権利主義者の平面的闘争より一段高いところにあり、次元を異にし、奉仕主義の原理によって道義世界を建設し、真の世界平和を齎らすべき使命を帯びるものではなかろうか。日本人もイギリス国王制にあこがれたり、アメリカ民主主義にうつつを抜かすことをやめ、もっと自信をもって、日本固有の皇室制度を尊重し、日本民族伝統の民本主義を高唱して、原子力時代における新世界の建設に堂々たる発言をなすべきではあるまいか。

しかしいかなる立派な制度も宝石と同様、磨かなければ光は出ない。天皇御自身はもちろん側近も、国民も、この天皇制の本質や、世界的使命を自覚、反省修養して、ますますこれを磨き上げて、暗黒世界の光明たらしめなければならぬ。かくて初めて「神州ノ不滅ヲ信ジ」「国体ヲ護持シ」「堪ヘ難キヲ堪ヘ忍ビ難キヲ忍ビ」「万世ノ為ニ太平ヲ開カムト欲ス」と、占領前の自由な御意思の下に宣せられた、終戦の大詔の意義も、価値も定まる次第である。

なお日本においては、古来天皇の仁徳と国民の忠誠とが結びついて、国体の精華を発揚している。ゆえに天皇国日本の民主々義は天皇を持たないアメリカの民主々義とは同一ではない。天皇を知らぬ国民だけの国家は、はじめから組合国家であり信託国家である。しかるに日本人は天皇が先ず生まれ、次で国民が生まれて神ながら国を営んできたという民族的信仰を持っている。現に日本国憲法も天皇と国民との二本建となっている。ゆえに日本における民主々義の実現は、天皇の統治権を奪って、天皇と国民とを平等にすることではなく、国民の輔弼方法を個人的より国民的に切り換えることである。すなわち三権分立で言えば、立法府も行政府も裁判所も、国民の直接間接の選挙によって選ばれた者が天皇の統治権を輔弼すればよいのである。すなわち輔弼機関の国民化がわが国の民主化であることを識らなければならぬ。

第九章　アメリカ人弁護人団

一　アメリカ人弁護人の良心

本裁判においては各被告に対し、日米弁護人各一名ずつを専任弁護人として選任することが許された。これは東京裁判においてのみ許されたことで、ニュルンベルクでは連合国側の法律家が、被告の弁護に当たることは認められなかった。もちろん占領中であったからアメリカ人弁護人はみな占領軍の軍人もしくは軍嘱託の身分を持っていたが、すべてアメリカ本国では弁護士もしくは検事の経歴を有する法曹であって、軍籍を持つ者と全米各地から応募した者とであった。

最初はコールマン海軍大佐がアメリカ人弁護人団長として着任したが、陸海軍の相剋かGHQに対する不満か、ガイダー、アレン、ディーンら有力弁護人数名とともに活躍を見ずして、辞任帰国したのは遺憾であった。なかんずくアメリカ刑事弁護士界の白眉ガイダー氏の辞任は惜しいきわみであった。

アメリカ人弁護人諸君は恩讐をこえて旧敵国の被告たちのため全く真剣に弁護の労をとり、寝食を忘れて努力し、アメリカ人弁護士道の真髄を発揮した。この点裁判官や検察官らが連合国の名誉や利害に拘泥したのに比較して、弁護人諸君は、一段高いところに立ち、世界平和、国際法の確立の見地から活躍したことは立派であり、われわれをしてさすがに弁護士の国アメリカの感を深からしめたのであった。(註)

(註)二十三年二月十一日に、キーナン首席検事が最終弁論においてなした「法廷はハル覚え書すなわちアメリカ合衆国大統領および同国務長官の責任においてなされた通告に関する誹謗的かつ非礼な論評を許容して、異常な寛容さを示した……」との愚痴に対し、ウェッブ裁判長は「この法廷を代表されている偉大にしてかつ自尊心を有するある一国の代表が、私に親しく手紙を寄せて、私が関係連合国家に対する侮辱が与えられないように、たえず深い注意を払ったということに対して、さらに賞讃の言葉を与えられました」と抗議した。

占領軍や検事団もしくは裁判所が、ポツダム宣言受諾なる条件付降伏の日本の立場を無視して、ドイツなみに簡単に葬り去らんとしたインチキを、随所に破砕して、本法廷の判決のいかんにかかわらず、後世本件を再検討せんとする者に、公平なる判断をなし得るような資料を一応記録せしめたことは、アメリカ人弁護人の努力に負うところが極めて多い。感激性の強い日本人はとかく、アメリカ人弁護人の活躍を見るとただちに親日家の如く即断して感謝するが、必ずしもそうではない。彼らは固有の職業意識によって、自らの満足のため良心に従って善処したというのが大半であった。しかし中には心から、日本や被告が好きになった者も少なくない。われわれ日本人弁護人も、せっかく弁護に立ってくれたアメリカ人弁護人だけでも、将来の日米国交のために、いい気持ちで帰すようにと、相戒めてできるだけ努めた。

しかし本件の如く国家の侵略性を決定する政治的裁判において、アメリカ人弁護人の職業的法廷技術に依存しきって、かつての大臣、大将たるの誇りを失い、ただ少しでも罪の軽からんことに専念し、ひたすら個人弁護に陥った被告も多少出たことは、アメリカ人弁護人の魅力とはいいながら、日本人としては淋しい気持ちがしないでもなかった。

しかしながら、本件裁判が表面だけでも、自由に論議を闘わせ、順調に局を結び得たことはなんといってもアメリカ人弁護人諸君の介在と健闘の結果であった。

二　アメリカ人弁護人の正論

ローガン弁護人　木戸被告担当のウイリアム・ローガン弁護人はアメリカ弁護団中最も活躍した一人であるが、彼は太平洋戦争部門の冒頭陳述で「日本に対する連合国側の圧迫」と題して、

……欧米諸国は日本の権利を完全に無視して無謀な経済的立法を行なったこと、また真珠湾に先立つ数年間、故意にかつ計画的に、しかして共謀的に、日本に対して経済的、軍事的圧力を加え、しかもその結果が戦争になることは十分に承知しており、そう言明しながら、彼らが右の行動をとったという事実があります。また肯定的弁護としてつぎの事実が証明される。すなわち情勢はいよいよ切迫し、ますます耐え難くな

ったので遂に日本は、欧米諸国の思う壺にはまり、日本からまず手を出すようにと彼らが予期し、希望したとおり、自己の生存そのもののために、戦争の決意をせざるを得なくなった。

と痛烈にかつ詳細に、連合国の仮面を剥いだのである。

そして彼は最終弁論を終わるや、判決を待たずに急遽帰国したが、東京を去るに臨んで全被告に対してつぎの趣旨の挨拶を述べた。

私は最初日本に着いた時には、これはとんでもない事件を引き受けたものだと、後悔しないでもなかった。しかるにその後種々調査、研究をしているうちに私どもがアメリカで考えていたこととは全然逆であって、日本には二十年間一貫した世界侵略の共同謀議なんて断じてなかったことに確信を持つにいたった。したがって起訴事実は、当然全部無罪である。しかしこれは弁護人である私が二年半を費し、あらゆる検討を加えてようやくここに到達し得た結論である。したがって裁判官や検事はまだなかなかこの段階に到達していないだろうと想像される。これが判決を聞かずして帰国する私の心残りである。

ブルックス弁護人　小磯被告担当のブルックス弁護人は連合国の対中国経済援助の不当を衝いて次のように述べている。

私の質問は或る特定の国と云うのではなくて、欧米に於ける勢力が、と云うことを申しておるのであります。結局この時期に於きまして、中国は他国から軍需品、武器等を受取っていたのでありまして、しこうして日本はその結果としてこの騒擾に因る損害を被った国であるのであります。

私としてはこの弁護のため、参考として中国に於きまして誰が武器を供給し、誰が軍事資材を供給し、これに依って日本の人達が殺されたかと云う事情に付て知りたいのであります。

この武器が輸入され、そしてそのことに依りまして日本中国の間にいろいろな問題が起こり、日本がこれによって非常な損害を被つている、しかもそれは十五年に亙る長い期間であります。こう云うことは大事なことだと思います。

弁護人と致しましては斯かる各種の不安それから恐怖感その他商業上のいろいろの錯綜する利害関係と云うものを調べまして、それが結局この両国に於けるところの敵対行為を開始する導因となったと云うことを発見致しますことが、本件と重大なる関係を持っておるものだと思考するものであります。

ウエッブ裁判長はこれに対して「私は今ここで皆の弁護人特にアメリカの弁護人を能く存じませぬのに斯う云うことを申上げることは非常に遠慮したいのでありますが、どうぞあなた方はこの法廷を助けるのだと云うことを心に置いて注意深くあなた方の質問をそれにそってやって戴きたいものでございます」と述懐した。もちろんこの意味は、われわれの法廷は日本の侵略戦争の責任を裁くのが使命であるから、アメリカ人弁護人諸君もこれを理解してわれわれを援助してもらいたい。したがって反対訊問においても十分注意して、連合国人たるの意識の下に、この使命達成の妨害にならぬよう心がけてもらいたい、というのである。もって裁判長がいかなる予断を抱き、いかなる結論を得んとしていたかはまことに明瞭である。(二一・七・二五)

ブルックス弁護人は休憩時間に、廊下へ出てから、意気軒昂として「三カ月たたないうちにウエッブを発狂させて見せる」といって笑った。

カニンガム弁護人　大島被告担当のカニンガム弁護人はドイツ系アメリカ人といわれていたが、実に勇敢に、三国同盟部門で、検事団や裁判長と渡り合って論戦した。そして彼は裁判の中途ドイツに飛び、ニュルンベルク裁判の実情を調査し、リッベントロップ被告の死刑執行直前に、その宣誓口供書を作成することに成功し、日本に帰って法廷に提出した。彼はデービス日記の「モスクワに使して」を証拠として提出し、検察側の異議に会うや、

……もしロシアが中国を援助しつつ日本に対してとった二面作戦の証拠が、日華両国間にアジアにおいて動乱を惹起せしめ、ついでロシアが現在中国において共産主義を通してなしているごとく、これに介入せんとする希望を有していたことを立証せず、したがって本証拠調べが重要でないとするならば、おそらく弁護側の太平洋戦争の原因に関する理論は、起訴状および罪状項目が述べたところとは食い違うことになるでありましょう。アジアは当時も今日も、平和の確立と維持に対するロシアの干渉、すなわち共産党の干渉によって悩まされております。しかしロシアの対中国援助こそ、日華間の平和を妨害せる重大要因であったのでありますす……。

と陳述した。これに対しウエッブ裁判長は、

本審理に政治的論争を持ち込もうとしたのは弁護人検察官を通じて、カニンガム弁護人一人であります。弁護人の議論は最も浅くてからっぽのものであります。日本がソビエトに対して示した敵対行為は宣戦布告をしないたんなる国際紛争のみでありました。しかし民主主義を最も主張している平和愛好国アメリカおよびにイギリスに対して攻撃をしたのであります。そしていかなる形をもってしておろうとも、全体主義と戦う唯二つの国であるアメリカとイギリスを破壊せんと、日本は試みたのであります。……

と興奮しながら痛罵した。

ファーネス弁護人　この時、重光被告担当のファーネス弁護人が立ち上って、

ただいまの法廷の言葉はわれわれ弁護団と致しまして、抗議を申し入れねばなりません。すなわち日本が大英帝国ならびに合衆国を攻撃し破壊せんとしたという言葉に対し、抗議を申さねばなりません。いわゆる太平洋戦争段階に関する証拠は、まだ提出しておりませんし、それによりまして、まだ本問題についてなんらその段階における争点について、決定に達していないと考えております。これらの事項は最も根本的な問題でありまして、これは将来証拠に基づいて決定せねばならない事柄であります。かかる言葉は二度われわれは聞きました。抗議を申し入れます。

と警告した。裁判長は、

私が申した言葉の中には各被告個人を含むような言葉は、絶対に申しておらないということを申し上げます。

と逃げを打ったので、ファーネス弁護人は、

しかしこれら被告は政府を支配していた者、あるいは政府の代表者として訴追されているのであります。いわゆる一般段階がいま行なわれているのでありますが、この一般段階においてわれわれは一般的な弁護を一般的な証拠をもってなすのであります。

と侵略を前提とする先入感を抱く裁判長を強くたしなめた。（二一・六・九）これは単にウエッブ氏が裁判長に不適任というばかりでなく、戦勝国の戦敗国人に対する戦争裁判自体が不合理であるという本裁判の根本に触れた問答であった。

ブレイクニー弁護人　梅津被告担当のブレイクニー弁護人は連合国の原爆使用の責任を追及したが、

スチムソン陸軍長官の「原子爆弾の決定」に関する声明を証拠に提出せんとするに当たって、つぎの論戦を展開した。

コミンズ・カー検事（イギリス代表）――連合国においてどんな武器が使用されたかということは本審理になんらの関連性も持たない。

ブレイクニー弁護人――もし検事がハーグ条約第四をご存じならその中の陸戦法規の中にある一定の種類のかかる型の武器の使用を禁ずるところの条項をご存じのはずである。

裁判長――かりに原子爆弾の投下が戦争犯罪であると仮定して、それが本件にどんな関係にあるか。

ブレイクニー弁護人――それに対しては、いくつかの返答ができると思うが、その一は報復の権利である。

裁判長――しかしながら報復はこの行動が行なわれた後に起こるものだ。

ブレイクニー弁護人――この被告たちは原子爆弾の使用前とその以後に関することについて訴追されている。

裁判長――あなたのいっていることは議論の余地がある。私はそうは思わないが、原子爆弾が二発投下されたことにより、その後の日本のやった行為のあるものが、正当化されるかもしれない。あなたは第四回ハーグ条約が死文化されたということに基礎を置いているようだが、そのほかの点はどうなるか。

ブレイクニー弁護人――原子爆弾使用以前のことはほかの証拠で立証します。それ以後のことは報復的手段として正当化ができると私は主張します。

裁判長――それは僅か三週間でも被告の誰かを無罪にすることができるかも知れない。

ブレイクニー弁護人――三週間の期間にかかるところの検事側の証拠書類は多量なものであった。たとえばマニラ事件……

しかし、けっきょく裁判所は決定をもってこの文書を却下したのである。

ブレイクニー弁護人は非常に頭のさえた学究的な弁護士であった。ある日、池田純久弁護人の案内で多摩川べりをドライブしたが、彼は玉川と書かずに多摩川と書くのは、これは万葉調ですねといって、まず池田氏のど胆を抜いた。帰途、車中でつれづれなるままに雨冠の字の書きくらべをしたら、彼は十三字書いたそうだ。彼は裁判終了後日本にとどまって、いま賢夫人とともに千代田区五番町に住んで弁護士業のかたわら、東大その他二、三の大学の講師としてアメリカ法を教えているが、その家庭は純日本式で玄関に生花を飾り、日本茶、日本料理に、巧みな日本語で来客を煙に巻いている。

三　彼らの日本および日本人観

〃世界の大民族〃

あるアメリカ人弁護士はさかんに日本の歴史を研究していた。「すでに亡びた国の歴史なんか研究してなにになるか」とからかったら、彼は、「じょうだんいうな。世界ひろしといえども同種同文で、これだけの高度文化を持った八千万の民族がどこにいるか。僕らはこの世界の大民族が一度や二度の敗戦で亡びるなどとは考えていない。ゆえに僕たちは日本が手を挙げているこの好機に徹底的に日本を洗っている。僕はその一環としていま日本の歴史を研究しているのだ」と笑いながらいいはなった。そこで「君はいったい、日本人のどこが一番すぐれていると考えるか」とたずねたら、彼は即座に「それは長上、めうえの人を敬うことだ」と答えた。当時は日本人の大部分が、家族制度を旧態勢だ、封建的だといって弊履の如く捨て去らんとしつつあったときだ。

占領下における日独比較論

以下東京裁判中、ドイツを視察して帰ってきたアメリカ軍のある将校の話である。

日本人は日本精神とか大和魂とかいうが、自分の見たところでは精神復興もドイツが先ではないかと思う。ドイツ人は占領軍に対しても、お前たち三等国民がわれわれ一等国民を統御するなんて笑止千万だといった態度で冷笑している。ニュルンベルクの法廷でも、被告たちは判事や検事を睨めつけて、死刑でもなんでもやれるものならやってみろ、という態度をしている。

もちろんドイツの街にもパンパンはいる。しかし日本のパンパンのように、アメリカ兵の腕にすがって、誇らしげに空を仰いで、大道を濶歩してはいない。いかにも恥ずかしそうに下を向いてとドイツ青年の眼をさけて歩いている。ドイツや日本に限らない、世界到るところ、女が食えなくなると、最後のものを売って命をつなぐが、ドイツの女たちのちがうところは、「生きるために肉体は売るが魂は売らぬ、いわんや国家に対する忠誠心は断じて売らぬ」というのが彼女たちの心意気であり、共通のせりふである。

これに引きかえ日本の有様はどうか。良家の子女までがチュウインガムを嚙んで、ケバケバしい化粧をして得々としているではないか。女ばかりではない、男までがパンパンのように自ら四等国民になり下って、民族の誇りも伝統も捨て去って、乞食や奴隷のまねをしているではないか。われわれの手引きをしてくれる投書や密告者もわれわれには重宝だが日本人としてはこれでよいか。ドイツの労働者たちは敗戦国民が戦勝国民と同等に働いていて再建ができるかと夜に日を継いで働いている。ストで明け暮れしている日本の労働者とは覚悟が違う。資本家も祖国再建のためには、利益がなくとも資本を下している。政治家もアデナウアー以下命がけで真剣にやっている。これではご自慢の精神復興も、どうやらドイツがさきのようだね。……

著者もこの話には一言もなかった。肝心の憲法についても、日独ともに占領軍から制定を命ぜられたのに対し、日本の指導者たちは、無条件、無期限で指令に盲従したが、ドイツの指導者たちは、十一州の代表者が一致して、英米仏三国の軍政長官に食ってかかった。「われわれは今、君たちの占領下にあって、主権も完全でなく、国民の意思も自由でないのに、どうして憲法の制定ができるか。君たちがそんな無茶をいって、われわれに憲法の制定を強要するなら、われわれはいっさいの占領統治に対し、協力を断わる」ときめつけた。三国の軍政長官も、ドイツ民族のこの正論と、意気に圧倒されて、遂に憲法の制定を取りやめて、単なる基本法を制定させるに留めた。しかもドイツ人は、更に念を入れて、この基本法は限時法であって、将来ドイツ国民が自由意思を回復して憲法を議決した日に効力を失うとの注意規定（西ドイツ基本法一四六条）まで書き入れたのである。今日この占領法規を憲法と名づけ、占領終了後も依然としてこれを奉戴して、国内的に大混乱をきたしているわが国の現状と比較したら、実に雲泥の差があるようだ。

マックマーナス弁護人

著者の相弁護人ローレンス・J・マックマーナス君はニューヨークの検事出身で、その名の「マック」が示す如く、スコットランド系の好紳士であったが、彼は東京に着き、配属がきまり、荒木被告の弁護人として、著者と初対面の挨拶が終わるや否や、声をひそめて「君と内密に相談したいのだが、いったい荒木は天皇から信用があったか」とたずねた。そこで著者は「むろん荒木は陸軍大将であり、男爵であったから天皇の信用は当然だ」と答えたら、彼は「それは愉快だ。これは誰にもいわずに君と二人で相談したいのだが、適当な時期に天皇を証人に呼ぼうではないか。これは僕が太平洋上で考えて来た結論だ」と、さも得意そうに云った。唖然とした著者は「それはとんでもないことだ。荒木が今日惜しからぬ命をながらえて、この法廷に立っているのは、日本の皇道は侵略思想でないことと、陛下に戦争責任のないことを、明確にしたいためだ。その荒木が一身を潔ぎよくするために、陛下を証人にわずらわすことがどうしてできようか。もし弁護人が勝手にやれば、おそらく彼は舌をかんで死ぬだろう」というと、彼は「そんな馬鹿なことがあるか。いやしくも弁護人は、被告のために最善の方法をとるべきで、そんなことを遠慮して弁護人の職務の執行ができるか」と憤然としていう。そこで著者は「もちろんそうだが、ただその方法が荒木被告のためには最悪だというにすぎない」と説明したが、なかなか了解しない。仕方がないので著者は「それじゃ二人でいくら議論していても切りがないから、これは荒木の意見によって決定しようではないか」と提案したら、彼もようやく同意した。そこで二人はジープに乗って巣鴨に行った。途中著者は「僕が先に話をすれば、君は疑うかも知れんから、僕は黙っている。君からよく意見を述べてくれ」というと、彼はさも自信ありげに「よしよし、万事僕にまかせておけ」と得意だった。荒木に面会して彼は口をきわめて説いた。しかし荒木はただ一語「絶対に不同意」と即答した。彼はいかにも残念そうであったが、感心なことには、それ以来二度とこの問題を口にしなかった。

しかし著者としてはこのこと以来、憂欝にならざるを得なかった。いかに英米法の手続きに馴れているとはいえ、こんな気持ちの外人と一緒に、荒木の弁護をしなければならぬかと、少々心細くなってきた。しかし愚痴ってる場合ではないので、著者は彼に荒木精神の速成教育を思い立ったのである。

そしてまず第一に荒木の狛江の留守宅につれて行き、樹木の繁茂している荒野の如き庭や、池の中にたくさんの鯉が泳いでいるのを見せて、これは荒木が天賦自然を愛する結果いたずらに樹木を切ることを好まず、またよそからもらった鯉を殺して食うに忍びず、池に放しているのだと、荒木の仁愛の精神が、動植物にまで及んでいることを、実地について説明し、さらにその居間に掲げられた「扶翼天壌無窮之宝祚」の色紙を指してこれは永遠に栄え行く皇室に奉仕するという日本民族の忠誠の信念を書いたものである。荒木はこの家を出る時は、生きて再び帰れるとは考えていなかった。その最後の門出に書き残した文句が皇室の弥栄を寿ぐこの色紙だったのだ。この荒木の心持ちがわからずには、荒木の弁護はできないぞと話した。

つぎに明治神宮に連れて行った。外人立入禁止になっていたが、彼は巧みにMPを説得して鳥居をくぐった。彼は著者のするとおり手洗をつかい、柏手を打って拝礼した。参拝後石段の上に立って、神社の構造から説き起こし、日本文化の沿革や、国体の概要を説明した。彼は一々うなずいて聞いていたから、最後にわかったかとたずねたら、「よくわからんが大へん気持ちがいい」という、よしよし気持ちがいいだけでも結構だと、著者が二人分の祈念を捧げて帰途についた。

それからその当時ちょうど東劇で、松本幸四郎の勧進帳をやっていたので、一夕観劇に出かけた。

これは兄弟仲が悪くなって、どんなに他意ないことを弁明してもゆるしてもらえないので、遠く奥州へ落ちて行くところだ。この関所も、同勢で無理に通れば通れぬこともないが、つぎつぎに関所があって、とうてい武力では突破できない。この状況においていかにして、主君を安全に落とすべきかという問題に対する弁慶の解答が芝居の粗筋だ。そうしてその主人に尽くす弁慶の真心が関守を感激せしめて、無事目的を達したというのである。

白紙の勧進帳を読み上げる弁慶決死の気迫と、職権を振りかざす関守との、息づまる問答のやりとり！しかし、しょせんは魂と魂との感応！　武士道の自覚が小さい意地や形式的職責を超越して、ひたすら「忠義の信念」をもり立てて行くところにこの劇のポイントがある。

さらに面白いことはこの劇が実に現在の日本国民の悩みと一致していることだ。すなわち日本は戦い敗れて、いま連合国に対して、日本は侵略の考えはもうとうなかったと、いかに弁解しても、言論をもってしては連合国を理解させることはできない。それかといっていまさら武力をもって立ち上がることもできない。この二つの制約の下にいかにして日本の国体を守り抜くかが、いまや日本国民に与えられた命題である。

日本は今憲法を改正して天皇統治権を国民主権にきりかえ、「天皇一家」などと大君を、強力姿に仕立てて六尺棒で頭をなぐりつけた弁慶の苦衷を真似ながら、この難関を突破しようと努力している。弁慶の忠義を受けいれた武士道に代わる世界の正義平和の真理は区々たる戦勝国の驕りとか、国際法の悪用とかを超越して、感激してわれわれ弁護人の読む勧進帳の真精神を受け入れるかどうか。荒木はこの日本民族の選手の一人として国際法廷の舞台に立っているのである。君もよくこの弁慶の心を味わってくれ給え。……

と、説明と説得に努め、とくに通訳をわずらわして徹底させた。しかし、その翌日、昨日の感想はどうかときいてみたら、お土産に買って贈った弁慶の人形をもてあそびながら、弁慶、弁慶とだけおぼえているばかりであった。

ある時、彼が無血進駐を許したことを賞讃したから、

その精神は特攻精神と同じものであることを知らねばならぬ。二つとも承詔必謹すなわち陛下の御命令次第で死にも赴くし、また武器も捨てる。いずれにも仁愛の大御心に添わんとする日本民族の忠誠心の発露である、君らは自殺機と呼んだが、社会のために尽くすことは、アメリカでも立派なこととしているではないか。その奉仕の中で一番自分の大切な命まで捧げて国家社会のために尽くすことは人類最高の道徳とは思わないか。日本民族は古来「忠実勇武ニシテ国ヲ愛シ公ニ殉ジ以テ此ノ光輝アル国史ノ成績ヲ貽シタ」のである。

と説明したが、自殺機に対しては、なかなか納得できなかったようであった。

けっきょく著者のあらゆる努力にもかかわらず、荒木精神の真髄はついに理解せしめ得なかったが、不思議なことには、彼は次第に心からの荒木ファンになって最後まで誠心誠意努力してくれた。

四　アメリカ人弁護人の伝統

広田被告担当のデービッド・スミス弁護人は証人訊問の方法に関するウエッブ裁判長の裁定に対して「裁判所は証人訊問に関して不当な干渉」（アンデュ・インターフェアーレンス）を行なっているとの理由で異議申立の権利を留保する」と抗議した。

裁判長はこの「不当な干渉」という言葉を聞きとがめて「法廷侮辱を意味する言葉を取り消し陳謝せよ」と迫ったが、スミス弁護人は不当なる干渉という言葉はアメリカの法廷では普通使われていることで、格別法廷を侮辱したとは思わないから取り消す必要を認めない」といいきった。そこで裁判長は他の裁判官と評議の結果「裁判所はスミス弁護人がさきほどの言葉を完全に取り消し、陳謝するまで今後法廷の審理から除外する」と申し渡した。

スミス弁護人は決然として発言台に立ち「私は私の考えを変更する意思はありませんし、また変更する理由も認めません。したがって私は永久に広田被告の担当弁護人の地位より除外されたと認めるよりほか仕方がありません」「最後に私は私の代表する被告に代わりまして、ただいまの裁判所の決定に対して異議を申し立てる権利を留保しておきます」と陳述し終わるや、いったん自席に戻り書類をまとめて小脇に抱え、長身の体軀を悠揚として法廷から消えて行ったのである。

彼が六方を踏んで花道から退いて行くようなこの場の光景を見て、私はしみじみとアメリカ人弁護士の心意気と伊達姿とを満喫した。

しかしここまでならわれわれ日本人といえどもやろうと思えばやれぬことはない。私がスミス弁護士に心から敬服したのはそれから後の行動であった。

彼は裁判長の復帰期待に一顧も与えず、新聞記者席の末席に陣取って、毎日法廷を傍聴監視し、自後一年一日も欠かさなかったのである。日本人的感情からすれば、断固として去った法廷に姿を現わすことはいかにも未練気で、裁判長の侮蔑を受け、同僚の顰蹙を買いはせぬかと引っ込んでしまうのが普通であろう。しかるに彼は平然として、いとも熱心に出廷を継続すること弁護人当時と少しも変わるところがなかった。そうして満一年、広田被告のためや、弁護団のため、あらゆる努力を傾注し、花井弁護人と共に精魂を打ち込んだ。そうして最終弁論の準備が完全に終了するや彼は飄然として日本を去ったのである。

彼はメイフラワー号で始めてアメリカ大陸に渡ったスミス家の正統を継ぐ者であるそうだが、毀誉褒貶を度外において最後まで毅然として自己の所信に邁進した大丈夫的態度はリンカーン弁護士以来の伝統未だすたれずとの感を深くせしめた。

五　ケンワージー憲兵隊長

なお弁護人ではなかったが、いま一人忘れてならぬ人がいる。それはオーブレー・S・ケンワージー憲兵中佐である。

彼は憲兵隊長として最初より最後まで市ガ谷法廷における被告たちの保護監視の任に当たった。彼はもともと下士官出身の現役将校で、東京に来る前にはマニラで山下、本間両将軍の世話をした。ことに彼は山下将軍を深く畏敬し「山下は軍人として立派に死んで行った。自分も彼のようにして死にたい」と口ぐせのようにいっていた。

彼の法廷における被告らへの世話は全くかゆいところに手の届くほど、親切で同情に満ちていた。したがって被告たちは市ガ谷と巣鴨とでは天国と地獄の違いがあると洩らしていた。

被告たちは彼と別れるに際して記念のために連名して揮毫を贈った。弁護人としても、彼の理解ある寛容により被告との接見が自由に許され、弁護の打ち合わせができたことを、ここに感謝しておく。

第十章　インドの哲人パール判事

一　パール判事の就任

新興インドが三百年のイギリスの桎梏から解放されてまっさきに取り上げた問題は、インドネシア独立の援助と、東京裁判の善処であった。ネール首相はそのために最も尊敬する友人ラダビノード・パール博士をインドの代表判事として東京に送ったのである。

博士はそのとき六十七歳、カルカッタ大学総長の職を辞して一九四六年五月十七日に着任した。その燃ゆるが如き信念と透徹した哲理と学識とは結集して全被告無罪のパール判決書となり、東京裁判はインド判事に名を成さしめる結果に終わったと断じても過言ではないと信ずる。

博士の温厚な人格と、礼儀正しく、親しみやすい容姿とは、ガンジス河畔に冥想する哲人をしのばせるが、その内臓する熱血はアジア民族を解放して世界に真の平和を建設せんと沸騰し、非暴力、不服従精神でこの目的を貫徹せんとする不退転の大信念は、まさにマハトマ・ガンジーの再来を思わせるものがあった。博士の人格は博士の信条たる広大なる慈悲の精神、妥協なき正義の精神、何ものをも恐れない無畏の精神の総合統一された象徴というべきであろう。

博士は他の十判事が共に談ずるにたらぬを悟るや、着京二カ月にして彼らとの一っさいの交際を絶って、彼らが観光旅行や宴席にある時、博士はひとり帝国ホテルの自室に閉じこもり、資料の収集調査研究に没頭した。博士が二年半に読破した資料は四万五千部、参考書籍は三千冊に及んだということである。これが実に千二百七十五ページの全被告無罪のパール判決書となって現われたのである。

ことに日本国民の銘記すべきことは、パール判事が他の十判事と意見を異にし対蹠的立場にあることが明瞭になるや、同判事の身辺危うしの風説が高まったのである。

しかしパール判事はこの風説を心配して用心するよう勧める者に対して常に冷静にしかも厳然と真理のために命を終わるともさらに悔ゆるところはないと語っておられたとのことである。

判事は湖南事件の児島惟謙大審院長の態度を推賞し、あれこそ真の裁判であると語っておられた。もってその信念を窺うにたる。

二　法廷における博士

インド代表判事の席は、裁判長席の右側の端で入廷の際は最先頭であった。黒のガウンを着て悠悠と入廷し、着席前に必ず東洋流に一揖される博士の敬虔な態度は満廷の感激の的であった。

ちょうど著者の席が最初博士の席と向かい合っていたためか、博士は著者に対し非常な親しみを持ち、カルカッタ大学時代の旧友木村日紀師（現大正大学教授）の住所の調査を頼まれたこともあった。また「サンフランシスコ条約とネール首相の立場」なる三十枚余りの論文を送って著者の意見を求められたこともある。この論文を著者は「毎日情報」で発表し、多大の感銘を大方の識者に与えたのであった。（田中正明氏編「平和宣言」八十一ページ以下にも掲載されている）

博士は被告たちがアメリカ人弁護人の技術的指導により、知らぬ存ぜぬの一点張りに終始しそうなのを憤慨して、十一カ国人をはじめ世界の人々はラジオを通じて日本の大臣、大将がこの法廷でいかなる答弁をするかをきき耳を立てて待っているのだ。もっと堂々たる答弁をさせたらどうかと、ある弁護人に注意されたこともあった。

一九四八年三月二日、鵜沢博士が日本人弁護団を代表して最終弁論の総論として「世界危機と東亜の不安」と題し、東西先哲の諸説を引いて、中国および日本における正義の責任の観念を、周易より説き起こし、大学に及び、東洋倫理の根本を説明し、八紘為宇の語源に関しては准南子、日本書紀を引証し、平和と王道の関係を尽くし、東洋文化のため万丈の気を吐いた。弁論を終わるやパール判事は親しく弁護人控室に老博士を訪ね、「よくいって下さった。私は弁護人諸氏が国際法の議論ばかりして、東洋の思想に触れるもののないのを見て淋しく思っていたが、今日は実に嬉しかった」と挨拶して握手を交わされた。

著者はまことに恥ずかしい次第だが、うかつ千万にもインド人はすでに滅びた民族と考えていた。しかるに博士を知るにいたり、西欧民族の持たない気高い情操と、卓越した識見と、明敏なる頭脳とを持っていること、現に博士において他の十判事のとうてい及ぶところでないことを知り、いまさらながら驚いたのであった。

三　堂々たるパール判決書

パール判決書は、多数判事の判決書をしのぐ膨大なもので、立論堂々全被告の無罪を強調しているのである。随所に著名なる国際法学者の所説を引用し、あるいは反駁し、論議尽くさざるところがない。まさに現代国際法学界最大の関心事たる戦争裁判に関する最高権威の論文というべきであろう。

パール判決書の特色は博士の高邁な宗教や哲理により梵語の「リータム」（真理）を信条として、今日の西洋民族のいう平和を「死の平和」と喝破する活眼をもって、太平洋戦争を批判し、冷静に周到に検察側の主張や多数判決書ないしニュルンベルク判決およびその根底をなす諸学者の所説を反駁しているのである。その法律論の概要は前掲各章に引用したとおりである。

そして事実関係については正確な調査により、具体的に事実を摘示し、一々証拠を挙げて日本の侵略を否定し、各被告に責任のないことを論述しているのである。たとえば南京暴虐事件だけで死刑に処せられた松井被告の責任についても多数判決が「……これらの出来事に対して責任を有する軍隊を彼は指揮していた。これらの出来事を彼は知っていた。彼は自分の軍隊を統制し、南京の不幸な市民を保護する義務をもっていたとともに、その権限をももっていた。この義務の履行を怠ったことについて、彼は犯罪的責任がある」と断じたのに対しパール判決は次の如く述べている。

(一) 方面軍の任務は麾下の上海派遣軍と第十軍との指揮を統一するにあって、軍隊の実際の操作および指揮は各軍の司令官によって行なわれた。

(二) 各司令部には参謀および副官のほかに兵器部、軍医部および法務部等があったが、方面軍司令部にはさような係はなかった。

(三) それでも松井大将は南京攻略前全軍に対して「南京は中国の首都である。これが攻撃は世界的事件であるから慎重に研究して日本の名誉を一層発揮し、中国民衆の信頼を増すようにせよ、外国出先当局とは密接な連絡を保持せよ」と命令を下した。これに基づいて塚田参謀長は「南京攻略要領」を作成し「中国軍隊が降伏した場合は各師団から選抜した二、三個大隊と憲兵だけを城内に入れ警備に任じとくに権益、文化施設を保護し、軍規風紀を殊更厳粛にし、速かに城内の治安を回復するよう努力せよ」との訓令を発し、さらにこれに基づいて「南京城攻略及び入城に関する注意事項」と題する詳細な訓令が出された。

(四) 十二月十二日の南京攻撃の際は松井大将は病気であって十二月十七日入城した。

(五) 入城後これほど厳戒したにかかわらず軍規風紀違反のあったことを聞き、再びさきの命令の厳重な実施を命じた。

(六) 城内にいた軍隊を蕪湖方面に引き返させ、逐次揚子江の北岸及び上海方面に撤退するように命じた。

(七)　自ら上海に引き揚げた松井大将は南京警備のため残した部隊に不法行為ある旨を聞き、三度軍規風紀の振粛ならびに違反者の厳罰損害の賠償を訓令した。

パール判決はこれらの事実を一々証拠に基づいて詳説したる後、「かように措置された松井大将の手段は効力がなかった。しかしいずれにしても、これらの手段は不誠意であったという示唆はない。本件に関連し法的責任を故意かつ不法に無視したとみなすことはできない」と具体的に無罪の根拠を明らかにしている。これではじめて松井大将も瞑目されることと思う。

かくの如くパール判決は実にその法律論は正しき国際法の一大論文であり、事実論は西欧侵略に対するアジア苦悶史の祖述であって、平和の仮面にかくれた多年の侵略者達に対する剔抉であり、また実にアジア民族解放の不動の指針でもある。

先般パール博士が再度来朝された時、朝野の有志が帝国ホテルで歓迎会を開いたが、その席上ある人が「御同情ある判決をいただいて感謝に堪えない」と挨拶したところ博士は、不満の様子で「私が日本に同情ある判決をしたと考えられるならそれは誤解である。私は日本の同情者として判決したのでもなく、また日本の反対者として裁判したのでもない。真実を真実と認め、これに対して私の信ずる正しき法を適用したにすぎない。ただそれだけで、それ以上のものでもまたそれ以下のものでもない」と釈明された。アメリカ人弁護人の場合にも述べたが、彼らの冷静なそして真剣な真理の追求、法優位の態度を玩味すべきであろう。

博士は判決の最後、第七部に「勧告」なる標題を掲げ、世界の識者に警告しているが、その最後をつぎの文章で結んでいる。

時が熱狂、偏見をやわらげた暁には、また理性が虚偽からその仮面を剥ぎとった暁には、そのときこそ、正義の女神はその秤を平衡に保ちながら、過去の賞罰の多くに、その所を変えることを要求するであろう。

四　パール判決の世界的反響

パール判決はいまや世界各国の識者によって真剣に検討されているが、日をへるにしたがってその共鳴者がふえつつある。

イギリスのハンキー卿や、W・フリートマン教授、王室顧問弁護士R・T・バジェット氏、「世界情勢年鑑」発行所たる世界事情研究所、アメリカの最高裁判所判事フレッド・M・ビンソン氏、同ダグラス判事、ドイツの哲学者ヤスペルス氏等はその主なる推賞者である。

著者はパール判決に対し感激おくあたわず、つぎの和歌を詠んで贈り、感謝の微意をあらわした。

釈迦の後ガンジーの後君ありて
　印度は永遠の法の燈か

著者は先般、下中弥三郎氏や田中正明氏等の尽力により日本書房から「日本無罪論」としてパール判決書の全訳が出版されたことを感謝すると同時に、速かにわが国においても朝野有識者によって「パール意見書研究会」が生まれることを祈ってやまぬ。また各大学はこの世界的大論文に関して博士に名誉博士号を贈り、さらに政府は改めて国賓として博士をお迎えする日の一日も早からんことを切望する。

五　夫人の死にまつわる秘話

一九四八年八月、博士は夫人危篤の急電により急遽インドへ帰った。夫人は痩せ衰えた軀を病床に横えていたが博士の顔を見るなり、うらめしそうな面持ちで「娘が勝手に電報を差し上げたそうで、すみませんでした。あなたがわたくしを見舞うために、遠路帰って来て下さったことは嬉しゅうございます。しかしあなたは今、真理に基づいて、日本の運命を裁こうという大切な判決文をお書きになっているのではありませんか。それにわたくしの病気ぐらいに心配して、はるばるお帰りになるとは何事ですか。わたくしはあなたがこの大きな使命を果たされるまでは断じて死にませんから、どうぞ安心して、すぐ日本に帰って下さい」と厳然といい放ったと伝えられている。博士はこの夫人の一言に感激して涙をふるって、そのまま東京に引き返し、全被告無罪の大判決文を書きげた上、滞りなく全裁判を終了するや、大急ぎで故国へ帰ったのである。夫人は約束どおり、奄々たる気息をついて命をつないでいたが、大任を果たして帰った博士の看護を受けながらいくばくもなく瞑目されたのであった。

新興インド隆昌のかげにはこうした貞婦烈女の気迫が漂っていることを知らなければならぬ。世界はいまや米ソの対立で真二つに割れているように宣伝されているが、さらに掘り下げて観察すれば実は、力を弄ぶ者と、正義を守り抜こうとする者との対立こそ真の姿ではあるまいか。大衆の暴力や武器の破壊力や金の力に依存、信奉していることは、米ソともに変わりはない。すなわち米ソの対立はたんなる力と力との抗争にすぎないのである。この力を超越し、人類の真の使命は奉仕―平和―正義の確立にあると、富みかつ驕れる列強を相手に、恐れずひるまず、仁愛正義の大旆を高くかざして、獅子奮迅の活躍をしているのは、実に聖雄ガンジーの衣鉢を継ぐネール首相やパール博士の指導する新興インドではないか。

イギリス統治下二百年間の圧制と苦悩とは言語に絶するものがあった。そこには自分の正当な意見すらも吐くことはできなかった。人権も正義も、そして思考の自由すらも奪われていた。彼らはこれに屈せず不退転の勇気をもって、尊い独立をかちとったのである。しかし彼らは暴に報ゆるに暴をもってしてはならぬ。悪い方法で良い結果を得ることはできぬ。いかに独立のためとはいえ、その手段として、破壊や暴力の如き悪を用いてはならぬ。あくまでもガンジーの教えた平和―非暴力―不服従の三つの信条を忠実に守って戦い抜いたのである。かくの如き真理の道、信念の戦いにわが夫、わが子を送って悔いなかったのは、実にインド婦人の神の如き大愛ではなかったか。

著者はかの戦勝に酔い、文明や国際法を冒瀆して恥じない、力の信奉者たちに、真理の大鉄槌を加えたパール判決書は、実にこの死を顧みず夫君を励ましたパール博士夫人の熱涙の結晶にほかならざるを信じ、衷心よりその冥福を祈ってやまぬ。

一九五二年十月十六日、博士は四年ぶりに日本を訪れて、巣鴨の慰問や各団体、各大学の講演にまた各地の視察に忙しい一カ月を送られたが、その間博士は「裁判がすんだら一緒に日本を旅行しよう」との夫人への約束を果たされているかのように、時々ポケットに手を差し入れて、夫人の写真を固く握りしめておられたそうである。（田中正明氏編「平和の宣言」二二六ページ）

六　人種的偏見を去らずには世界平和なし

先般の博士の再来朝は世界連邦アジア会議にオブザーバーとして出席されるためであったが、その会議における博士の演説につぎの一節があった。

第一次大戦中連合諸国においてわれわれは人種平等、民族自立、世界平和、人道主義というような実にもっともらしい呼び声を聞かされたが戦争が終わるやそれらはすべて消えてしまった。ジュネーブ会議において牧野男と珍田伯とが新しく制定される憲章の中に「人種にはなんらの差別がない。すべての人間は同じ権利を持っているものである」という一項目を加えられるよう主張した。しかしこの正しい立派な申し出はイギリスの代表団によって阻止された。日本代表は穏健に、それなら「人種その他いろいろな国々の差別にかかわらず、すべての人類は平等である」という意味の表現を条文の中に書き入れてほしいと、提議した。この日本の提案に対し参加国の大多数は賛成したのであるが、イギリス代表が再び反対した。その時議長であったウイルソン大統領は「このことは実に重大なる問題を惹起することになるから全員一致の形式をとらねばならぬ」といって採択しなかったのである。重大問題でありながら全員一致でなければならぬというなら、いったいいつの日にかこの解決ができようか。私はこのアジア会議において人種問題の解決がなされないならばこの会議は成功したとはいえないと信じている。

広島市で博士は中の島記念公園を訪れ、原爆慰霊碑に菊花を手向けて黙禱を捧げられたが、その碑文の「安らかに眠って下さい、過ちは繰り返しませぬから」の文句の意味を通訳からきいた博士は憤りを面上に現わし「過ちを繰り返さぬとはなんたることか。ここに祭られている霊はみな原爆の犠牲者ではないか。原爆を落とした者の謝罪なら話はわかるが、被害者の遺族たちや同胞が再び繰り返さぬといっても、それがなんになるのか。もしまた過ちを繰り返さぬということが再軍備をしない、戦争はいっさい放棄したというのなら、なぜその意味を明瞭に現わさないのか」と痛烈に市長を詰問されたそうだ。

中国新聞はこれに感激して「パール博士の行くところ、何かいつも話題を生んで行く。この褐色の真珠（パール）の光沢は世界連邦運動の観念的なにおいでなく、第三世界の中にすべてを呑み込んで行く無気味な底力をたたえているようだ」と賞讃した。（「平和の宣言」）

第十一章　荒木被告の見識

一　悲憤のアレインメント

一九四六年五月六日午前、法廷はアレインメント（認否）の段階に入った。被告と弁護団とはあらかじめ協議して、認否は直接被告人から陳述せず、弁護人がすることにした。

そこで、ＡＢＣ順で第一番目に裁判長から認否を求められた荒木被告が、打ち合わせどおり「その点については弁護人よりお答えをすることに致します」と答えると、裁判長はすかさず「あなた自身でお答えを願います」と直接答弁を要求した。

やむなく荒木被告は立ち上がり「起訴状を拝見致しましたが、一番最初に書いてある、平和、人道に関しての罪状については、荒木の七十年の生涯における自信に汚辱を与うるものであります。ゆえに断じて承服することはできません」と陳述した。

これは荒木被告としては全く予期しなかったたくまざる咄嗟の発言であった。荒木の七十年の生涯は、ひたすら平和、人道のために努力してきたのである。それが、いかに国破れたりとはいえ、旧敵国によって平和、人道の罪に問われんとするのである。どうして承服することができようか。彼の肺腑をえぐるような血涙の叫びは、東京裁判の全公判を通じて、いかなる弁論にも、いかなる証拠にもまさる真実の表現であった。

二　門出の辞

一九四六年十一月二十二日、荒木大将は終戦連絡事務局のジープで狛江村の寓居を出て巣鴨プリズンに入った。この日、著者は小畑敏四郎中将とただ二人門前で見送った。出発に際し大将は著者に対して「裁判に関しては挙げて君にお願いしたいと思うが、ただ二つのことだけは含んでおいてもらいたい。第一は国家、皇室の機密に関してはいっさい触れないこと、第二は現在生きている人の迷惑になるようなことはいわぬこと。そのほかは万事君のお考えに一任する」と念を押した。長い間、極右と極左との双方から攻撃され、君側にはうとんぜられ、東条政府には弾圧されながら、ひたすら日本道の孤塁を守り抜いてきたこの典型的日本武将が、おそらくは最後の場面となるであろうこの裁判に当たって、なおこの信念を変えぬ態度に感激して著者は、承知の旨を答えて別れたが、このことは果然後にいたって難問にぶつかったのであった。

すなわち、皇道派の立場を知る人々は「三千年の国体が傷つくに当たって、ただ一人の真の軍人らしい軍人もいなかったというのではあまりに世界人に対しても恥ずかしい。先祖や子孫に対しても申しわけがない。事実は決していなかったのではない。皇道派の人々のような立派な人たちがいたのであるが、君側にははばまれてついに起用されるにいたらなかったのであるということを、この裁判の記録の中に織り込んでおいてもらいたい」という切実な要望があった。弁護人としての著者の心も大いに動いた。そこで大将の意見を問うたところ「今更になって、おのれ一人を潔くするようなことには触れたくない」といって遂にがえんじなかった。したがって皇道派のことは、田中隆吉証人が法廷で、妙な供述をしたが、大将は相手にして弁明しようともしなかった。

門出に際して荒木氏は色紙二枚に、「扶翼天壌無窮之宝祚」と「尽人事而俟天命」と認めて家に留めた。唐紙に、杜牧の烏江廟の詩を大書して著者に贈られた。また短冊に和歌三首を認めた。

なすことのありと思へば時雨する
　空もうれしき今日のいでたち
重きせめ身に負ひながらいでたてば
　行く秋寒く時雨ふるなり
時雨する空をあふきてたちいつる
　むぬちははれぬ重きつとめに

大将の門出に際して、錦子夫人は次の三首の和歌を詠んだ。

わが夫の重き務めの門出に

時雨降るなり大和島根は

皇室につかへたまへるわが夫よ
　まさきくいませ君がみために

今日よりは語り合ふべき人はあらで
　暮れ行く庭の紅葉をそみる

三　荒木の性格と見識

好きなもの竹に富士山朝景色
　正直同情負けし魂

これは荒木氏の少年時代の作であるが、彼の性格嗜好の全部を詠み込んでいるから面白い。彼は自然天賦のままにすべてが伸び行くことを信条とする。したがって彼はいたずらに木を伐ったり動物を虐待することを好まない。動物愛護や植樹運動には率先して参画し、巣鴨入所まで全国植樹会に関係していた。彼の庭園は樹木の繁茂にまかせ、池には他からもらった鯉を殺すに忍びず放飼している。

彼は仁愛の大御心を中心とする皇道の信奉者であって、日本の伝統に従い、智仁勇を修養鍛練した。彼はいっさい人を責めず、ただ自ら反省し、努力奮闘した。

彼が人類愛に燃え、皇室を中心として万民の共存共栄を念願するのは、その実行にほかならない。彼が軍人を志したのは日清戦争後の三国干渉に義憤を感じたからであった。彼は愛する祖国の自主独立を願って身をけずって勉励し、陸軍大学校を首席で卒業し、恩賜の軍刀をいただいた。

彼は任官後も居常軍刀を用い、平時も指揮刀を用いなかった。それは軍人の名誉を重んじ、もし自らこれに背く時は、直ちに割腹謝罪すべきものという、厳しい戒律に対する心構えであった。故に軍刀は人を斬るためのものでないから、血を見ないものをとうとしとし、常に新刀を愛用した。その大切な佩刀の柄には尉官時代には「誠」の字を刻み込み、佐官になったら「断」の字にかえ、さらに将官になったら「裕」の字に変え、時期により段階をつけながら修養に志した。そして「裕」が最もむずかしい、これができれば聖人であるといっていた。

彼は第一次世界大戦当時ロシア軍に従軍していたが、寒夜同僚の露軍将校が斥候に出かけんとする時、彼はおのれの外套をぬいで貸し与え露軍将士を感激せしめた。

彼はロシア滞在によりロシアを理解し、大ロシア農民の純良と温厚に好感を持った。しかし彼の信念として、世界の暴力革命を主張する共産主義には同意しない。一国の共産主義だけなら、その国民の好むところになんら関心を持たないが、世界赤化のコミンテルンに対しては、大なる警戒を払った。

彼はかつて朝鮮併合にも反対し、ソ連滞在中日韓合邦記念章を受け、峻烈な民族自立の意見書を当局に出したくらいで、他国の領土侵略は彼の信奉する皇道から反対であった。彼はロシアからの帰途シベリア事変に従軍を命ぜられたが、当時日本政府の態度がはっきりせず、なんのために出兵しているのかわからないので、彼は大義名分に基づき戦争目的を明確にして、国際的疑惑を解け、もしそれができないなら即時撤兵して国民の犠牲を軽減せよと意見具申して、中央から睨まれ、九州の連隊長に左遷された。しかし彼はここで、国家内外の情勢に鑑み真剣に部下に軍人の道を教えた。連隊長として、さらにまた後年師団長として彼が九州に残した功績は大きかった。その時の彼の教育の標語が「勝って敵に恨まれず、駐って居民に慕われよ」というのであった。

この教えの効果は大東亜戦争にも現われて、当時の部下であった川越守二中将は、ジャバで俘虜収容所長官をしていたとき、オランダ軍俘虜の家族から感謝の印として宝石を贈られた。そこで日本の軍人はそんなものはもらわないと断わったところ、彼女らは長官はどうすれば、われわれの誠意を受けてくれるであろうかと協議した結果、日本軍人は千人針を喜ぶから、われわれも千人針をつくろうといって、今度は千人針を真似た留守家族一針宛の小さな刺繡の額面を記念品として持って来たので、それなら受けようともらっておいたのであった。中将は、これは全く荒木将軍の教えを実行した結果であって、日本軍と荒木の名誉のために、残虐行為の反対証拠として法廷に提出し、証言させてくれと申し出られたが、ウエッブ裁判長によって却下された。また熊本師団を率いて、ブーゲンビル島で戦った神田正種中将は、同方面でただ一人の戦犯も出さなかったのは、大将の教えが、いまなお励行されている証拠だとわざわざ市ガ谷まで挨拶に見えた。

荒木はいっさいお世辞をいわないし、弁解をしない。それで多くの誤解を受けている。

第一に彼は青年将校の使嗾者の如く誤解されている。しかし彼は皇軍の私兵化を最も恐れ、連隊長時代には「皇軍たるの意識あれ」と軍正常の道を強調し、また師団長時代には「吾人は戦場で破るるとも可なり、戦場の勝利は一時なり、必ず徳をもって勝たざるべからず、徳をもって勝つは永遠の勝利なり」と訓示した。更に陸相時代内外の混乱により青年将校の思想の動揺あるを看取するや、厳にこれを戒め、その過誤なからしむるため全力を傾注した。五・一五事件は陸軍側青年将校が蹶起しないので、海軍側青年士官が、これでは陸海軍一致にならぬといって、士官候補生を引き入れたのが真相であった。十月事件も彼を首班に担がんとの幕僚連の策動であったが、かえって彼に説諭されて中止した事件であった。かように彼の在任中微動もしなかった青年将校が、二・二六事件で起こった。しかしその時はそれらの青年将校たちは荒木の訓戒にあきたらず、荒木は、共に談ずるにたらずとして彼の門を訪れることもなく、ついに大事をひき起こしたのであった。

第二の誤解は彼をファッショの元締とすることだ。しかし事実はまさに逆で、彼は仁愛の御仁徳に基づく皇道の信奉者である。故に彼の皇道主義は全体主義者たちからは親英米派と誤解され、また彼の毅然たる伝統讃美は、奴隷的拝英米者派からはファッショと罵られた。故に彼は常に極右と極左双方から挾撃されていた。神兵隊は彼を暗殺せんことを企て、二・二六事件直後幕僚ファッシヨの傀儡と化した広田内閣は、彼と真崎大将との政界進出を阻止するために、陸海軍大臣現役制を復活し、東条政府は彼の正論を恐れて彼を監視したのであった。

彼の戦争観は日本哲理から出発している。すなわち仁愛の大御心を中心とせる日本においては戦争はできるだけこれを避けなければならぬ。降りかかる火の粉は払わねばならぬが、それもできるだけ彼我の犠牲を少なくしなければならぬ。非戦闘員はもちろん、戦闘員といえどもその損害をなるだけ軽減しなければならぬ。ダムダム弾や毒ガスはもちろん、小銃の口径もできるだけ小さくして、傷害の度を軽くしなければならぬ。戦場でも一時的に戦闘能力を奪うだけで十分で、他は戦術戦略の妙を発揮して勝つべきだ。すなわち英知で勝つべきだ。これが皇軍の精神でなければならぬ。かの一生回復のできないような不具者にしたり、いたずらに人命を奪うことは下劣なる戦争悪魔共のすることである。戦争の理想的な型はただ一本の矢が扇の的にあたるかあたらぬかで勝敗を決した源平屋島の合戦であって、非戦闘員までも無制限、無期限に戦禍に巻き込まんとする総力戦論や、長期戦論は戦争の最も堕落した形態である、というのが彼の持論である。かつて彼の陸相時代来朝したバーナード・ショウ翁に、理想的武器は即効かつ無害なる一時的眠りガスであろう、僅少時間眠っている間に、全部縛り上げて、戦闘能力を奪うだけで兵器の目的は達成することができると諷刺して非常に感心させたことがあった。

第三の誤解は彼を現代科学兵器に理解のない旧式軍人とすることだ。これも実際は正反対で、荒木陸相時代ほど、科学兵器に重きを置いたことはなかった、とある主計大佐だった人は著者に話してくれた。長距離爆撃機を準備したり、関門トンネルを主張、促進したのは荒木と小畑敏四郎とのコンビの時であった。竹槍三百万本の話の如きは荒木の皇軍意識強調に対する悪質デマにすぎない。荒木文相時代の大学問題の真相も、実は荒木は、文相就任以来、日本の最も遅れている自然科学の発展のために、大学の教授連に捨金をやって、自由に研究させたい。そのために三千万円の予算をとりたいが、大学が当時のように赤だといわれたんでは予算が通らないから、赤ではないという信用を受ける必要があるとて、教授が官吏たる身分を忘れて行き過ぎていることを是正しようと手をつけたにすぎなかった。その結果、その年は科学研究費として、三百万円を経常費として通過せしめ、のち政府としては年一千万円ずつにする約束までさせたのであった。

文相時代は、支那事変中で、アメリカの二世達がしきりに祖国観光にやって来て、もし日米戦争になったらわれわれはどちらにつくべきかと思い悩んで、文相に挨拶かたがた教えを受けに来た。荒木文相はいつも「諸君はすべからく市民権獲得当時の事を思わねばならぬ。よりよきアメリカ市民たる以外、諸君の行くべき道はない。そして真の日本民族の光輝を放ってくれ。万一他民族がぐずぐずしていたら、このアメリカはわれわれ日系アメリカ人の手で立派に仕上げて見せるからわれわれに任せておけ、という意気込みでやってくれ。そして日米不幸にして戦わば、諸君は市民として受けたアメリカの恩義を胸に置いて、アメリカのために銃をとってくれ。私は諸君と戦場に相見ゆることになっても、あっぱれ日本民族と敬意を表するであろう。これが日本人三千年の伝統であり、諸君の祖先の最も喜ばれるところである。ただしかし諸君としても自分の現在世話になっている国と、祖先の国とが戦争をすることは情において忍びないものがあろう。そこに諸君の重大なる使命が横たわっている。だいたい戦争は国と国との誤解から始まることが多い。故に幸いアメリカに居住し英語に堪能なる諸君が、この誤解のないように努力すべきである」と説いた。当時途方にくれていた二世たちは、この文相の教えによって釈然たるを得、喜んで帰国したことは有名な話で、在米日本人会で出している新聞にもこのことを掲載して全米日系市民に感激を与えた。二世たちを世話し案内をして来た沢田廉三夫人や松本滝蔵代議士は、この感激を法廷で証言したいと申し出られたが、これも性格証言だと却下された。

文相時代、陸軍から英語廃止の意見がしばしば出たが、荒木文相は時局が緊迫すればするだけ外国語の必要が加重する。日本を知らしめるためにも亦相手国を識る為めにも、これからさきの青年は英語ばかりでなく二、三カ国語ぐらいは、自由に使えるようにならねばならぬと一蹴した。同時に陸軍はドイツの影響を受けてか、ユダヤ人教師を学園から追放せよと要求してきた。が、荒木文相は民族の種類により排斥をしてはならぬ。スパイ等犯罪の嫌疑がないかぎり、ユダヤ人といえども教職を追うことはできぬ。それこそ一視同仁、四海同胞の大御心に反するものであると、相手にもしなかった。これは荒木にしてはじめてやり遂げ得たことで、ナチ・ドイツなどでまねのできない真の日本国体の精華を発揮した次第である。

真珠湾大戦果の号外が出て、全国民が万歳万歳で夢中になっている時、著者は大将を訪問したが、たまたま所轄の警察署長が来て、閣下おめでとうございますと挨拶したら、閣下すこぶる御機嫌が悪い。なぜそんなに癪にさわるのですかと、問うたらいわく「君、考えても見給え。アメリカの工業力をもってすれば、これくらいの戦果がなんだ。時さえ稼げば新しい軍艦と、新しい飛行機ができるばかりだ。それよりもアメリカの最も困難な問題は国論の統一だ。東条が奇襲して、このアメリカの一番困難な国論統一のお手伝いをしてやった。ルーズベルトは、必ずやほくそ笑んで『東洋の野蛮人がハワイの寝込みを襲って、侵略戦争を始めた。このつぎはアメリカ本土だ。われわれは一致してアメリカの文明を守らなければならぬ』と鳴物入りで宣伝するであろう。こんなことで米英相手に戦争が勝てるものかね」と憤慨は容易におさまらなかった。東京裁判がはじまってアメリカ人弁護士が来てから、荒木は当時こういっていたがと話したら、彼らは「そのとおりだよ、ルーズベルトが内心喜んだのは、実にそれだった。おかげで議会はただ一票だけの反対で、二十四時間たたないうちに、素早く宣戦布告ができたよ」と荒木の烱眼を賞讃した。

四　火消し役・荒木

ロンドン条約前後より満州事変当時まで挙世滔々と腐敗堕落し、政党人の醜状停止するところを知らず、外、退嬰外交の弊により国威の失墜その極に達した。憂国の青年将校らの衆望期せずして純真無垢の典型的日本武将荒木中将にあつまったことは当然である。犬養総理も軍首脳もまた荒木の人格と識見により三カ月前満州に勃発せる兵乱を急速に消し止めんと、陸軍大臣への就任を求めたのであった。果然彼は就任後ただちに、人事の大刷新を敢行し、事変関係者を左遷して、日本内部の興奮をまず静め、さらに現地では治安を攪乱して日本軍に挑戦している兵匪に鉄槌を加えて一年半で塘沽協定を締結して、完全に兵乱を終熄せしめたのであった。

この間彼の最も苦心したのは熱河戦と上海戦と、国際連盟への処置であった。関内から挑戦する中国軍を追って長城を越えたり、国際都市上海にいつまでもひっかかっていたら、日華全面戦争に発展することは必定である。どうしても即戦即決、鮮かな戦争指導をやってのけなければならぬ重大責任があった。彼は真崎参謀次長と、緊密なる連繫のもとに善処した。真崎次長も自ら長城に立って大手を拡げて、これを越える者はおれを殺して行け、と頑張るつもりで、飛行機まで準備させたが、出発しないうちに停止したとの電報が入った。海軍と蔡廷鍇との間の衝突から起こった第一次上海事変では、正面から立ち向かった植田師団が大場鎮で釘づけされたので、彼は最も信頼する大軍師、小畑敏四郎大佐を作戦課長に押し、その献策を用いて、白川大将の軍を上海の上流七了口に上陸せしめたら、予期どおり中国軍は即時囲みを解いて後退したので、間髪をいれず、租界から二十キロの線を中立地帯として停戦宣言をし、五月五日列国使臣を交えて正式協定を締結するや、一兵も残さず全軍総引き揚げを断行して危機を脱し、自後、日華事変まで永く上海地区の平和を保ち得たのであった。この当時の荒木陸相と、真崎参謀次長との間の軍政と軍令の緊密な連繋は、軍政史上まれであって、もし彼らの善処がなかったなら、おそらくこの時日華全面戦争に発展していたであろう。法廷がこの事実を無視して、上海事変は陸軍が侵略のためにやって失敗したものだなどと判示したのは誹謗も甚だしいものである。

彼の陸相就任は満州事変勃発三カ月後で、戦乱はすでに燎原の火の如くひろがり、満州建国の議も熟しており、旧満州の要人は、いずれも旧皇帝溥儀氏を迎えることに決定していた。彼は、大勢の赴くところ、わが国の内外の情勢を達観し、一面満州事変が日華ひいては世界の動乱にいたるを回避することと、他面わが国の当時の状況に照らして無理なく事変を処理せんとし、緩急の度を定めるに人知れぬ苦心をはらい、かつ満州国が建設されたる以上は、その宣言の如く王道楽土、五族協和を実現して過去における張一族の圧迫から住民を解放し、理想の国家を建設せしめんと、満州皇帝就任の詔勅にもこれを明らかにした。荒木の満州建国の理想はここにあって、絶えずこの方面へと楫をとったが、荒木退陣後は有象無象の満州進出となり、外形的には経済産業および軍事ともに、見事に数字的に成功したが王道楽土、五族協和の精神とは遙かにへだたった方向に移行した。当時かような事業には類のないほど、発展を遂げ、わが国もまた生活安定し、さらに国際安定に寄与はしたが、彼はその建国の根本理想に添わぬ発展であるとして、常に心をいため、遂に昭和十七年の満州建国十周年祝賀式には満州国の招待をも辞退し、国内の祝賀会にも顔を出さなかったほどに満州国の自後の成り行きには不満であった。

国際連盟との折衝には、国際連盟の趣旨は大いによい。ただ強国がその精神に基づいて、我利我利主義を捨てて世界平和のために活動すべきであると信じ、満州事変にも当時の日本の人口問題、資源の不足について列強に理解を与えることに連盟機関を利用せんことを念願していたのである。それであるから最後の段階に直面しても、連盟脱退をいうよりは、どうしても意見が異なれば連盟の精神を擁護するため、列強と袂を分かっても、東洋に連盟を移すていの気概をもって総会に臨めといっている。しかし外交権を持たぬ彼の自由にならず、松岡全権は当時の一部の国論に動かされて連盟から脱退することになったが、彼の本旨は以上のようなものであった。東京裁判にもこれを明らかにせんとして外人記者と語った要旨の数々の証拠書類を整えたが、裁判長は関係なしとの理由で却下した。

国際協調は彼の念願で、連盟脱退も前述の趣旨で、彼は反対であった。大勢上事後承認したが、彼は深くこれを遺憾とし、塘沽協定の締結なるや、直ちに兵乱終熄のために、なおざりになっていた国際関係の調整をはからんと、「極東平和会議」を提唱し、無理解な国際連盟にかわって、極東情勢に対する認識と、理解ある太平洋沿岸の全国家を網羅する国際会議を持とうと努力を傾注し、二十余回にわたる五相会議をリードしたが、その途中一九三四年（昭和九年）一月、議会直前に肺炎で倒れたので、責任感の強い彼は斎藤総理の慰留をことわって後事を林、真崎両大将に託して退任したが、林大将の優柔により万事休するに至った。

彼の退任後日本陸軍は急激に混乱し、防共協定以来ファッショ的統制派と、日本的陸軍を主張する皇道派との理論闘争となったが、五・一五事件の際、荒木陸相に抑えられて自重していた陸軍青年将校が、十一月二十日事件といわれる士官学校事件を動因として遂に二・二六事件を起こしたため、彼も他の全部の大将とともに軍長老としての道義的責任を感じ現役を去った。

その後の日本陸軍はファッショ派たるいわゆる統制派の全盛時代に入り、支那事変、三国同盟、翼賛会、大東亜戦争へと逐次発展して行った。彼がそのいずれにも反対し続けたことは公知の事実である。

近衛公爵は、彼の人格と手腕とを知る唯一の重臣であったが、第一次近衛内閣組閣後一カ月目に支那事変が勃発したので、驚いた公爵は彼が満州事変と、第一次上海事変とを見事に消し止めた手腕を、いま一度支那事変の早期解決にふるうことを求め、内閣参議続いて文相に推挙した。しかしこの時はすでに重要事項は五相会議において処理していた時で、もはや一文官大臣の力ではいかんともできない情勢まで事態が進んでいたので、さすがの彼も手の施しようがなかった。

平沼内閣総辞職後は、彼は完全に政治から離れて隠棲した。参議だけには阿部、米内両首相の懇望により、両内閣に名をつらねたが、実際政治に関与することは断わった。米内総理からは最初内務大臣就任を求められたが彼は断わって受けなかった。

第二次近衛内閣成立後、近衛総理は彼に参議就任を求めたが、彼は近衛公がすでに国内的には、軍を押えるために大政翼賛会を設立し、国際的にはアメリカの参戦による世界大戦の勃発を阻止せんがために三国同盟を締結する方針を決めていることをきき、それは公爵の危い火遊びだ、そんなのんきなことをしていれば逆に軍やドイツに利用され、日米戦争にひっ張り込まれることは必定だ、と激論五時間に及んだが、理解しないので、遂に近衛公とはそれ以来公的には絶交してしまったのである。

五　皇道と八紘一宇の原理の宣明

一九四五年十一月十九日の各新聞によって、荒木貞夫以下十一名の逮捕命令が日本政府に対してなされたことが発表された。

滑稽なことにはその逮捕理由が「荒木は東条の背後の大きな力だった」とあったことだ。荒木大将が東条政府の弾圧の的だったことは公知の事実だったのに、逆に東条の背後の大きな力として東京裁判の法廷に立たされた所以のものは、軍閥の巨頭としてB29の宣伝ビラにのせられたのと同様にその昔ゼネラル・アラキとして、いかめしい八の字ひげで世界人にアッピールしたその宣伝価値を狙った興行政策の犠牲にほかならない。

翌二十日旧陸大内で自決した親友本庄繁大将を弔問して帰宅した大将はたまたま訪問の著者の顔を見るなり「自決した顔はいいものだね……」と語った。瞬間あぶない！　と直感した著者は「本庄大将は、満州事変について、日本が転落せる運命になった以上、外国法廷に立つを潔しとしない自尊心から自決されたもので、立派ではあるが、閣下の立場は全然ちがう。占領軍が勝ちに乗じて皇道や、日本精神を万悪の淵源として抹殺しようと企てるであろうから、閣下としては命の限りこれと戦い神州の正気を護られるのが御使命ではありますまいか。この大敗戦に幸か不幸か死にそこなって生き残った者は、死にまさる苦痛を覚悟して邦家の再建に当たらなければなりますまい」と直言したら、大将も莞爾として首肯された。前掲の大将や夫人の和歌はこの大きな使命を自覚されての詠草であろう。

したがって大将が公判中、最も力を入れられたのは皇道、八紘為宇など外人に難解な漢語が侵略用語と誤解され、一端の敗戦により、日本の立派な伝統まで抹殺されることのないようにということであった。

この点は、鵜沢総明、清瀬一郎両弁護人の代表弁論や井上孚麿証人（元陸大憲法教授）等の周到なる証言もあずかって、判決は明瞭につぎの如く判示し、大将は完全にその使命を果たされたのである。

日本帝国の建国の時期は西暦紀元前六百六十年であるといわれている。日本の歴史家は、初代の天皇である神武天皇によるといわれる詔勅がその時に発布されたといっている。この文書の中に、時のたつにつれて多くの神秘的な思想と解釈がつけ加えられたところの二つの古典的な成句が現われている。第一のものは、一人の統治者のもとに世界の隅々までも結合するということ、または世界を一つの家族とするということを意味した「八紘一宇」である。これが帝国建国の理想と称せられたものであった。その伝統的な文意は究極的には全世界に普及する運命をもった人道の普遍的な原理以上の何ものでもなかった。行為の第二の原則は「皇道」の原理であって、文字どおりにいえば「皇道一体」を意味した古い成句の略語であった。八紘一宇を具現する途は、天皇の仁愛に満ちた統治によるものであった。したがって「天皇の道」―「皇道」または「王道」は徳の概念、行為の準則であった。八紘一宇は道徳上の目標であり、天皇に対する忠義は、その目標に達するための道であった。これらの二つの理念は、明治維新の後に、再び皇室と結びつけられた。一八七一年に発布された勅語の中で、明治天皇はこれらの理念を宣言した。その当時にこれらの理念は、国家組織の結集点を表現したものであり、また日本国民の愛国心への呼びかけともなった。(判決B部第四章軍部による日本の支配と戦争準備序論)

この日本の根本思想である皇道が侵略思想であるかどうかについていかに判決するかは、本裁判における重要問題中の重要問題であったが、幸いに判事諸氏も正当に理解し、真実に即して判示したことは慶祝に堪えない次第である。

荒木の最終弁論を準備している時、荒木の親友たちは弁護人に対し「この裁判長はどうも国体とか日本精神とか、荒木の生命とすることに関し、甚だしく理解が欠けているようである。したがって荒木のための最終弁論もなるべく裁判官を刺激しないようにこれらの事項に触れることを避けてもらいたい」との注文があった。弁護人も問題が問題だけに、荒木本人の意見を徴した。ところが荒木被告は決然として「自分が惜しからぬ命をながらえて法廷に立っているのは、ただこの一点を明らかにするためである。自分の刑罰などは問題でないから、遠慮なく十分に論議を尽くしていただきたい」との返事であった。弁護人は安心してこの点に触れ、かつこの問題に集中した。そして以上の経緯や、荒木被告の決意の程をも、最終弁論に記載してアメリカ人弁護人に朗読せしめんとした。

ところが裁判長はこれを遮って、この点はけさ裁判官会議で全員一致で朗読させぬ決定になっていたが、いま二人の判事は弁論を許せというメモを自分の手もとに届けた。しかし少数だから弁論は許されぬと決定はしたが、この荒木の信条はすでに印刷されて、全裁判官の閲読を得、少なくとも二人の判事の新たな支持を得たわけであった。

荒木被告の罪状は、世界侵略の共同謀議と、満州事変中の陸相としての責任と、支那事変中の文相や参議としての責任に関するものであった。このうち、支那事変下の文相や参議は、ほとんど問題にするに当たらない。満州事変中の陸相は、前述の如く荒木自身としては火消し役の責を果したにすぎないけれど、連合国ことにソ連においてはこれを重要視しているから、万一満州事変が支那事変や大東亜戦争から切り離すことができなかったら、絞首刑は覚悟してもらいたいと、あらかじめ引導は渡しておいた。しかるに引き離すことはできなかったが、天佑にも絞首刑意見は五対六すなわち一票の差で敗れ去ったのであった。

そして荒木被告は㈠軍事的侵略という陸軍の政策の熱心な提唱者であったこと、㈡満州事変の実行者であったこと、さらに㈢支那事変の遂行者であったというおよそ真実とは正反対な事実認定の下に、終身禁錮のいい渡しを受けたのであった。

小畑敏四郎中将は最後まで荒木大将のために最も心配した一人であったが、常に著者に対して「この裁判は東条の裁判であって、荒木さんを加えたのは、アメリカの誤解を利用した、ソ連の謀略にすぎない。これは日ならずして、アメリカも悟るであろうから、法廷で荒木さんが義憤のあまり、事件の中心に踊り出して、自ら主役を買って出られないように、用心して下さい」と注意していた。したがって弁護人としてもすべて控え目に行動した。病軀を押して証人に出ようとして、遂に死期を早めた中将も、荒木被告の死刑を阻止し得てさぞかし地下で満足しておられることと思う。

六　獄　中　歌　そ　の　他

荒木大将獄中の和歌（三千首中より）

大股に人の広道ふみしめて
　明けくさやけく天地と行く

生き生きむすめらみくにを神ながら
　定めしもとに引返すまで
天つ神われにたまひね手力を
　傾く国を起す力を
太平のみち開かはや神代より
　うら安の名を負ひし御国ぞ
うつろへる花の下蔭往来して
　正気の歌を高くうたへり
ありし日の国の内外と今の世を
　思ひ比べて泣きに泣きけり
天つ神肇めたひしむかしより
　剣の光曇らさりしを
積り行く頭の雪をうち払ひ染めて起つべき
　時ぞ待たるる

　（戦争裁判）
たたかひのかちのすさびに血にくもる
　刀かざして裁くといふか
（出廷に先ちて）

待ちわひし重きつとめを果さんず
　心は今しすみまさりつつ
（右終りて）
吹き荒む嵐も消えて久方の
　あまつみそらに富士そそりたつ
（植樹祭）
見はるかす遠の連山みどりして
　朝日に映ゆる時そ待たるる
（文明）
赤きはたあかき唇あかき爪
　原子弾あり文明の名に
（元　旦）
東天紅いやいつかしく鳴く声に
　やまと国原明けそめにけり

著者の荒木大将へ贈った漢詩（獄中の徒然を慰めるために贈りしもの。但し未定稿。）

寄荒木大将　　菅原良仙

悠久乾坤八荒遷　世有汚隆時有変
大正初期欧州乱　講和会商弄詐叛

共産革命蔑人倫　拮抗独伊結束悍
妖気又覆東海天　皇国日本委困頓
聖君不例摂政難　天災地変襲神州
浮華軽佻民俗敗　道義頽廃士風偸
官僚軍部貪功利　政党財閥招怨尤
青年血気腥風起　相剋摩擦如仇讐
国威衰退蒙外侮　憤発撃砕張家謀
君恩優握三軍奮　正々堂々圧群魯
朔風酷烈北支邀　西安擒縦忽容共
米英狡智繁事端　独伊誘惑又巧弄
当時軍状事狂奔　一人文臣無術控
爾来隠棲杜門扉　沈思抱独長含痛
西欧風雲再擾乱　太平洋上波濤高
一朝奇襲酔戦果　敵得名分意気豪
大詔儼乎旭旗進　艨艟貔貅南海驕
兆銘離脱叫和平　東亜民族號弟兄
宰相器小無経略　政治経済悉失情
帷幕籌劃齟齬甚　多年長征凱歌非
悲哉神風逆我方　霊峰富嶽導敵機

朝伝玉砕夕全焼　男児特攻空不帰
転進後退内線潰　牛島自刃本土危
陸海確執勢難解　君側重臣徒相誹
赤鬼破約迫腹背　原爆一閃万魂飛
晴天霹靂聖断下　神武一擲容進駐
精忠柳川憤死悲　智謀小畑亦入墓
近公自裁晩節存　本庄屠腹士所慕
皇派諸星前後歿　囹圄僅存臣貞夫
七十有一意気壮　短髪銀髯似老儒
姿格端荘如鼎鎮　操志凛然不可汚
従容含笑対司直　諄々講明平和図
読書悠々不関獄　詩賦宛似游江湖
自古興廃有命在　心中深期開天枢
勤王至誠仰天日　丹心必当解枉誣
万人斉望出獄後　騫々匪躬賛皇謨
紫雲靉靆富峰巓　旭光燦爛八洲浦
興安嶺頭祥鶴歌　太平洋中瑞亀舞

昭和戊子紀元節

荒木氏より著者への書簡

粛啓、今回心なき旧敵国により極東国際軍事裁判が、曽て我軍首脳官衙の所在地市ガ谷台上に開かるるに当り、不肖亦其一被告として法廷に立つに至りたるが、老生は其起訴が複雑微妙なる内外の策謀に基くものなるを感知し、公正なりと思惟したる此裁判の上に、既に大に政治的の手の動き居りたるを直覚したる次第に候。

従って普通一遍のことでは老生が企図したる法廷を通して、我国本を中外に闡明することの困難を察知し、此弁護は蓋し大兄を措きて他に人なきを信じ重々御迷惑の儀とは承知致しながらも、其担当を御依嘱したる処一諾此難業を引受けられ、爾来約三年の法廷論争証拠の蒐集証人への交渉等々言語不便裁判様式の相違特に米人弁護人との協調異見の妥結等複雑なる事情を克服し、文字通り寝食を忘れて幾多の難関を打破し他の弁護人特に、米国弁護人の根本問題に対する無関心と法官等の興味薄きに拘らず、御奮闘の結果兎も角も八紘一宇は侵略を意味せずまた軍国主義にあらざる事を認めしめ、皇道は世界最大道徳の表現仁政統治の根源なるを理解せしめ米弁護人が個人弁護に重きを置き好意的なれども之等重大条項に熱意之しきに対し、淳々説明し最後に党々法廷に其論旨を朗読せしめ長く記録に残さしめたる件に就ては、唯大兄にして始めて為し得る所刑の軽重は固より問う所にあらず、之等不肖の当初の目的完遂に成功したるは、実に大兄の至情と見識と手腕による事と感謝措く能はさる所に御座候。

又裁判後間々留守家族を困惑せしめたる物質の問題を耳にする事ありしも、大兄の一切を犠牲にして献身的に不肖一族のため尽瘁せられたる点は、単に感謝と申す言葉にては尽きさる所に御座候。

今や裁判終了し、静かに過去を顧みて慚愧に堪えさることのみなりしも唯大兄により今日ありしを思ひ、幽裡意達せざるも不取敢衷心より感謝の微悃を致す次第に御座候。胸中今尚錯乱蕪辞御判読相成度尚御序の節マックマーナス弁護人にも、御鳳声被下度呉々も御自重御自愛祈居候。　　　　敬具

昭和二十三年十一月十二日

於巣陵幽窟

荒木貞夫

菅原裕殿　座下

(注) 本書簡は著者自身に対し敢えて当たらざる讃辞もあり、また私生活にわたる点もあり、かたがた発表に躊躇したが、当時の荒木氏のつつまざる心境や窮状を伝えるには適当な文献なるをもって全文を公表すべきであるとの先輩の勧めもあり、特に荒木氏の承諾を受けて掲載しおく次第である。

第十二章　解脱した東条被告

著者はここに東条大将の陸相ないし首相としての功罪に触れようとは思わない。ただ東条氏が東京裁判の被告として、いかに善処したかを見たまま聞いたままを述べてみようと思う。結論から先きにいえば、東条氏の被告としての態度は実に立派であり、氏の努力は完全に成功したと考えている。

一　著者の印象

著者は東条氏を陸軍省調査部長であった少将時代から知っていた。しかしあの剃刀のような性格や、いやにとりすました態度には、あまり好感が持てなかった。ことに氏の陸相として、また首相としてのやり方については思想的にも多大の危惧を覚えざるを得なかった。(註)

(註)　東条氏およびその周囲が国家権力を弄ぶところの征夷大将軍式考えの持ち主ではないかとの危惧は当時の心ある人々の間に深かった。その主な根拠はつぎの諸点であった。

(一)今回の戦争を大東亜戦争と名づけたり東亜民族の解放が戦争目的の如く宣伝したり、「東洋平和」のためならばなんで命が惜しかろか」の歌を流行せしめたりしたこと等により、東条氏ら政府指導者が戦争を自衛以外に政策遂行の具に供しつつあるのではないかと、その戦争観や人命軽視の態度に対して深き疑問を持たれるようだった。

㈡総理大臣が陸軍大臣や軍需大臣を兼ね、さらに参謀総長をも兼ねて、国務と統帥とを一手に収めて、征夷大将軍の実権をにぎったことは、おのれの不徳無能を権力の集中掌握によって補強せんとするものであって、日本歴史においてはことごとく失敗に終わっているところの君臣の分をみだした政治方式である。まして旧憲法は、輔翼の運営に重点を置いていたのであって、その最高輔翼機関を一人で兼併壟断すれば独裁専制の政治が行なわれ、万民の自由平等の輔翼の機能が阻害されることは、自明の理である。さらにこれでは大権無視となり、国徳を傷つけ、現に戦乱の前後には著しい道義の頽廃を来たしていることも、歴史の証明するところである。今回の戦争の敗因も下剋上と相剋摩擦とに帰すべきであるとの見解さえ成立ち得る次第である。

㈢その他、大本営発表を宣伝本位から虚偽発表に堕せしめたことや、皇族、重臣の参内を制限して君徳を覆うたことや、帝国議会の権能を実質的に制圧したり、国民の憲法上の権利を不当に制約したり等して戦争指導ぶりに失当の点が多かった。

㈣昭和二十年四月五日の重臣会議の顚末についての木戸日記には、「一、木戸、自分はこの際は鈴木(貫)閣下の御奮起を願い度いと考ふ。一、東条、国内が戦場とならんとする現在余程御注意にならないと陸軍がソッポを向く虞あり、陸軍がソッポを向けば内閣は崩壊すべし。一、木戸、陸軍がソッポを向くとは此際重大なることとなるが、何かきざしなり予感なりがありや。一、東条、ないこともない。一、木戸、先程も申せし通り、今日は反軍的の空気も相当強いし国民がソッポを向くと云ふこともあり得べし。一、岡田啓介氏、重大時局大困難に当り苟も大命を拝したるものに対し、ソッポを向くとは何事か、国土防衛は誰れの責任か、陸海軍にあらずや。一、東条、其懸念あるが故に御注意ありたしと云へるなり。一、若槻、今日其様な懸念があっては大変で、苟も日本国民たる以上そんなことは毛頭ないことを信ずる。午後八時散会」とある。このソッポ論は東条氏が自ら周密なる具体案なくいたずらに驕慢になっていた一徴候であって、これはかの昭和十六年十一月二十九日の政府重臣の御前懇談会の席上、東条首相が、このままではジリ貧に陥るばかりだとの意見に対し、米内光政氏が「ジリ貧を避けんとしてドカ貧にならないように十分に御注意を願います」と述べたいわゆる「ジリ貧ドカ貧論」とともに、重臣会議の二大禅問答としてその当時喧伝されたものであった。

さらに法廷開始当初、氏の顔色は蒼白として生気なく、態度も落ちつきを欠いていた。氏が著者に書いてくれた短冊にも「黒潮の雄々しき流れ寒の月」「寒月や幾世照らして今ここに」とあり、相変わらずの東条張りだ、太平洋戦争もこんな調子で戦われたのかといささか寂寥の感なきを得なかった。

しかるにその後一年たち二年たつ間に、氏の面上には精気が輝き、態度は次第に悠揚としてきた。著者は東条氏の修養に異常な進境のあることを看取して、心身を削って努力しつつあった清瀬弁護人にこの事を語り、感謝の辞を呈したことさえあった。果然、春の訪れとともに著者に贈られた色紙には「尊としや春の恵みの初桜」「春雨の晴れてうれしき日の光」とあり、「黒潮」や「寒月」は「初桜」や「春雨」や「日の光」に変わって、「尊く」、「うれしき」感激の信仰に入ってきたことを感受して嬉しかった。彼が吉川英治氏の「親鸞」を愛読したのもその頃のことであった。

二　東条証言

東京裁判において、東条被告が解明しておかなければならぬ重要問題が二つあった。一つは大東亜戦争は侵略戦争か否かの問題と、他は天皇に戦争責任があるかどうかの問題であった。清瀬弁護人の話によれば、東条氏は一、大東亜戦争は侵略戦争でないこと、二、大東亜戦争は民族解放運動であったこと、三、天皇陛下に戦争責任はないことの三大主張を堅持し、ブルーエット弁護人を頼む時も、アメリカ人弁護士といえどもこれを納得しない限り依頼できない、といって清瀬氏にあらかじめテストしてもらったということである。

右の問題の中、侵略戦争かどうかの問題は他の被告や証人でも論議も立証もできたが、天皇に責任があるか否かの問題はただ木戸被告と、東条被告との二人の宮中、府中の最高責任者の証言にまつほかはなかった。

しかるに先に証言台に立った木戸被告は、天皇に責任のないことを強調したけれども、同時に自分にも責任はないといって退けた。（二二・一〇・二〇・二九六号、四ページ）

もちろん木戸氏としては深い考えがあってのことだったろうが、当時東京裁判の最後の狙いが、天皇の処刑もしくは退位にあると喧伝されている最中であったので、宮中輔弼の最高責任者のこの証言に対しては、心ある国民を愕然として色を失わしめた。したがって残された問題は、最後に東条被告がいかなる証言をするかの一点にかかったのであった。しかるに東条氏はまことに見事に、この問題についての見解を表明した。すなわち二十三年一月六日、キーナン首席検事の反対訊問につぎの如く答えたのである。

問――さて一九四一年十二月、戦争を遂行するという問題に関する天皇の立場とあなた自身の立場の問題に移ります。あなたはすでに法廷に対して、日本の天皇は平和を愛するとあなた方に知らしめたといっていることは正しいか。

答――もちろん正しい。

問――そしてまた日本臣民たる者はだれでも天皇の命令に従わないということは考えられないといいましたがそれも正しいか。

答――それは私の国民としての感情を申し上げていた。天皇の責任とは別の問題です。

問――しかしあなたは実際米英蘭に対して戦争したのではないか。

答――私の内閣において戦争を決意しました。

問――その戦争を行なわなければならない。行なえというのは裕仁天皇の意思であったか。

答――意思と反したかも知れませんが、とにかく、私の進言や、統帥部その他の責任者の進言によって、しぶしぶ御同意になったのが事実です。そして平和御愛好の御精神は、最後の一瞬にいたるまで陛下は御希望を持っておられました、戦争になっても然り。その御意思の明確になっておりますのは、昭和十六年十二月八日の御詔勅のうちに、明確にその文句が加えられております。しかもそれは陛下の御希望によって政府の責

任において入れた言葉です。それは、まことにやむを得ざるものであり、朕の意思にあらずという意味の御言葉であります。(註)

(註) 大東亜戦争の宣戦の詔書の原案には「豈朕が志ナランヤ」の一句が入って内閣に下げ渡された。しかし今から曠古の大戦争を始めようとする時、大元帥陛下が朕の志でないと仰せられたのでは戦争に自信が持てぬとて、内閣ではこれを削除してお伺いすると、宮内省から折り返しこの文句は特に陛下のお考えでお入れになったのであるから削除しないようにとの注意付きで案文を下げられたので、政府もやむなくそのままにして御渙発を願ったのであった。

この明快なる証言によって、天皇の免罪は確定的となり、国民はひとしく愁眉を開いたのであった。この時の反対訊問によって東条はキーナンを死刑にしたと喧伝され、また東条は一挙に国民の信用を回復したと、市井の噂は高まっていった。

一月六日この証言を終った時、氏はいっさいの重荷を下ろした如く「身にしみて嬉れしき今日の春日和」と詠んで清瀬弁護人に示したそうである。

三 判決言い渡しの光景

一九四八年十一月十二日午後三時五十五分から全被告に対する刑の宣告が行なわれた。法廷は平素とちがい、弁護人席の第二列目を取り払い、各被告を一人ずつ呼出して被告席の上段の中央に立たせたのである。照明はまばゆきまでに輝き、裁判官も検事も弁護人も傍聴人も報道陣も、すなわち満廷の全視線と全カメラとが、ただこの一人の被告人に集中したのであった。

著者はちょうど被告と裁判長席との中間に位する弁護人席を与えられたので、無礼とは思ったが、被告諸氏の最後の態度を見とどけようと、うしろ向きになって至近の距離から注視した。

もちろん被告たちは誰一人としてこの期に及んで死刑の宣告に驚き騒ぐ者はいない。しかし戦犯の汚名をきせられて、邦家の運命を担いながら、むなしく消えて行こうとする者として、誰が全身の緊張なくしていられようか。いわんや身を軍籍に置いた者として最後をとり乱したくない笑われたくないと心がけるのは武士のたしなみとして当然であろう。しかしその緊張が外から見ているとかえって固くなったように見えぬでもなかった。板垣被告の如きは剛勇無双の武人であったが、多少緊張が過ぎたように思えた。武藤被告は最後に口をへの字に曲げた。私はその瞬間ハッと彼は田中隆吉証人のことを考えたなと直感し、惻隠の情を禁じ得なかった。

二年余りの獄中生活により、被告たちのうちには国際法廷の被告の地位になれきって、かつての大臣、大将の自覚に立って、文明の名をかたる連合国の無法裁判を憫笑する気慨も見識も失っていたように見受けられた者もあった。したがって見ようによっては、試験官の前に立たされた受験生のような感じがしないでもなかった。

ところが東条被告においてはこれが全然反対で、東条試験官が、ウエッブという受験生の答えをきいてやるような態度で、顔は微笑しているようでもあり、微笑していないようでもあった。この顔は朝日グラフによくうつされていたが、全く私はこの時の東条氏の顔を見て、アアこれは立派に解脱したなと感じたくらい悟りすましたものであった。ウエッブ裁判長の絞首刑の宣告をきき終わるや、二度軽くうなずき「死刑か、よしよしわかった、わかった」というような表情をした。著者はこの東条被告の神々しい一瞬の光景を見て、東京裁判も立派な終幕を告げることができたと胸をなでおろした。

その後、他の被告中にはアメリカ弁護人の勧めるままに、アメリカ大審院に上告した者もあったが、東条氏は同調せず、清瀬弁護人に対して「目的どおり自分が元兇になって、死刑の判決を受け得たのは非常に満足だ。この上はどうか連合軍当局にいって、死刑の執行を一日も早くやってもらいたい。ぐずぐずしていて横槍が入ったりしては困る」と述懐していたそうだ。

またある時は「風もひかずに死刑執行まで健康を維持することは、なかなか容易なことではない。なるべく早く執行するようにしてもらいたい」ともいったそうだ。これはまさしく自分の好物の柿を断って健康を保持した石田三成の心境と相通ずるものがある。その当時彼が愛唱した歌のうち、清水観音の御詠歌「なほたのめしめぢが原のさしも草われ世の中にあらむ限りは」があったことも彼の修養のほどが偲ばれる。

しかし彼の熱望にもかかわらず他の被告のアメリカ大審院への人身保護令に関する訴願の結末がつくまで全部の死刑執行が延びた。そこで東条氏は「世界人に告ぐ」なるいわゆる東条遺言を認めたのである。

四　東条遺言「世界人に告ぐ」

この遺言書は清瀬、ブルーエットの両弁護人ならびに花山教誨師に宛て作成され、昭和二十三年十二月二十二日午後十時過ぎ、死刑執行二時間前に面会した花山師に対して読まれたものである。その本文はアメリカ軍から未だに還付されないが、総司令部は東条氏らの死刑執行の翌日、A級戦犯容疑者として拘束中の十九名全部を釈放ないし拘束を解除する旨を発表した。けだし東条遺言による最初の実現であった。

世界人に告ぐ

開戦当初の責任者として敗戦のあとをみると、実に断腸の思いがする。今回の刑死は、個人的には慰められておるが国内的の自らの責任は死を以て贖えるものではない。

しかし国際的の犯罪としては無罪を主張した。今も同感である。ただ力の前に屈服した。

自分としては国民に対する責任を負って満足して刑場に行く。ただこれにつき同僚に責任を及ぼしたこと、また下級者にまでも刑が及んだことは実に残念である。天皇陛下に対し、また国民に対しても申し訳ないことで、深く謝罪する。

元来日本の軍隊は、陛下の仁慈の御志により行動すべきものであったが、一部過ちを犯し、世界の誤解を受けたのは遺憾であった。

この度の戦争に従軍して斃れた人およびこれらの人々の遺家族に対しては、実に相済まぬと思って居る。心から陳謝する。

今回の裁判の是非に関しては、もとより歴史の批判に待つ。もしこれが遠久平和のためということであったら、も少し大きな態度で事に臨まなければならないのではないか。この裁判は結局政治裁判に終わった。勝者の裁判たる性質を脱却せぬ。

天皇陛下の御地位および陛下の御存在は動かすべからざるものである。天皇存在の形式については敢えて言わぬ。存在そのものが絶対に必要なのである。それは私だけでなく多くのものは同感と思う。空気や地面の如き大きな恩は忘れられるものである。

東亜の諸民族は、今回のことを忘れて、将来相協力すべきものである。東亜民族もまた他の民族と同様この天地に生きる権利をもつべきものであって、その有色たることを寧ろ神の恵みとして誇りとして居る印度の判事には尊敬の念を禁じ得ない。これを以て東亜民族の誇りと感じた。

今回の戦争によって東亜民族の生存の権利が了解せられ始めたのであったら幸いである。列国も排他的の感情を忘れて、共栄の心持ちを以て進むべきである。

現在の日本の事実上の統治者である米国人に対して一言するが、どうか日本人の米人に対する心持ちを離れしめざるよう願いたい。また日本人が赤化しないように頼む。東亜民族の誠意を認識して、これと協力して行くようにされなければならぬ。

実は東亜の他民族の協力を得ることができなかったことが今回の敗戦の原因であったと考えている。今後日本は米国の保護の下に生活して行くであろうが、極東の大勢はどうであろうか。終戦後僅に三年にして、亜細亜大陸赤化の形勢はかくの如くである。今後のことを考えれば実に憂慮にたえぬ。もし日本が赤化の温床ともならば、危険この上もないではないか。

今、日本は米国よりの食糧の供給その他の援助につき感謝している。しかし一般人が、もしも自己に直接なる生活の困難やインフレや食糧の不足等が、米軍が日本に在るがためなりというような感想を持つようになったならば、それは危険である。実際はかかる宣伝をなしつつある者があるのである。よって米軍が日本人の心を失わぬよう希望する。

今次戦争の指導者たる英米側の指導者は大きな失敗を犯した。第一は日本という赤化の防壁を破壊し去ったことである。第二は満州を赤化の根拠地たらしめた。第三は朝鮮を二分して東亜紛争の因たらしめた。米英の指導者はこれを救済する責任を負うている。従ってトルーマン大統領が再選せられたことはこの点に関し有難いと思う。

日本は米国の指導に基づき武力を全面的に抛棄した。これは賢明であったと思う。しかし世界全国家が全面的に武装を排除するならばよい。しからざれば、盗人が跋扈する形となる。泥棒がまだいるのに警察をやめるようなものである。

私は戦争を根絶するためには慾心を人間から取り去らねばならぬと思う。現に世界各国はいずれも自国の存在や、自衛権の確保を主としている。これはお互いに慾心を抛棄しておらぬ証拠である。国家から慾心を除くということは不可能のことである。されば世界より今後も戦争をなくするということは不可能である。これでは結局人類は自滅に陥るのであるかもわからぬが、事実はこの通りである。それ故、第三次世界大戦は避けることができない。

第三次世界大戦に於て主なる立場に立つものは、米国およびソ連である。第二次大戦に於て、日本とドイツというものが取り去られてしまった。それがため、米国とソ連というものが直接に接触することとなった。米・ソ二国の思想上の根本的相違はやむを得ぬ。この見地からみても第三次世界大戦は避けることはできぬ。第三次大戦に於て極東日本と支那と朝鮮がその戦場となる。この時に当たって米国は武力なき日本を如何にするであろうか。米国はこの武力なき日本を守るの策を立てなければならぬ。これは当然米国の責任である。日本を属領と考えるのであったならば、また何をか言わんや。そうでなしとすれば、米国は何等かの考えがなければならぬ。

米国は日本八千万国民の生きて行ける道を考えてくれなければならない。凡そ生物として自ら生きる生命は神の恵みである。産児制限の如きは神意に反するもので、行なうべきではない。

なお言いたい事は公・教職追放や戦犯容疑者の逮捕の件である。今は既に戦後三年を経過しているのではないか。従ってこれらは速かにやめてほしい。日本国民が正業に安心して就くよう、米国は寛容の気持をもってやっていってもらいたい。

我々の処刑を以て一段落として、戦死傷者、戦災死者、ソ連抑留者の遺家族を慰安すること。戦死者、戦災死者の霊は遺族の申し出あらばこれを靖国神社に合祀せられたし。出征地にある戦死者の墓には保護を与えられたし。従って遺族の希望申し出あらば、これを内地へ返還せられたし。戦犯者の家族には保護を与えられたし。青少年男女の教育は注意を要する。将来大事なことである。近時、いかがわしき風潮あるは、占領軍の影響から来ているものが少なくない。この点については、我国古来の美風を保つことが大切である。

今回の処刑を機として、敵、味方、中立国の国民罹災者の一大追悼慰安祭を行なわれたし。世界平和の精神的礎石としたいのである。もちろん日本軍人の一部の間に間違いを犯した者はあろう。これらについては衷心謝罪する。これと同時に無差別爆撃や原子爆弾の投下による悲惨な結果については、米軍側も大いに同情し憐愍して悔悟あるべきである。

最後に、軍事的の問題について一言する。我国従来の統帥権独立の思想は確かに間違っている。あれでは陸海軍一本の行動はとれない。兵役制については、徴兵制によるか、傭兵制によるかは考えなければならない。我国民性に鑑みて再建軍の際に考慮すべきだ。再建軍隊の教育は精神主義をとらなければならぬ。忠君愛国を基礎としなければならぬが、責任観念のないことは淋しさを感じた。この点については大いに米軍に学ぶべきである。

学校教育は従前の質朴剛健のみでは足らぬ。人として完成を図る教育が大切だ。言い換えれば宗教教育である。欧米の風俗を知らすことも必要である。俘虜のことについては研究して、国際間の俘虜の観念を徹底せしめる必要がある。

五　敗戦責任の自覚

およそ戦争による責任には二種類がある。対外的責任と対内的責任とである。対外責任とは、損害を与えた相手国に対する責任であって、対内責任とは敗戦によって国体を亡ぼし、国民を殺し傷つけ、産を破った等、国家、皇室、国民に対する責任である。そして戦犯と追放とは相手国の命令により実行された対外的責任に外ならない。

東京裁判の初期、東条氏はじめ全被告がアレイメント（認否）においてナット・ギルティ（無罪）

と答えたことに対して、軽薄なジャーナリストや文化人はわらったが、これは対外責任、すなわち旧敵国が自己の非を棚に上げ、わが国に対して侵略呼ばわりをし、それを前提として被告の有罪を糾問するのであるから、東条氏としては、さようでございますと、これを是認したのではさらに不忠を重ねることになるのだ。そこで彼としては、何をいうか、侵略はそちらからではないか、日本の侵略を前提とした起訴には絶対に承服することはできない、という意味において、断然無罪だと主張したのである。

その後東条氏は、キーナン首席検事が反対尋問において「あなたは、日本の首相としてなした行為――それは真珠湾で始まったところの西欧諸国との戦争に関する行為――これをなすに当たってなんら法律的にも、道徳的にもまちがったことをした覚えはないといいますか。それがあなたの立場ですか」と質問したのに対し明瞭に「まちがったことはないと考えます。正しいことを実行したと思います」と答弁したのも同一理由によるものである。重光被告が当時獄中で、「だれ一人天に恥ぢざる面もちの、くもりなくして輝きて見ゆ」と詠んでいるのもこの心境にほかならないと思う。

これに反して東条氏の対内的責任の自覚はその宣誓口供書の末尾(註)や前項の東条遺言の冒頭に明瞭に記載されてあり、また氏の詠める「身はたとへ千々にさくとも及ばじな、栄えし御代を墜とせしわれは」によってまことに明瞭である。すなわちこの大御代を亡ぼした責任は八つ裂きにあっても償うことはできぬというのである。

（註）東条被告の宣誓口供書の末尾には「戦争が国際法上より見て正しき戦争であったか否かの問題と、敗戦の責任如何との問題とは、明白に分別のできる二つの異なった問題であります。第一の問題は外国との問題でありかつ法律的性質の問題であります。私は最後までこの戦争は自衛戦であり、現時承認せられたる国際法には違反せぬ戦争なりと主張します。私は未だかつてわが国が本戦争をなしたことをもって国際犯罪なりとして勝者より訴追せられまた敗戦国の適法なる官吏たりし者が個人的に国際法上の犯人なり、また条約の違反者なりとして糾弾せられるとは考えたこととてはありませぬ。第二の問題すなわち敗戦の責任については当時の総理大臣たりし私の責任であります。この意味における責任は私はこれを受諾するのみならず衷心より、進んでこれを負荷せんことを希望するものであります」とある。

日本においては未だこの対内的敗戦責任の糾明が行なわれていないため、対外責任の追放を解除されるや対内責任まで解除されたように錯覚して、祝賀会が催されたり、本人も晴天白日になったつもりで大手を振って元の地位へ復帰し、国民も怪しまないのが日本の現状のようだ。もし戦争が勝ったら東条とともに大なる恩寵に浴して、あるいは華族になり、富豪になり、元帥大将になったであろう人たちがそこら中にたくさんいたはずである。

その人たちが東条氏一人を死刑にして、自分は無罪だ、追放解除だと、すましておらるべきであろうか？

しょせん勝算の見込みのない戦争と知りながら、戦争をあおった政治家や、ジャーナリストや軍需産業家たちや、功名にかられて抱き合い心中をした陸海軍の幕僚や、また全国民が国運を賭して戦っているとき反戦運動をした敵国の第五列たちはいかに処分さるべきであろうか。このまま放任されては、再建はもちろん独立国の権威は成り立つまい。

東条氏が遺言書で「今回の死刑は個人的には慰められておるが、国内的の自らの責任は、死を以て贖えるものではない。」と断じて敗戦責任を明確にしたことは当然のことといいながら、せめてものことと思う。

彼みずから意識せる如く、彼の大臣、大将としてのやり方はまことに不手際であった。しかし彼が東京裁判の被告としての態度はあっぱれであったと著者は賞讃の辞を惜しまない。

六 辞世

東条被告はその最期に当たって、次の四首の辞世をのこした。

我れゆくもまたこの土地にかへり来ん
　国に酬ゆることの足らねば
はてしなくすめるみ空にわれを呼ぶ
　みこえを尊く仰きてそきく
さらはなり苔の下にてわれ待たん
　大和島根に花薫るとき

幽明の境を越えて安かれと
ともに祈らむ心のどかに

第十三章　大川博士の名演技

〃天の命題〃

連合国は国際裁判の開催に当たって侵略戦争の理論的指導者としてニュルンベルクにおいてはローゼンベルグを、東京裁判においては大川周明を逮捕した。いやしくも指導者中の指導者として、敵国の軍事裁判所に捕えられた以上、死刑は万が一にも免るべくもない。この際、被告たる者の対策如何？　これはまさに大正、昭和にわたって、右翼理論家として、また革命指導者として、自他ともに許した、東亜の論客大川周明博士に与えられた〃天の命題〃であった。

黙殺？　論駁？　脱出？

黙殺は博士の熱血が許さない。論駁――そんな小児病的な猿芝居のお相手は博士の理知が許さない。残るはただ脱出の一途あるのみだ。この危険なる芝居小屋から脱出して、他日を期することだ。博士のあらゆる英知の結論がここに到達したことは当然である。しからばいかにして脱出するか、逃亡か、それは不可能だ。いな、それにもまして、もっと堂々と安全に、虎口を脱する工夫がなくてはならぬ。

博士はついに、心の中で立派な脚本を書き上げた。そうして自らこれを演出して、見事に脱出に成功したのであった。ドイツのヘス副総統がニュルンベルク裁判で企てて失敗したこの離れ業を、わが大川博士は列国環視の下で、悠々となしとげたのである。かくてローゼンベルグが死刑になったのに反して、彼は日独A級戦犯五十余人中、唯一人の脱出成功者として、いまや敵も味方もその世界的名演技に喝采をおくらぬ者はない。

性　格

博士は頭脳明敏、天才的学者であって、学は古今に及び、識は極東、近東、西欧にあまねく、近代まれに見る篤学の士であるが、その性格は豪放にして奇矯、飄々乎として常人の端倪すべからざる奇行の持ち主である。

大原弁護人の語るところによれば博士は入院中でも日によって使う言葉を変え、月曜は英語、火曜はドイツ語、水曜はフランス語、木曜は中国語、金曜はインド語、土曜はマラヤ語、日曜はイタリア語というように決めると、その日は誰に会ってもその言葉しか使わぬというふうであったそうだ。おそらく彼は語学の練習日を決めていたのであろう。刑務所も彼のためには勉強場であった。彼は五・一五事件に連座して入獄した時、堂々五千ページに余る日本外交植民史を書き上げた。

演　出

昭和二十一年四月下旬に入るや、彼の不眠症ははじまった。そして昼夜をわかたず経文を唱え、各国語を交えたひとり語でわめき立て、監視のアメリカ兵を殴打する等、その狂態は日を追うてはげしくなっていった。

四月二十九日起訴状が配付された頃より、彼の狂乱は本格化し、五月三日第一回公判の午後にはその絶頂に達した。はじめ同日午前には大原弁護人が前日提出した精神鑑定申請書に基づいて陳述したが、ウエッブ裁判長は追って考慮するといって取り合わなかった。午後の法廷において大川氏は、黒の詰襟の上衣を脱ぎ捨て、水色のパジャマ姿となり、逐次そのボタンをはずし、胸をはだけ、腹をまる出しにして、鼻水を長く垂らし、下を向いて合掌、慟哭するかと見れば、天井を仰いで哄笑するといったあんばいで、右隣りの松井被告に話しかけて相手にされないと、左隣りの平沼被告に話しかけ、暫時も平静にせず、見かねた裁判長は法廷執行官バン・ミータ大尉をしてケンワージー憲兵隊長に連絡させた。隊長は親切に、後からパジャマのボタンをかけてやったり、両肩を押えて静かにいたわってやったりしていた。ちょうどその時、大川氏のすぐ前の列に座っていた東条被告に対して、四、五名の写真班がとくに許可を受けて進み出で東条氏の被告姿を撮影せんとカメラを向けた。東条氏は習慣的にそり身になって、ポーズをつくった。その瞬間、大川氏は右腕を伸ばして東条氏のハゲ頭にピシャリと大きな音を立てて平手打ちを食わせた。それはいかにもオイ東条の石頭、そんなに気どるなよとからかったような、怒ったような気持ちの表現であって一撃！　二撃！　彼は不気味な表情を満面にたたえて、ゲラゲラと笑ったのであった。つづいて大声で「インデアン・コメンジー（インド人よ、こちらにこい！）と叫び、さらに日本語で「みんな出て行け」とどなり、ついにケンワージー憲兵隊長によって法廷外に連れ去られた。

翌四日午前、開廷劈頭、ウエッブ裁判長は「大川氏が精神病者であるか否かということを確めるために、三人の医師が大川氏を診察することになりました。私の命令に従って大川氏の弁護人である大原氏は、大川氏を法廷から退場せしめることにします」と宣言した。

療　養

その後の大川氏はアメリカ軍の第三六一病院や東大や松沢病院で診察され、治療されていたが、ついに本裁判の開廷中には回復せずとして、出廷することなく経過し、一九四八年十一月十二日の判決いい渡しもすみ、東京裁判の幕が完全におろされるや、いくばくもなく全快、退院して神奈川県中津村の自宅に帰った。そして手荷物の中には彼が入院中完成した、回教の聖書コーランの翻訳文がいっぱい詰めてあったのである。

世　評

大川氏が発狂したことについて、種々の噂が乱れとんだ。第一は本当の脳梅毒であるというのと、第二は東亜の論客の法廷における理論闘争を妨げるために連合軍が一服盛ったのであるというのと、第三は大川氏が法廷を脱出せんがために打った芝居であるというのと、三様の観測であった。いずれが真相であるかは今日も謎のままになっているが、著者は第三説に確信を持つものである。

人間が一週間も続けて寝ないでいれば、表面狂人と区別のつかない状態になることは明らかである。もしそれ顕微鏡検査の如きは大川氏ほどの豪の者、黴菌の一種や二種巣食っているであろうことは想像に難くない。狂態に黴菌さえ出れば脳梅と断ずるのが医学の現状ではあるまいか。

狂か否か?

精神病者として入院中、世界の学者間に最も難解と定評のある「コーラン」の翻訳を完成したことによって彼の頭脳の非凡は証明される。もし彼の入獄中の状態が真に精神病であったとしても、それは常人より頭のよい「狂」であったというべきであろう。

この翻訳文「香蘭」は、退院後出版されて、いまや世界学界の驚異となっている。しかも彼は大胆にもその序文に、これは昭和二十一年の秋以来松沢病院で筆をとったものだと明記して連合国を揶揄している。

A級の他の被告諸氏も大川氏の発狂については半信半疑だが、荒木大将はさすがに大川博士の演出を看破していたらしくつぎの如く語った。「当時の大川君は痩せ衰え、その狂態についても作為らしいところは見えなかったが、最初の出廷の朝巣鴨プリズンの更衣場で、盛んにワメキ立て狂態の限りを尽くしていた時、監督官のスワンソン少佐がついに堪忍袋の緒を切って激怒し、物凄い剣幕でどなりつけた。すると大川君の態度が一瞬おだやかになったので、ハハアこれはほんとうの気狂いではないなと感じた。」

大川氏自身は狂態に関しては多く語るを好まず、無遠慮に質問する者があっても、ただニヤニヤ笑っているだけであったが、昭和二十七年十月二十八日の東京タイムス紙はつぎの訪問記事をのせている。

神奈川県愛甲郡中津村の一隅、中津川に臨む風光のよい地に大川博士の家がある。刺を通じると、長身そう軀の博士が洋服姿であらわれた。

「別に変わりはないよ。ゆうゆう自適というところだ」見たところ心身ともに健康らしい。……話が東京裁判におよぶと貧乏ゆすりのくせもはげしく、

「あれを私は裁判とは思わない。日本人に対する宣伝のため、アメリカがしくんだ芝居なんだな。それをキーナンが威張りくさり、皆があまりにかしこまっているから、一つ茶化してやろうと思った。ちょうど前に東条のハゲ頭があったから、叩いたまでだ。ウン、東条とはケンカしていたが、それは戦争中のことで、法廷は一種の戦場だからね。同じ日本人として戦友のつもりだった」

それでは気が狂ったわけではないらしい、と思ったら

「いや、やはりおかしかった。二日酔のような気分だったね」

と自ら診断を下す。それが松沢病院へ入ったときはもう治っていた。……

書簡

博士が退院直後（一九四九年四月七日）著者の見舞状に対してよこした返事は——

粛復問安を辱うし芳情奉萬謝候　帰村以来如字的に晴耕雨読の生活を営み心身共に健安に御座候へばどうぞ御安堵被下度候　国家の前途に対しては憂愁無限に候へど一身に就ては何の不平不満も無御座候　匆々不一

六月四日の発信は――

（前略）昨今の中津満目菁々坐して望めば細雨の霏々たるもまた好風情に御座候　霖雨の節終る比は香魚肥ゆる時に候　清瀬老と相携へ御来遊被下候はば幸甚至極に奉存候（下略）

第十四章　マッカーサー元帥論

一　〝群れを離れた狼〟

マ元帥のニックネームは「エ・ローン・ウルフ」（群れを離れた狼）というのだそうだ。孤高というのか、貴族主義というのか、一般人と雑居せず、ひとり超然と、あるいは傲然として、蟠居する態度に対するアダ名と思われる。

彼の最高司令官時代、日本を訪れたアメリカの旅行者たちは、日本に天皇が二人いると皮肉っていたが、天皇以上の存在であったことはまちがいなかった。

元帥は士官学校なり、陸軍大学なりのまれに見る秀才だったそうだから、頭脳明敏な幕僚的軍人であったに相違ないが、果たして立派な統帥者であったかどうか。いわんや大政治家であったかどうかは、疑問なきを得ない。

その証拠には、下僚に堂々たる人物を持たず、三流四流どころの軍人や、政治家だけしか近づけなかったようだ。フィリピンでマッカーサー夫人の顧問弁護士だったといわれるホイットニー氏が、実質上幕僚長の立場にいたことも、彼のためには大きなマイナスだったといわれた。このホイットニー民政局長がニューヨーク弁護士会出身のケーディス次長に牛耳られ、GHQを赤で塗りつぶしたとも非難された。

占領統治を痛烈に批判して屈しなかった人に、アメリカではニューズ・ウイーク誌の東京支局長コンプトン・パケナム氏があり、日本人では紫雲荘の橋本徹馬氏がある。ともに追放やスキャンダル等に関する意見を、アメリカ本国の要路や世論にうったえて、GHQと勇敢に戦った。

元帥が名誉ある凱旋将軍として帰還すべき身でありながら、出先きの、しかも敵前でくびにされ、囚人の如き状態で送還せしめられたことは、たとえマーシャルやアイクに嫌われたとはいえ、あまりにもみじめな所遇であった。これをもって見ても有力な味方が軍部や政界になかったことが明らかである。

彼と親しくしていたという人の話によれば、彼は最初日本民族をフィリピン人に毛の生えた程度に考えていたが、実際日本に来て見てこの民族の偉大性、優秀性がわかった。日本民族は自分たちアングロサクソンとともに、世界で最後まで勝ち残る民族である。こんな大民族に恨みを残すような占領統治をやってはいけないとさとり、途中から考えを改めたということである。

しかし彼はついに東京裁判の被告たちのためには、なんらの同情も示さず、恩典も与えなかった。占領当時において、かりに世界侵略の共同謀議が日本に存在したと、錯覚していたとしても、それが一片の幻想にすぎなかったことは、ほどなく判明したはずである。

それにもかかわらず、事件の処理方針に、なんらの変更も加えなかったのである。これは彼が日米国交の将来のためにも、極東委員会やアメリカ政府のあやまった認識を改めさせなければならぬという見識も熱意も持たなかった証左である。

二　占領統治の批判

占領統治を指令する背後の勢力は、極東委員会とアメリカ本国であったが、極東委は米ソの対立で確たる定見がなく、またアメリカ政府は、国防省と国務省との間で意見が対立していたので、彼の占領統治が容易でなかったことは想像に難くない。しかし彼自身はその間隙を利用し、アメリカ本国に対しては連合国最高司令官の地位をふりかざし、極東委員会に対しては、極東アメリカ軍司令官として自儘にふるまい、二枚の鑑札を巧みに使い分けて、独善的態度を維持していたようであった。

彼の孤高的司令官ぶりは、彼の召使的人種以外、一般にはあまり好感は持たれなかった。戦争のすんだ後の敗戦国にいて、酒と女をあさる以外に能のない軍人たち、それに便乗せんとはるばる出かけて来る一旗組、それに対し喪家の犬のような、うつろな栄養失調の日本人、奴隷男とパンパン娘、その生血を吸う朝野のガイド（案内人）。そうした百鬼の夜行、乱舞にまかせ、七年間の日本の暗黒時代をつくりあげたのであった。

いったい敗戦国の占領は、占領国の必要によりその国防の一部として行なわれるものである。したがってその経費も占領軍自らの負担においてされるのが当然である。しかるに対日占領においては、アメリカは、これを駐屯軍費の名目で、一部を被占領国たる日本に賦課したのである。しかしそれは降伏条件にもない、惨酷なる処置であって、敗戦国の無力に乗じた、ていのよい掠奪行為ともいうべきものであった。

日本軍隊が無条件降伏して、武装解除ができ上るや、彼はポ宣言の条件を無視して、占領を征服と錯覚したか、日本の政治も経済も教育も文化も報道も、いっさいをバラバラにして打ちこわしてしまったのであった。

占領中必要の限度において占領法規を制定することは当然であるが、彼は占領に直接関係のない国法は尊重しなければならないという国際法や、国際慣例を無視して、国家の基本法である憲法を改正手続きをもって廃棄せしめた。しかもその日本の帝国憲法たるや、世界的にも好評を博し、国民も共産主義者以外は尊重すべき欽定憲法として、心から遵奉してきたものであった。それを強制的に革命的改正をなさしめ、実質的に天皇の主権を剝奪しながら名義だけの天皇制を残すという謀略憲法を実施することによって、三千年の君主国を一挙にして民主国に変革してしまったのである。

これが日本がポ宣言受諾に際し、最後まで唯一絶対の条件として主張し、八月十一日のバーンズ国務長官回答により容認された実質的天皇統治制の存続――国体の護持を無視したものであることは論をまたぬ。

もし彼にして見識を有し、いやしくも一国の基本法たる憲法は占領中改正したり廃棄したり制定したりすべきものでない。いわんや占領軍が強要して、その国体の変革をきたすが如き根本的改正を行なうべきものでないことを理解し得たなら、日本の帝国憲法をたんに棚上げして占領中のみ適用することを明示せる組織法を制定せしめればよかったのである。

その他、日本の存立を支えていた法律制度で、軍国主義となんらの関係のないものまで、徹底的に改廃せしめた。その一例を挙げれば、彼は、日本民法から「家」を追放して家族制度の伝統を破滅に導かんとした。そもそも人類の生存する限り、誰か、夫婦仲よく、親を大切にし、子供を可愛がっていわゆる家族制度を尊重しない者があろうか。これがどこに軍国主義と関係があろうか。これは時の古今、洋の東西を問わない。ただわが日本民族は古代からこの家族制度をもって最小限度の道徳の基準とし、法律や権利義務観念を超越した生活単位として、これを育成してきたのである。彼らは日本民族の強靱性の根本をこの家族制度にありと判断し、まずこの破壊を企てたのであった。それは現代のアメリカ帝国主義や、ソ連の独裁主義には好都合であろうが、数千年にわたって日本民族が営々として築き上げてきた世界的至宝、人類の道徳文化を破壊する野蛮行為であった。

彼はさらに日本の警察をバラバラにして、この狭い国内で、二十人もの共産党の幹部たちを、いとも安穏に地下にもぐらせたのである。税制も教育制度も日本離れのした制度に切り換えて、ほんとうの日本人を面食らわせた。

彼が最初に手がけたのは、労働組合の奨励と、農地改革の二つであった。対ソ関係の激変とともに、労働組合の逸脱が、日本再建の一大障碍となったことは彼自身もいまや否定しないようだが、未だに農地改革だけは成功だったと、いっている。しかし山頂までも耕すこの日本において、農地の細分化政策が日本弱体化にならぬと、誰がいい得るであろうか。彼は小作人に農地を分与したことが、農村の共産化を防いだと宣伝するが、著者は形式的所有権の問題が、それほど効果的なものとは信じない。またかりに農地解放が必要であったとしても、このような大改革を地主のみの犠牲において、断行する理由がどこにあったか。日本の中産階級の主軸をなす地主を撲滅することは、共産革命を成就するためには必要であろうが、日本の健全なる再建には有害であったことは議論の余地がない。こんな乱暴な良民の富を没収する革命思想の実現が成功だというなら、アメリカはソ連に降伏した方がよい。山林に関する第三次農地改革が敢行されていたら、日本の現在はどうなっていたであろうか。実に膺に粟を生ずるものがある。

さらに彼は第二次大戦の大きな意義は「アメリカが自由と民主主義とを極東にもたらしたことである」と高言する（リーダースダイジスト、一九五〇年六月号二ページ）が、それはあまりに歴史を知らぬ者の言である。明治の初めには、日本は今よりもっとアメリカ化していた。上流婦人が今のパンパンの真似をしていた、いわゆる鹿鳴館時代はしばらくおくとしても、尾崎行雄氏の如き九十歳の老人が、アメリカに出かけ御馳走を受けて、日本語廃止論を放送したのとはちがって、明治の初めには、時の文部大臣であった森有礼が、堂々と日本語廃止論を唱えたのである。しかも彼は、ステッキで、伊勢大神宮の御幕を開けた、という理由で刺客にやられたのである。敗戦によってようやく、神社を一宗教に編入したくらいではない。文教をあずかる文部大臣の目に、すでに神社の尊厳はなかったのである。かくの如き事実を無視して、アメリカ・デモクラシーの日本移入の先駆者の如く錯覚して、自己陶酔に陥っていた元帥は、実にいい気な軍人さんである。元帥がもし世界的大政治家であるならば、明治維新以後の日米関係を検討し、一国の文化がいかに根強きものであるか、そしてその否定がいかなる反動をその国民に与えるかに思いを致し、日米国交のためにも、世界平和維持のためにも、日本の正しき文化・伝統を温存すべきではなかったろうか。

彼は九州大学で戦時中、俘虜の生体解剖をしたといって、看護婦まで罪にしたが、彼こそは日本の国を材料に使っていろいろなテストを試み民族国家の生体解剖をやったのではないか。憲法にしてもアメリカ陸軍の最高峰にいる身分にもかかわらず、第二次大戦をもって世界最終戦と錯覚し、日本においてまず、武力なくして国家が立ち行くかどうかの試験を試みながら、今になっては米ソ関係が今日のように悪化しようとは考えなかったと、臆面もなく放言しているのである。「日本よ、東洋のスイスたれ」と日本の立場も国際情勢もおかまいなしに叫んだ彼は、現実無視の空想家か、三流評論家としか考えられない。

二十万人の指導者たちを追放して、路頭にさ迷わしめたのは、あまりにも残酷かつ無責任な措置であった。これは侵略戦争に協力した責任を問うのではなくして、日本に革命を持ち込もうとする謀略であったことはアメリカの初期の対日方針に明記されてあるところだが、バランタイン氏が二十万人の指導者が追放されれば、だいたいその国は革命になるべきであるのに、日本は微動だもしない、不思議な国もあるものだと新聞記者に語っていることで明白だ。

三　再審査権の放棄

裁判所条例は第十七条に、最高司令官の判決審査権を規定している。これは戦争犯罪や占領統治の如き、最も困難な政治的考慮を要する案件は、法律一途で、技術的に結末をつけるべきでないという配慮から、とくにこの規定が設けられたものと考えられる。「連合国最高司令官ハ何時ニテモ刑ニ付、之ヲ軽減シ又ハ其他ノ変更ヲ加フルコトヲ得。但シ刑ヲ加重スルコトヲ得ズ」との規定よりすれば、判決直後の再審査のみならず、刑の執行中は何時にても刑の軽減其他の変更をすることができたわけである。むしろこの規定よりすれば、軍事委員会の審理、判決が軍司令官の処罰権行使の参考意見を述べるにすぎないのと同様に、極東軍事裁判所の判決は実質上、最高司令官再審の予備的手続きにすぎないといい得るようである。

しかるにマッカーサー元帥は一九四八年十一月二十四日特別宣言をもって、各被告の再審申し立てに対しなんらの変更を加えずと発表した。すなわち「国家の行動に責任を持つ人々が国際的道義の基準を作成し、法文化しようとして行なったこれら画期的裁判が持つ普遍的根本問題を批判するのは決して私の目的とするところではなく、また私はこの問題を批判するに必要な卓越した叡智をも持っていない……」と。とんでもない話だ。これではまさに重要なる最高司令官の職務を誤解し、これにタッチすることを回避し、その権限を放棄したものといわざるを得ない。

彼はまた「多くの人がこの判決にちがった意見をもつことは避けられないであろう」という。冗談ではない、彼は批判家として選ばれたのではない、チャーターは彼に対し彼自身の考えで判決を変更し得ることを規定しているのである。

さらに彼は死刑執行の日をもって「世界が維持され人類は滅亡せざるよう、神の助けと導きを求めて祈りを捧げるよう」にと要請した。これでは彼は最高司令官ではなくして、一牧師にすぎない。最高司令官の再審査権はさような、技術的かつ儀礼的もしくは宗教的な行事ではなく、占領統治の完璧と世界平和の確立とを期するための宝剣であったはずだ。しかるに彼の政治的無能はついにこの宝剣の活用を放棄して、国際法上幾多の問題ある新制度で、しかも事案の内容には多数の疑問のあった東京裁判を、ドイツでさえも三人の無罪があったにもかかわらず、少しの是正も加えず確定させてしまったのである。

彼は「この裁判が下した厳粛な判決の完全さについて、人間の機関としてこれ以上信頼できるものはあり得ないであろう。もしわれわれがこのような手続きやこの人たちを信頼できないとすれば、なにものも信用できなくなる。したがって私は軍事裁判の判決どおり刑の執行を行なうよう第八軍司令官に指示する」と声明しながら、二年後の十月十五日のウェーキ会談においてはトルーマン大統領に「東京裁判は誤りであった」と報告しているのである。

また彼が罷免されて帰国するや一九五一年五月三日（日本では五月四日）アメリカ上院の軍事外交合同委員会の聴問会では、日本の開戦が自衛のためであって、侵略ではなかったことを証言して左の如く述べた。

日本の潜在労働者は量においても質においても私がこれまで知っている中の最も立派なものの一つである。しかし彼らは労働者があっても生産の基礎資材を持たない。日本には蚕のほかには取り立てていうべきものは何もないのだ。日本人はもし原料供給が断たれたら、一千万から一千二百万が失業するのではないかと恐れている。それ故に日本人が第二次大戦に赴いた目的はそのほとんどが安全保障のためだったのである。

もし以上の言葉が真実なら、彼は何故に戦犯判決の再審において考慮しなかったか。またもしその認識が再審申し立て却下以後であったなら、何故その後において改めて恩赦を施さなかったか？条例第十七条は最高司令官の判決変更権に対し時期的にも内容的にも、受刑者の利益のためにはなんらの制限を付していないのである。

四　離日の際の態度

一九五一年四月十一日彼は突如として現任地において解職され帰還することになり、同月十六日羽田空港を出発した。アメリカ国民待望の凱旋将軍が現職を剥奪され、囚人の如く帰還しなければならなかったことは、まことに気の毒なことであった。

著者は彼の解職の真の原因を知らぬ。したがって彼が反共の英雄なりや、アメリカ国軍の獅子身中の虫なるやを知らない。ただ彼が未来ある将軍であり、大政治家であるならば、いま少しく冷静に落ちついて、手落ちなく退去すべきではなかったかと思う。

彼が一私人となって離日するに当たっても、なお自分の手にかけて殺した、日本軍人を祭る靖国神社に榊の一本も供えようとしなかったことについて、彼が真に武士道を理解する軍人であるかどうかを疑う。

さらに明日の同盟国日本を去るに当たって、その国民の象徴たる天皇陛下にお別れの挨拶にさえ伺わなかったことを見て、彼が果たしてアメリカ将来の指導者たる人物であるかを、疑わざるを得ない。いわんや彼はそれまで数回にわたって陛下の御訪問を受けていたのに威厳を考えてか、未だ一回も答礼をしていなかったのである。

彼は帰国に際してはゾルゲ、尾崎秀実事件の膨大な資料を持ち帰って、アメリカで発表した。それはソ連が日本政府の機密を盗んだばかりでなく日本を駆って支那事変や、大東亜戦争に追い込んだ大隠謀事件であって、この事件を十分に検討すれば開戦の経緯も、敗戦の事情も判明するといわれている事件である。

東京裁判においてはソ連の日本侵略に関するこの有力なる証拠の提出をついに拒否したのであったが、元帥はその資料をアメリカ陸軍に送り、一九四九年二月十日、陸軍省より発表せしめ、ゾルゲにより好ましき人物と讃えられた数多くの人名を発表することに依り、アチソン国務長官をとり巻く国務省内外の左派攻撃の資料たらしめた。

この資料に対するこれほどの認識があるならば、東京裁判における検事側の態度もいま少し変わるべきではなかったか。さらにまた、再審の場合においても、十分考慮さるべきではなかったかと思う。

彼の退去がいかに匆々であっても、彼はその占領統治中最も大きな破壊的打撃を日本に与えた日本固有の帝国憲法の復活手続きだけは果たすべきであった。こんな占領軍の施した大変革の後始末が、弱り切っている敗戦国民の力でどうにもならないこと、そうしてこれをこのまま放置しておけば日本は大混乱に陥ることは、彼といえども十分に知りつくしていたことと思う。果たして然らば、彼自ら、地ならしをして元通りの形にして引揚ぐべきであった。もし彼にその暇がなかったなら、後任のリッジウェイ司令官に申し継ぐべきであったが、それもなされなかった結果は、目前に見るような日本の混乱だ。これは日本の憲法が正常の姿に復するまで続けられるであろう。占領当初の米ソ蜜月旅行中の結晶をそのままにして離日した彼の責任は、今後、日本がほんとうに再建されるまで解除されないのではあるまいか。

第十五章　東京裁判の反省と将来への希望

以上の各章によって東京裁判がいかように裁かれ、そしていかに失敗であったかをいちおう述べた。著者は最後に、その失敗の原因がどこにあったかを、戦争裁判そのものの正しき育成のためにここに要約的にまとめて記述し結論としたい。

一　戦争裁判自体の持つ本質的欠陥

戦争は犯罪か

各自が絶対主権を持つ国家間において、紛争を解決する方法は条約による互譲か、戦争以外にはない。したがって戦争は功利一点張りの現在の国際社会においては紛争解決のやむを得ざる一方法である。

不戦条約の如く侵略戦争を非とする条約は存するけれども、現在では侵略戦争を違法としたり、犯罪としたりして国家は勿論、個人にまで刑事罰を科する段階には到達していない。侵略戦争を犯罪として刑罰の対象とするには、その前提としてさような規範を成立せしめ得る奉仕態勢の国際社会ができ上がらなければならない。

侵略戦争とは何か

侵略戦争を犯罪とするにはまず侵略戦争とは何ぞやとの侵略概念を確定しなければならないが、現在までのところ、諸説区々として一致せず、自衛行動の範囲、方法は各国自らの決定に従うのほかはない実情である。（ケロッグ声明）

東京裁判においてもし有罪の判決を与えんとするならまずこの概念の確定が先決であったが、インド代表以外の多数判事は日本の侵略は、法廷憲章に既存事実として規定されてあるから、法廷はこの至上命令に従うべきであると考えた。

学者の意見によれば、侵略の条件は、強力の行使とその主導性である。そして主導性を決定するのに㈠第一撃説、㈡平和的紛争処理拒絶説、㈢現状打破説等がある。

故に太平洋戦争の侵略責任を決定するには、まず基本たる条約を検討し、ついで国家の政策遂行の手段として、現状打破のために強力を行使したか否かを決定すべきであるのに、「判決は反対に、本裁判所は訴因第一に付属した細目に明記されているところの条約、協定および誓約に違反した戦争を遂行する共同謀議が存在したかどうかを考慮する必要を認めない。侵略戦争を遂行する共同謀議はすでに最高度において犯罪的なものであった」と記載して侵略概念の確定を回避した。

個人責任と国際法

国際法は国家間の関係を規制して個人を対象としない。被告らが日本政府の構成者としてなした行為は国家の行為であって個人の行為ではない。いかなる国家も個人も、その国家行為については個人が処罰を受けてもよいという承認をいかなる条約においても与えたことはない。またもちろん国家主権を制限して、国家行為に関し他国の干渉を受けても異議なしとの承認を与えた事実もない。

一国の法は、国際法に違反する他の国家の行為に対して、制裁を加える規範を含むものではない。故に当然国内刑法の対象となるべきいわれはない。したがって個人責任を承諾した特異の場合を除き、国際法による個人責任の追及は妥当を欠くといわなければならぬ。以上の疑問を解決せず本件の有罪を断じた多数判決は法に基づかない裁判といわざるを得ない。

二　極東国際軍事裁判所の機構上の欠陥

裁判所条例の法的根拠

裁判所条例（法廷憲章）は、マッカーサー元帥が、最高司令官として制定したものである。それが占領軍の権能としてなされたものか、日本国の主権を代行したものであるか明瞭を欠く。

占領軍といえども占領地住民に対して、生殺与奪の権利を有するものでない。戦争が侵略であってもなくても、勝利は勝者に対して、無制限的権力を付与するものでない。故に現存する国際法の域を越えて。戦争犯罪に関して新定義を下し、これに基づいて処罰することは、現在の国際法上許されていない。勝者は国際法上その手に落ちた俘虜を、既存の戦争法規違反者として処罰することは認められているが、俘虜の責任に影響を及ぼす「事後法」を制定して施行、裁判、科刑することは認められていない。ポツダム宣言も降伏文書も、今次戦争以外の過去における日本国が関係したいっさいの不法行為について、審判を受けることを承諾した規定はない。

また無条件降伏は当然に戦敗国の主権を戦勝国に移すという意見もあるが、国際法学者によって支持されていない。ことに日本は征服されたのではなく、ポツダム宣言を受諾したためその条件の範囲内で占領されているにすぎない。そして同条件には日本国軍隊だけの無条件降伏はあったが日本国または日本国民に対する絶対主権を戦勝国たる連合国ないしその最高司令官に付与したものはなかったのである。

条例と国際法

インド代表パール判事以外の十判事はひとしくこの条例をもって絶対的なものとして、裁判官もすべてこれに拘束される、いな裁判官のあらゆる権能はこの条例を唯一の源泉としてこれより発生するものと解釈した。これに対してパール判事はその単独意見でつぎの如く論じた。

本裁判所条例は、国際法の権威を無視することはできない。また本裁判所は、国際法の権威に基づいて、本裁判所条例の諸規定が法律上有効であるか否かの疑義を挟む権限を十分に有している。

戦勝国はその国自体の主権的立法者の資格において、国際法が定義し決定した戦争犯罪をおかしたことについて、拘束中の捕虜を裁判する権利を有するかもしれない。しかしながら戦勝国にかような裁判のために設けられた裁判所の施行すべきものとして、この点に関して法律を確定するところの立法をなす権利があるとは、国際法も文明世界も認めていない。

国家がその捕虜に対して有するかもしれない権利は、同国の主権から由来するものでなく、国際法によって国際社会の一員としての同国に附与された権利である。

故にパール判事の意見によれば「本条例は戦争犯罪を定義しようと意図するものでなく、たんに裁判において審理されるべき事柄を規定するにとどまり、裁判に付せられた人々がどのような犯罪をおかしたかを―もしかような犯罪をおかしたとすれば―国際法に照らして決定することは、これを裁判所に任せているというのである。

条例内容の欠陥

国際裁判の設置を企及するにおいては、裁判官を公平なる第三国人に求むべきであったことは言をまたぬ。またもし戦勝国民を加入せしむるなら、戦敗国民も参加せしむべきであった。けだし国際的司法権の行使は、世界人をして一点の疑いの余地のないまで公正に行なわれていると信ぜしめることが、根本的に重要であるからである。

被告を戦敗国民に限り、本裁判所条例はただ日本人を処罰するためにのみ制定されたことは法の普遍的意義を持たず特殊な人種、特殊な地域に限って効力を持つとすれば、それは明らかに法として価値を失うものである。いわんや国際法としては、致命的欠陥というべきであろう。

本条例が、事後法として制定され、遡及的に効果を認められたことも重大なる欠陥であった。遡及効を認めるかどうかということは、一国の内部においては立法技術の問題であって主権と抵触するものではない。しかし国際的にはその行為の当時、違法でなかったものを、事後、戦勝国において勝手に規定し、無制限に過去の行動に関して敗戦国民を処罰することは、絶対主権の存在しない現国際社会においては許さるべきでない。

罪刑法定主義の問題としても、もし国際社会において戦争犯罪が認められるとするならば、厳正なる規定――国際刑法ないし国際刑事訴訟法の存在が必要になる。いたずらに国際法を拡張解釈したり、慣習法を創定したりして、国際犯罪による刑事責任を科すべきではない。

条例第五条の平和に対する罪、人道に対する罪の規定が、戦争犯罪を定義したものであるかどうかは、インド判事対十判事間に意見が一致しなかったところであるが、すでに前項詳説の如く著者はパール判事と全然見解を同じくするものであって、かくて始めて戦勝国民の増上慢より国際法の尊厳を守り得るものと信ずる。

公務の執行に対し、公務上の地位や上司の命令の弁明を許さぬとすれば、国家機関の実在を否定し、さらに刑事責任の条件たる犯意を無視するものであって、言語道断というのほかはない。

三　東京裁判運営上の失敗

平和の建設に貢献せず

露骨な復讐観念に基づいて、戦争の継続として書きおろされた脚本による演劇という以外、なんらの興味を与えなかった。そして世界平和への躍進を期待した多くの関係者を失望せしめ、平和確立のいかに困難なるかを歎ぜしめたにすぎなかった。

国際法の権威を失墜

連合国は戦勝の余威を駆って、国際法を曲解し悪用し冒瀆した。国際法は各国の固有法よりも厳格に公正に、存立価値を発揮しなければならぬ。その普遍性においてはた尊厳性において、平和の女神の妙なる奏楽でなければならぬ。戦勝国が武器を捨てた戦敗国民に対して加える私刑をもって、国際法による国際裁判と僭称し、法に基づかざる裁判を敢行したことは二十世紀文明の冒瀆であった。

事実認定の誤謬

二十年近く一貫した世界侵略の共同謀議が日本に存在したというテーマはまさに滑稽な茶番であった。満州事変を太平洋戦争に結びつけた苦心はいかにソ連の立場を擁護するためとはいえ醜態をさらした。ヤルタ協定に始まるアメリカ外交の失敗が本裁判で決定的に烙印を押されてしまった。

日本の伝統を破壊し処罰せんとしたところに占領統治の二つの大きな政策―戦犯と追放とのミスがあった。長い間日本を支えて来た力――それは現在アメリカの最も必要を感じているものであるが、占領統治は実にこの力の破壊に集中されたのであった。東京裁判の事実の誤認――それは人についても、事柄についても、ことごとく誤ったものであったが、われわれはこれをたんに法廷だけの無知――もしくは過失とは考えない。それは本件記録を一見すればただちに判明する事実である。

四　失敗の原因

開催時期の問題

戦争が終結しても硝煙未だ消えず双方の興奮なおさめきらない時期に公正な裁判を行なうことは無理である。本裁判もピストル携帯のMPにとり巻かれ、槍の柄の連合国旗を背景に、憎しみのまなざしをもって裁判長は「この裁判所は日本を屈服せしめた連合国の代表者をもって構成された裁判である。被告らが従来いかなる重要な地位を保有していたとしても、これがため彼等は最も貧しき一日本兵卒あるいは一朝鮮人番兵などが受ける待遇よりもよりよい待遇を受けしめる理由とはならぬ」と侮辱的宣言をしながら開廷したのであった。

戦犯裁判を回避して逮捕の前日（二〇・一二・一六）自決して公卿の清節を残した近衛文麿公はその遺言の中でこの時期の不当を歎いてつぎの如くいっている。「……戦争に伴う昂奮と勝てる者の行き過ぎた増長と敗れたる者の過度の卑屈と故意の中傷と誤解に基づく流言蜚語と是等一切のいわゆる世論なるものも、いつかは冷静を取戻し、正常に復する時も来よう。その時はじめて神の法廷において正義の判決が下されよう」と。

著者は、戦争裁判は戦後二、三年を経過し講和会議も済み、戦争の総決算もついた後、冷静に審理されるべきものと思う。もしそれ犯人の逃避や証拠の散逸の如きは検察当局において保全、収集、調査しておけばよいのである。

裁判のやり方

裁判長の態度や能力、なかんずく日本の国情と日本語に対する理解のなかったこと、ソ連と中国(中共系の梅判事)の判事が敵意をもって裁判官席に頑張っていたことは、本裁判が不明朗であった根本原因であった。パール判決書は「法律の問題は法的学説や紛争の局地的歴史のみをとらえて、他のいっさいを強制的に排除した知的立入禁止区域では決定されない。われわれは紛争が生じた世界について無知ではあり得ない」と論じている。

長年月を要したことも弁護人が無駄な時間を空費したためというよりは、裁判長の口出しが多かったことと、検事側の異議に対する論議に不必要な時間をとったことが主なる原因であった。

検事側においても、キーナン首席検事の態度が傲慢で好感が持てなかった。イギリス代表のコミンズ・カー検事はよく勉強したが、彼の唯一の資料が巣鴨において日本語に熟さない二世通訳によって作成された誤った検事調書であったため彼の認識の根本に誤謬があった。

遵法精神の欠如

現在の国際法においては一国または数国が戦争法規違反者を裁く狭義の戦争裁判の場合も、また本件の如く広義の戦争裁判の場合も各国ができ得ることは国際法の権威の下で、その範囲内において裁判所を組織し審理し得ることであって、決して各国固有の主権の行使としてなし得るのではない。したがってどこまでも現在の国際法の範囲内においていっさいの行動がなされなければならぬ。

連合国はこの明白なる筋道を立てず、戦勝国の特権でもあるかの如く錯覚して、戦争犯罪に新定義を付して裁判所条例を制定し、これに基づいて審理、処罰したのである。これは連合国が戦勝に驕り、国際法の権威を冒瀆したものであって、国際正義のために遺憾に堪えない。

更に国家行為を個人の責任に帰したことは国家間の行動を律すべき国際法を曲解したもの、また国家的地位や上司の命令が行為者の責任解除の効果をもたらさないことに定められたことは、国際法の本質や刑事責任の根源をなす犯罪の構成要件たる故意や違法性の問題を無視するもので、法の権威を失墜することおびただしい。ことに遠隔の地にある出先き軍の行動について中央で責任を負うには取り締まり可能の範囲でなければならぬ。もし不可能の事項に関し責任を負わしめ処刑するとすればそれは文明の法による裁判とはいい得ないのである。

ニュルンベルク裁判への追随

戦争裁判制度は明白な不法行為―それはいずれの国でも司法的に（道徳的や政治的でなく）犯罪と意識する行為を国際法的に処罰せんとすることにおいて始めて正当化されるのである。

そしてナチスの場合はかなり適切にこの原理が具体的証拠によって裏付けられて、ニュルンベルク裁判は一おう司法裁判の形を整えることができた。しかるに日本の場合は本質的にドイツと立場が違っていたにかかわらず、東京裁判をひたすらニュルンベルクの先例に追随せしめんことを企てたので、一般司法裁判としての価値を失わしめたばかりでなく、根本的に戦争裁判の原理までもが疑われる結果に陥ったのである。すなわち両者の差異を列挙すればつぎのとおりである。

(一) 日本は完全な憲法により運営せられヒトラーのような独裁者はいなかった。天皇は憲法による輔弼に従って行動されたにすぎぬ。東京裁判の条例が「元首」を削除したのはこれを是認したためであろう。

(二) 日本にはナチスの如き一国一党の政府党はなかった。したがって翼賛会の内部においてさえ徹底した言論の抑圧はなかった。

(三) 日本には世界侵略若くは極東侵略の共同謀議はなかった。日本が二十年間一貫して悩み続けたのは、いかにして赤の侵略から国家や国体を護り抜くかの一点にあった。

(四) 日本には宗教上、政治上、人種上、他民族を迫害するようなことはなかった。神国民の自覚はあったが、それは他民族を軽視する選民思想とは違い、神の理想に奉仕せんとする自粛自戒の精神にすぎなかった。

(五)　日本には侵略をにくむ仁愛思想や、世界の平和を念ずる四海同胞―八紘為宇の思想、皇道があった。荒木陸相の非常時日本の映画講演はナチの宣伝映画とはおよそ違うものであることは法廷もこれを認めた。

(六)　日本にはドイツの親衛隊や突撃隊のような政府や党の政策や綱領を実行する組織はなかった。翼賛会は全然その趣きを異にする存在であった、したがって占領軍がドイツの犯罪的組織者と同視して追放した者はことごとく反共分子であった。

(七)　日本はドイツの全面的崩壊とちがい、ポツダム宣言受諾なる条件付降伏をしたのであって、ただ軍隊だけが無条件降伏をしたにすぎなかった。

以上の如き重大なる相違があるにかかわらず、多数判決は、法律論はことごとくニュルンベルク判決を援用し、ひたすら追随に終始し、事実論も日本の特殊事情に耳を覆い、これらを無視してドイツより苛酷な判決をいい渡したのであった。すなわちニュルンベルク判決は二十二人の被告中死刑十二人、無期三人、二十年二人、十五年一人、十年一人、無罪三人であった。

平和の希望に真剣でなかった

連合国は戦勝に眩惑され、真の世界平和の希求に真剣味を欠いた。もし真の世界平和を欲求するなら、戦争原因の探究に真剣でなければならない。サンフランシスコ条約においても第二次大戦の真の原因であった日本の人口問題に少しも触れるところなく、第十一条にはすでに平和が回復したのにかかわらず、戦犯者だけを旧敵国の管理下に置くというが如き時代錯誤をあえてしているが、東京裁判全期間を通じ連合国が本気で将来の世界平和の確立のために、この裁判をしていると信ずべき片鱗も認められなかった。

犯罪には種々雑多な原因があって、いかに犯人を厳罰に処しても犯罪は尽きない。戦争犯罪においても猫が窮鼠を責めるような態度を清算して相共に協力して戦争原因を究明して、世界平和に奉仕するの態勢を整うべきであった。しかも世界はいまや原子力時代に入っているのである。もはや一国や一民族の勝敗の問題ではなくして、地球が破滅するか、現代文明が亡びるかどうかの問題にまで進んでいるのである。この世界の大勢、科学の発展に思いを致さず旧態依然として百年前の封建時代さながらの国家間、民族間の対立を事としたのはあまりにも無自覚ではなかったか。

残虐行為を文明裁判の名の下にくりかえした東京裁判を回顧し、復讐、また復讐、恨みの尽きることなき世界の末路を考えると慄然たらざるを得ない。

国際法の逆転

国際法の確立は国内法と異なり非常な忍苦が必要である。過去における国際法学者や指導者たちのたゆまざる努力により、遅々たる歩みではあるが少しずつ国際社会の秩序の建設がなし遂げられてきた。それがニュルンベルクと東京の裁判で数世紀逆転してしまった。勝ちに乗じた、戦勝国の不合理な弱肉強食的報復行為が国際法や文明の名の下に敢行されたことはまことに遺憾にたえない。三百年前のウエスト・ファァリア条約でさえ互いに過去の恨みを忘却して許し合うことを規定しているのにくらべればまさに三世紀の退歩である。

しかもその内容において従来たんなる戦争中の戦争法規違反者に限られた戦時犯罪とは全然趣きを異にし、戦争そのものの責任を問い、平和に対する罪、人道に対する罪を戦勝国だけで創設し、これらに対する特殊な個人責任を認めて指導者の不作為責任まで規定するにいたったことは、国際法の進歩に非ずしてまさに大なる逆転であった。

そして本件における犯罪時を一九二八年（昭和三年）一月一日より一九四六年九月二日（降伏文調印日）までの間としているが、とくに本件の共同謀議の始期を一九二八年としたところに連合国の苦心が窺われる。なんとなれば一九二八年はパリ条約締結の年であって侵略戦争否定のケロッグ・ブリアン条約が成立したのであった。連合国は彼らの長い過去の行為がとうてい侵略の責を免れ難いと観念したので、この条約以後の分だけが侵略戦争であると主張せんがためにこの始期を選んだものであろう。そして極東関係において彼らの行なった、イギリスのビルマ、マラヤ、シンガポールの領有、香港の略取、中国各地の租界占拠や、オランダのジャワ、ボルネオ、セレベスの植民地化や、フランスのラオス、カンボジア、トンキンの攻略、アメリカのフィリピン併呑、ロシアのシベリア、蒙古、満州進出等は侵略でないと強弁して恥じないであろう。

五　失敗の自認

東京裁判が失敗であったことはアメリカの占領統治の失敗とともに世界の知識人のひとしく認め

るところである。インド代表パール判事によって指摘されたあらゆる矛盾が、いまや覆い隠すことができなくなっている。全被告無罪のパール判決はたんなる反米的感情の表現ではなくして、真に国際法を守らんとする学者的良心の発露である。この真摯な博士の態度が理解されて、いまや各国国際法学者において尊敬の念をもって真剣なる再検討がなされつつある。

米英仏等連合国の首脳は、表面的には東京裁判の失敗や、パール判決を是認するほどの良心と勇気とを、持ち合わせていないようであるが、学者や実務家は、次第に反省の色を示しつつある。左にその一端を摘記して見よう。アメリカ陸軍法務官プライス氏はすでに一九四五年十二月、ニューヨーク・タイムスにつぎの論文をのせた。

東京裁判は、日本が侵略戦争でやったことを、懲罰する裁判だが、無意味に帰するからやめたらよかろう。なぜならそれを訴追する原告アメリカが、明らかに責任があるからである。ソ連は日ソ不可侵条約を破って参戦したが、これはスターリンだけの責任でなく、戦後に千島、樺太を譲ることを条件として、日本攻撃を依頼し、これを共同謀議したもので、これはやはり侵略者であるから、日本を侵略者呼ばわりをして懲罰しても精神的効果はない。

チャールス・ベアード博士は、歴史学、政治学の泰斗として有名で、日本にもかつて二回ほど来朝したことのある人であるが、「ルーズベルト大統領と一九四一年戦争の形態と実際の研究」なる著書を発表し、公式記録だけから資料をとって「日本が真珠湾を攻撃するより数カ月以前にルーズベルト大統領はアメリカをして海外に秘密なる軍事行動をなさしめた」ことを指摘した。

これにはアメリカの要人たちも、博士が学界の権威だけに弁解の余地なく「もしそうなら戦犯も追放もあったものではない。アメリカから日本に謝罪使を送らねばなるまい」という者や「いまさら謝罪もできないから、この上は一日も早く日本を復興させて以前に戻してやらねばならぬ」という者もあったそうだ。

ウイリアム・O・ダグラス判事は、東京裁判の被告らがなした、アメリカ大審院への再審査請求事件に対し、一九四九年六月二十七日意見書を発表したが、その中に「国際軍事裁判所は政治的権力の道具以外のなにものでもない」と批判している。

マンレー・O・ハドソン判事はその著「国際裁判所の過去と将来」において左の如く論じている。「政治機構に関してどのような発展が、まさに行なわれようとしているにせよ、国際法の及ぶ範囲を拡大して、国家もしくは個人の行為を不法とし、これを処罰する司法作用を包含させるには、現在は未だその時機が熟しているとはいえない。」

イギリスのハンキー卿はその著「戦犯裁判の錯誤」（時事通信社刊）においてつぎの如く論じている。

……私の攻撃は、これらの国際戦争犯罪裁判の政策とこれを考え出した人々に向けられたものである。その理由は、これらの裁判は人間の生命と歴史の審判の前に立つ国家の名誉とを裁く上に不可欠な、最高の正義を実行しえないということである。

マッカーサー元帥が、ウエーキ会談において、トルーマン大統領に東京裁判は誤りであったと報告したことと、帰米後上院で「日本が第二次大戦に赴いたのは安全保障のためであった」と侵略を否定し自衛を是認する証言をしたことは既に述べたとおりである。

ハワイ攻撃飛行隊総指揮官淵田美津雄大佐が、元大統領トルーマン氏を訪問した際「日本だけがいつまでも悪者にされてたたかれるのはどうだろう」と水を向けると、トルーマン氏は「神の前では双方に罪がある」と返事した。そこで大佐はすかさず「しかし大統領時代にはあなたはそんなことはおくびにも出さなかったではないか」とたずねたら「大統領時代と百姓親爺の今の自分とは立場が違うからね」と笑って答えたそうだ。(二八・五・一〇、朝日)

一九四九年一月十一日のワシントン・ポスト紙はその社説でつぎの如く論じた。

アメリカの名声はいわずもがな、正義の名声まで東京裁判によって傷けられたことがいよいよ明白である。

六　将来への期待

多数判決は国際法の先例たり得ぬ

すでに述べたように東京裁判の判決は、たんに過半数の支持を得た多数派判決にすぎぬ。したがって国際法の先例たり得るものでない。国際法は文明国のすべてか少なくとも圧倒的大多数の支持を基礎としなければならぬ。しかし遺憾ながら連合国の検察万能主義者たちは、結果が失敗であろうがなかろうが、東京とニュルンベルクとの両裁判を、国際法の二大先例として宣伝し、今後も機会あるごとにこの裁判形式による報復行為をくりかえそうと努めるであろう。

戦争裁判実施の条件

著者は深き期待をもって東京裁判に関与しただけに、連合国の悪用、失敗に対しては衷心より遺憾にたえない。しかし平和に対する熱望と、法律家の一人として、戦争裁判制度の確立に対する念願は依然変わるところはない。しかして著者は戦争裁判制度が、世界の平和確保に貢献するためには少なくとも左記の事項が文明諸国によって実施されることを期待する。

大宣言の発表

二十世紀文明を担当する世界の文明諸国はその権力主義を反省し、闘争本位より脱却し、世界はこのままの状態で進めば破滅のほかはない、今はすでに原子力時代に入っていて、戦争も従来のような交戦国間の利害や勝敗の問題をはるかに超越して地球の破滅——少なくとも現代文明の崩壊をもたらすおそれがある。文明諸国はこの時代認識の上に立って、戦争回避に最善を尽くすべきことを警告する。そしてこの新平和策の一環として、戦争裁判の法理と機構を、真剣に考慮すべきことの大宣言を発する必要がある。

国際法の確定

この危機に直面せる現代世界を守る基礎観念として、国際法の確立を考慮すべきである。まず侵略戦争の被害者は、被侵略国に非ずして国際社会であることを認識すべきだ。したがってこれが救済も処罰も、世界全体の責任においてなすべきであることを明確にする。この意味において戦争裁判に関する国際法は名実ともに各国の利害調節法より全世界の安全保持法に飛躍する。

常置機関

共同宣言国は、右の趣旨にそうべく、まず立法機関を設置する。もし直ちに立法機関を設置することが困難ならば、一大調査機関を設置し、立法その他の調査、研究にとりかかる。

立法機関は戦争犯罪裁判に関する国際刑法や、国際刑事訴訟法、国際裁判所構成法等を制定し、これに基づいて執行機関を設定する。国際連合にもその憲章第十三条にはこれらの問題に関する研究発議を規定しておるけれどもこの新しい常置機関は、動きのつかない現在の国連を利用するよりも、むしろ国連外に設置して、これを中心として敵本主義を持たぬ真の世界平和機構としての成立を期待する。

東京ならびにニュルンベルク裁判の廃棄

すでに今次東京、ニュルンベルク裁判の失敗を是認する以上、その廃棄は当然である。連合国の名において廃棄宣言ができないなら、前記の戦争裁判調査機関において、訴願受理の方法を設けてもよい。過を改むるに憚ることなかれ。国際正義の確立と、平和機構の設置とは急速を要する。戦勝の余威をかって、国際裁判を僭称して、私刑を敢行した非違は、速かに真の文明の名における廃棄宣言によって禊祓さるべきである。

受刑者の解放と権利の回復

かくの如くしてこの戦争裁判の違法が明確になれば、裁判によって被害を蒙った者の権利は回復さるべきである。回復し得ない権利は損害を賠償さるべきである。終戦後なお未だ拘束を受けている者は、速かに釈放して、自由を与うべきである。サンフランシスコ条約第十一条の如きは直ちに廃棄せられんことを、当事国家に対して要求すべきである。そして過去の誤謬のいっさいが、将来生まれ出ずる真実なるものの縁とならんことを祈る。時代はまさに急ピッチで自然科学の発達を促がしつつある。人文科学が、これに遅れぬよう進歩しないと、二十世紀後半の世界文明は跛行状態となり、破滅の外はあるまい。著者は自然科学界における核兵器の発明に伴い得る、立派な戦争裁判制度が確立され、真の世界平和の樹立に、貢献せんことを祈ってやまないものである。

索　　引

#〔解　説〕

佐藤和男

このたび名著の誉れ高い菅原裕氏の『東京裁判の正体』が初版発刊から四十年の歳月を経て、国際倫理調査会会長・矢崎好夫氏の憂国の至情に基づくご支援により、復刊の運びとなったことは、日本の国家・国民のために一大慶事であるといっても過言ではない。

戦勝連合国が戦敗国日本の戦時指導者を断罪した悪名高い東京裁判において、元陸軍大将荒木貞夫氏の弁護人をつとめられた菅原裕氏の精魂こめた労作である本書は、同裁判を主として法的――特に国際法的――観点から鋭利に究明・批判するとともに、同裁判の国際政治的背景および意味についても精密に追究・分析していて、東京裁判関係の多数の出版物の中でも、出色の基本的文献と称されている。

学生時代に東京裁判を傍聴し、それが契機となって、爾後同裁判に関する国際法的考究に遅々たる歩みを進めていた筆者が、本書と出会った時に覚えた大きな感動と歓喜は、いまだに忘れることができない。

本書に序文を寄せられている清瀬一郎博士（東京裁判の日本人弁護団副団長、東條英機元首相の弁護を担当された）は、東京裁判に関係した者が「同裁判の正確なる事実と、透徹した批判を、後世に伝える重大責任を負担して」いて、「根拠ある法理を闡明して法律適用の過誤を論定せねばならない」が、「熱血漢である」菅原氏が「われわれ弁護人の共同の責任をかくも見事に、かくも速やかに果たして下さった」ことに対して「感謝と尊敬の念を禁ずることはできません」と、本書に激賞の言葉を贈っておられる。

筆者の知る限りでは、本書は、限られた範囲内の研究者やジャーナリストの間ではきわめて高く評価されているが、遺憾なことには一般国民の間にはさほど広く流布されていない。

著者の菅原氏は、本書の原稿を、日本と連合国との講和の成立後間もない昭和二十八年秋に書き上げて、翌二十九年一月に清瀬一郎博士の序文を受け取り、出版について有名作家であった吉川英治氏と相談されたが、吉川氏の慎重な助言に従って時機を待たれること七年、遂に昭和三十六年初秋にいたって時事通信社社長の長谷川才次氏の共鳴を得て、同年十月に同社から本書を発刊されたのであった。

現時点での筆者の忌憚なき感想を述べれば、本書は原稿が完成した昭和二十九年当時に出版されていてほしかったとつくづく思う。そして、日本の政治家を自任するすべての人びとが、また心ある日本国民のできるだけ多くの方がたが、本書を精読し学習して、独立回復後の日本の内外進路を決定する上での不可欠の指針をそこから見いだしてほしかった。本書の内容の学問的水準の高さは、当時の凡百の法律学者のとうてい及び得ないものであった。被占領期間中に、東京大学法学部の国際法専攻の某教授は、口をきわめて東京裁判を賞讃し、自身が同裁判の翻訳係にまでなり、新聞紙上に、昭和天皇の戦争責任を追及した挙句の天皇退位論まで繰り広げる有様であった。

本書が実際に公刊された昭和三十六年秋の以後にも、日本国内の政情や民心の動向は、本書の一般的普及に有利なものではなかったことを、筆者は記憶している。

歳月は迅速に流れて、菅原氏が本書の執筆を完了されてから間もなく五十年が経過することになるが、当時とは国内事情も国際情勢も大きく変化した現在、日本国民が国家・民族の主体性に立脚して、冷静にして客観的な眼をもって、東京裁判を含む被占領期の経験をかえりみるべき秋が到来したといえるのではなかろうか。

もちろん、およそ五十年の間に、本書には記述されていない幾多の新事実が明らかにされ、新研究が公にされていることは事実である。だが、本書が、東京裁判という特異な歴史的事件への接近のための最良の基本的文献の一つである事実には、少しも変わりはない。二十一世紀初頭に読者諸賢が新たに本書を熟読・熟読・精読・愛読されんことを切に願ってやまない次第である。

平成十四年七月記

〔追　補〕

本書のよりよき理解に資するために、東京裁判に関連する国際法上の主要論点を整理するとともに、原著出版当時には必ずしも明らかにされ得なかった若干の問題点について補遺的に説明を加えた下記一文を、掲載させていただく。

（解説者）

国際法から観る戦争と平和

――大東亜戦争と東京裁判――

はじめに

日本が三年八カ月に及ぶ先の大戦の終結に踏み切ってから、今日までに既に五十有余年の歳月が経過している。

戦争を前線であれ、はたまた銃後であれ、身をもって経験した世代の人々が、日本の全国民中に占める比率が、急速に低下しつつあることは、まぎれもない事実である。

軍事的勝利を収めた連合国の軍隊（米軍を主体とするもの）による占領行政によって、日本の国家と社会は大きな変革を——良きにせよ、悪しきにせよ——余儀なくされたが、とりわけ日本国民の一般的歴史観の中で、いわゆる東京裁判史観なるものが、相当に有力な地歩を占めるに至っている事実は、明らかに認められる。

東京裁判史観とは、昭和二十一年五月から昭和二十三年十一月までの期間、占領軍が設置した極東国際軍事裁判所（International Military Tribunal for the Far East）が、わが国の戦時指導者を〝国際法に準拠して〟裁いたあげく、昭和三年以降の（時にはそれ以前の）日本の対外軍事行動を違法行為もしくは犯罪と認めて断罪し、その判決中に（主文に先立ち）延々と繰り広げた「日本イコール悪玉」とする史観のことである。

被占領時代以降のいわゆる戦後教育——その内容は戦前・戦中の教育に較べて明らかに異質であり、歴史教育の面では自虐性が目立っていた——を受けた日本の若い世代は、そのかなり多くの部分が、この東京裁判史観によって程度の差こそあれ影響を与えられており、極端な場合にはそれによって呪縛されさえしていると、見ることができる。

日本の（広い意味での）戦時指導者たちを最後には犯罪人と決めつけて処罰した極東国際軍事裁判所による裁判（東京裁判と通称されている）は、前述のごとく、「国際法に準拠して」日本の歴史的行動を裁くという建前を豪語していた。つまり、連合国側は、東京裁判は決して戦勝国による敗戦国への勝手気ままな復讐ではないと、あえて強調していたのである。

学生時代に東京裁判を傍聴してその歴史的光景を目撃した筆者は、法律学を専攻する過程の中で、この東京裁判の性格や実態を「国際法に準拠して」考究するために比較的多くの時間を注ぎ、諸外国の国際法学者とも共同の検討を重ねたが、現在の時点において到達した所見は、東京裁判の強行的な実施自体が当時における実定国際法に違反しており、結局その裁判は政治的ショーに過ぎなかったというものである。つまり、東京裁判は、マサチューセッツ大学のマイニア（Richard H. Minear）教授が明確に指摘しているように、「勝者の裁き（勝者の正義）」（Victors' Justice）にとどまり、しかもそれは、後述するように、本質的に「（戦争行為としての）軍事行動」であって、司法権に基づく公正な裁判とは縁遠いものであった。

このような東京裁判の判決中に独断的にかつ恣意的に展開された日本悪玉史観が、公正にかつ実証的に確定された日本の歴史であり得るはずはない。戦後の永い年月を通じて、内外の多くの歴史研究の成果が、すでに東京裁判史観の矛盾と破綻を確証しているといえる。

日本の国家と国民にとっては、東京裁判ならびに東京裁判史観について、総合的にかつ徹底的に再検討ないし批判的究明を行うことが今日なお緊要であろう。

本稿は、このような認識に立脚して、東京裁判が依拠したとされる「国際法」そのものを厳正な基準にして、日本の遂行した戦争と連合国の軍事占領政策につき、若干の主要問題点に絞ってではあるが、再吟味を加えようとするものである。

一　国際法上の合法的制度とされていた戦争

戦後日本の一般社会、とりわけ教育やマスコミの分野では、諸外国にも類例のない国際法に無知でかつそれを無視した〝平和主義〟なるものが横行し、戦後世代は「戦争はすべて悪」としか教えられず、その結果、国際社会の通念とは相容れない非常識な戦争観が罷り通るに至っている。

国際法では、第二次世界大戦当時に至るまで、戦争は伝統的に合法的制度とされてきたのであり、欧米人を始め世界の人々は以下に述べるような戦争権という考え方を常識としていた。

各国家は基本的に自国民の安寧と福祉を求めて内外政策を実施するが、他の国家と利害関係が衝突し、平和的手段では紛争を解決できない場合に、戦争という最後の手段に訴える。往昔、騎士ないし紳士の相互間で、男の名誉ないし意地のために決闘が行われたが（どちらが悪いとは断定できない）、国際法は国家間の戦争をそのような決闘になぞらえて、戦争遂行自体は合法と認めてきた（決闘の法理）。

国家は国際法上、基本的権利の一つとして、戦争権（開戦権と交戦権）を持つ。

戦争は法的に厳密にいうと、特定の「法的状態」であり、国家は「開戦権」を行使して一方的な宣戦布告――戦争意思の通告――により、相手国との間に「戦争状態」を創出できた。こうして、国家は交戦国となり、交戦国は国際法によって「交戦権」を認められる。

交戦権とは、平時ならば禁止されている以下のごとき諸行為を、戦時に合法的に遂行できる権利である。①敵国との通商の禁止、②敵国の居留民と外交使節の行動の制限、③自国内の敵国民財産の管理、④敵国との条約の破棄、またはその履行の停止、⑤敵国兵力の攻撃、殺傷、⑥軍事目標・防守地域の攻撃、破壊、⑦敵国領土への侵入とその占領、⑧敵国との海底電線の遮断、⑨海上の敵船・敵貨の拿捕、没収、⑩敵地の封鎖、中立国の敵国への海上通商の遮断、処罰、⑪海上での中立国の敵国への人的物的援助の遮断、処罰、等。

以上のうち⑦に関連して一言しておきたい。米英蘭等の敵国の植民地（領土の一部）であったフィリピン、ビルマ（ミャンマー）、東インド諸島（インドネシア）等への日本軍の進攻は、合法的な交戦権の行使であって、〝侵略〟などではないことは自明である。

ここで留意すべき重要事は、国家は戦争遂行にあたり、「交戦法規」を遵守しなければならないということである。戦争は、いわばルール付きのゲームに似た面がある。

交戦法規は、具体的には多数あるが、最も重要なものとして、①一般住民ないし非戦闘員たる民間人を殺傷してはならない（戦うのは、あくまでも軍隊と軍隊とである）、②軍事目標以外の民間物（非防守都市を含む）を攻撃、破壊してはならない、③不必要に残虐な兵器を使用してはならない、④捕虜を虐待してはならない、などが挙げられる。

日清・日露の両役で日本軍が交戦法規を厳守した徹底ぶりは、全世界が賞讃した。

大東亜戦争（この名称は後述するように歴史的事実である）の期間中に、連合国側がこういう交戦法規の重大な侵犯を行った事例は枚挙にいとまがない。例えば、都市の無差別（軍事目標と民間物とを区別しない）爆撃、原爆投下、非戦闘員への暴行（特に満州でのソ連軍の暴虐が甚だしい）、捕虜（戦争犯罪人容疑者を含む）の虐待、等々である。

ちなみに、交戦法規違反が、国際法が伝統的に認める戦争犯罪であり、違反者は、戦争中に敵側に捕えられれば軍事裁判にかけられて処罰される。民間人の服装でテロ行為をするいわゆる便衣兵は捕虜の待遇を与えられず、処断される。武器を捨てても自軍に加わるために逃走する敵兵は、投降したとは認められないので攻撃できる。

連合国軍が軍事裁判で日本軍将兵を裁いた時に使ったB級戦犯（戦争犯罪人）なる用語は、交戦法規違反行為を命令した者を、C級戦犯なる用語は、直接に手を下した者を指す。もっとも、戦犯とされた日本軍将兵には、無実の罪でありながら、復讐の対象とされた者が少なくなかった。

第二次世界大戦中、連合国は「総力戦」（total war）概念を濫用して、戦争犯罪行為（例えば、住宅区域や平和産業施設の爆撃）を正当化して、相手方国民の戦意沮喪を図ったが、卑劣かつ違法な策略であり、戦後再び一般市民や民間施設の保護を謳っても（とりわけ一九四九年ジュネーブ四条約や同追加第一議定書等において)、その戦争犯罪責任は逃れられない。

ところで、国際法の意味における「戦争」(戦争状態)が終了するのは、原則的に、交戦国間に締結された平和(講和)条約が、発効する時点においてである。したがって、大東亜戦争が法的に終結したのは、日本と連合国との間のサンフランシスコ平和条約の発効の時点(昭和二十七年四月二十八日)においてであり、日本国民一般が考えているように昭和天皇の玉音放送が行われた昭和二十年八月十五日ではない。連合軍は、戦闘段階終了後の占領段階という戦争状態の中において、日本弱体化政策を戦争行為(軍事行動)として推進したのである。

二　東京裁判の違法性および欺瞞性が非難される理由

決闘の法理により、戦争は、攻撃戦争(侵攻戦争)も防守戦争(自衛戦争)も合法とされてきたが(無差別戦争観)、一九二八年に米仏の主唱により締結された「戦争放棄一般条約」(不戦条約と通称)により、侵攻戦争は違法化(犯罪化ではない)されたとの見解も一部に現われたが、欧米の学者などに当時も現在も有力な反対論が存在している。仮りに違法化(犯罪化とは異なる)されたと認める場合でも、侵攻戦争をした国は、国際不法行為の責任(原状回復または損害賠償)を負わされるのみで、国際法上の犯罪責任を負わされることにはならない。

不戦条約の眼目である第一条において、締約諸国は、「国際紛争の解決のために、戦争に訴えることを非難し、相互関係において国策の手段としての戦争を放棄する」ことを誓約した。「国際紛争を解決するための戦争」と「国策の手段としての戦争」とは、共に「侵攻戦争」を意味するものと締約諸国の間で了解（understanding）がされて、以後この二つの表現は国際社会で——特に外交場裡で——この意味で慣用されることになった。

重要なのは、戦争が「侵攻戦争」であるか「自衛戦争」であるかを誰がいかなる基準に拠って判断するかであるが、米国務長官ケロッグの言明のごとく、各国家が「自己解釈権」を行使して、みずから判断するものとされた。

また「侵攻」（英語ではアグレッション〔aggression〕。その意味は、挑発されないのに行う攻撃）の国際法的定義は、第二次世界大戦の時点では未確定で、国際社会で曲がりなりにも一般的な定義らしいもの（法的拘束力には欠ける）ができたのは、戦後の一九七四年十二月十四日（国連総会決議）のことであった。そこでは、アグレッションか否かは、結局、安全保障理事会の政治的認定に委ねられることになっている。米国や中国などが支持していないが、二〇〇二年七月一日に発効した「国際刑事裁判所規程」では、アグレッションの定義が記載されていない。関係諸国間の見解の対立が原因である。つまり、二〇〇二年現在でもアグレッションの厳密な普遍的定義は確立されていないのである。

こういう法的状況にもかかわらず、戦後のいわゆる東京裁判が、不戦条約により「侵攻戦争」

は犯罪（平和に対する罪）にされていると独断的に主張し、日本の遂行した戦争が、実質的には「自衛戦争」であるにもかかわらず、侵攻戦争（翻訳係が〝侵略戦争〟と悪訳した）だと強弁し、（日本国にではなく）東條英機元首相以下の個人に（いわゆるA級戦犯としての）戦争責任を追及したこと――過去において前例のないこと――は、そのこと自体が悪質な国際法侵犯であった。

ちなみに、「侵略」という日本語は、一般には正当な理由なくして他国の領域に力づくで入り込んで、領土や財物を奪い取ることを意味しているが、国際法上のアグレッションは本来不当な初発的攻撃を意味していて、略奪を第一義的に意味するものではない。侵略を、侵攻の一特殊形態と見ることはできる。

なお「不法行為」と「犯罪」とは、法的には重要な差異のある概念である。国際法では、犯罪とは、国際不法行為のうち特に悪質重大で、国際社会の法益（法により守られている利益）を侵害すること甚だしいものを、あらかじめ条約ないし慣習法を通じて「犯罪」と確定したものを指す。

三　世界的権威も否認した日本国無条件降伏説

昭和二十年八月十四日、日本政府はポツダム宣言の受諾を通告して、大東亜戦争の終結に踏み切った（翌八月十五日正午に、昭和天皇の玉音放送が行われた）。同宣言は、日本に有条件終戦を促した連合国側の政治宣言であり、全文十三項から成っているが、第五項で「吾等〔連合国側〕の条件は次の如し。吾等は同条件より離脱することなかるべし」と述べ、第六項から第十三項までに、軍国主義勢力の除去、戦争遂行能力の破砕、領土の限定、軍隊の武装解除、民主主義的傾向の復活強化、賠償等の諸条件を掲げたが、第十三項は「軍隊の無条件降伏」を要求していた。

昭和二十年八月十日早朝の御前会議の後で連合国あてに発せられた公式通告文の中で、日本政府は、「(ポツダム) 宣言に挙げられた条件を、同宣言は天皇の国家統治の大権を変更する要求を包含しおらざることの了解のもとに受諾す」と述べたが、連合国側はこれに対して直接的否定の回答をしなかった (実は、米国首脳部は天皇の身分の存続を前提としていた)。連合国側の一部の関係者には同通告文を「条件を付け加えるもの」と解する者もいた。

九月二日に東京湾頭のミズーリ艦上で調印された〝降伏文書〟(連合国側の命名、法的には休戦協定というのが正しい) は、ポツダム宣言の内容を条約化したもので、連合国も日本も共に宣言の内容を遵守すべき義務を負うことになった。

ここで注意を要するのは、日本が国家 (その代表としての政府) として無条件降伏を行ったのではないということである。日本には、ポツダム宣言に明記された条件を除き、占領下で連合国側の恣意的な命令に服する義務は、毛頭なかったのである。

一九四五年四月、ルーズベルトの急死後大統領に昇格したトルーマンは、日本政府に屈辱的な国（政府）としての無条件降伏の意思無きことを探知し、かつは硫黄島、沖縄——県民挙げての日本軍への協力が米国首脳部に強いショックを与えた——の激戦、神風特攻隊、回天特攻隊等を繰り出しての日本軍の死闘、その結果としての連合軍側の予想外に多数の死傷者にかんがみ、来たるべき日本本土での決戦（九州南部でのオリンピック作戦は十一月一日の開始が五月に発令されていた）における被害の甚大を恐れて——陸軍長官スチムソンがトルーマン大統領に提出した「対日計画案」では、日本本土上陸作戦を実行した場合、アメリカ軍は五百万の兵力を要し、死傷者は百万以上に達するものと予想されていた——、日本に「不名誉ならざる」終戦の機会を与えるべく、前駐日大使グルーを中心にして起草せしめたのが、ポツダム宣言の原案であった。

これにつき、米特使より説明を受けたソ連のスターリン首相は不満を示しつつも、「条件付き終戦でも、日本を非武装化した後では、実質的に無条件降伏にすることができよう」と述べた。

マッカーサーは、占領開始後、米本国政府からの通達（一九四五年九月六日）に従って、狡猾なスリカェを策して、日本は国（政府）として無条件降伏したゆえに、自己の命令が至上絶対であると強弁して、日本の変造（アメリカ化）を強引に押し進め、国会で日本は国として無条件降伏をしていないと説明した外務省条約局長・萩原徹氏の言葉に激怒して、同氏を左遷させた。（九月六日の米国政府の「連合国最高司令官の権限に関するマッカーサー元帥への通達」には、「われわれと日本との関係は、契約的基礎の上に立っているのではなく、無条件降伏を基礎とするものである。貴官の権限は最高である」と欺瞞的に記述されていた。）

日本政府の有条件終戦の一条件たる「日本軍の無条件降伏」を「日本政府の無条件降伏」にスリカエルことは、許しがたい背信行為であった。

日本の政治家もマッカーサーにたぶらかされて、日本国無条件降伏説を信じ、占領政策への正当な抵抗を試みることが少なかった。だが、今世紀の代表的国際法学者といわれるハンス・ケルゼン博士（ウィーン大学、ハーバード大学、カリフォルニア大学の教授を歴任）は、日本が国を挙げて無条件降伏をしたとの俗説を嗤っている。筆者はバークレーの博士のご自宅に招かれて、直接にお話を伺ったことがある。しかし、マッカーサーが意図した日本国無条件降伏説の流布は、当時の無力な日本国民を惑わし、戦後日本に大きな禍根を残した。

四　言論の自由を奪い去った占領軍の検閲制度

日本と連合国とが共に厳守することを約束して休戦したポツダム宣言の第十項には、「言論の自由」の尊重が謳われている。しかるに、占領軍は悪名高き検閲を強行して、約七年間の占領期間中、日本国民の言論を圧殺して、国民思潮の人為的政策的方向づけを行った。いっさいの表現・言論活動が束縛され、占領軍に好都合な論調のみが世間にはびこった。新聞も月刊誌・週刊誌等の定期刊行物も、単行本も、ラジオ放送も演劇も、すべて検閲の鋭い目にさらされた。

占領軍が表現活動中に触れることを厳禁した三十項目は、以下の通りである。

①占領軍総司令部（連合国最高司令官、マッカーサー）の批判、②東京裁判（極東国際軍事裁判）の批判、③占領軍総司令部が日本国憲法を起草したことへの批判、④検閲への言及、⑤米国の批判、⑥ソ連の批判、⑦英国の批判、⑧朝鮮人の批判、⑨支那の批判、⑩その他の連合国の批判、⑪連合国の全体的批判、⑫満州での日本人処遇への批判、⑬連合国の戦前の政策の批判、⑭第三次世界大戦への論評、⑮ソ連と西側諸国との対立への論評、⑯戦争弁護の宣伝、⑰神国日本の宣伝、⑱軍国主義の宣伝、⑲民族主義（国家主義）の宣伝、⑳大東亜に関する宣伝、㉑その他の宣伝、㉒戦争犯罪人の正当化または弁護、㉓占領軍将兵の日本人女性との懇交、㉔闇市場の取引、㉕占領軍の批判、㉖飢餓状態の誇張、㉗暴力行為と不穏状態の誘導、㉘虚偽の陳述、㉙占領軍総司令部（または地方の軍政部）への不適当な言及、㉚時期尚早の発表。

以上の三十項目の禁止基準を一瞥して、今更ながら占領軍の徹底した言論弾圧に驚くのみである。新聞社は初期の事前検閲に困惑してGHQ（占領軍総司令部）に懇願したあげく、事後検閲に変えてもらい、自主検閲体制を強化した。何の事はない、日本の新聞社は、マッカーサー総司令部の検閲官の手先に成り下がったのである。こうして「真相はこうだ」式の日本ないし日本軍の〝旧悪〟暴露記事のみが紙面を賑わし、良心的な学術論文も、例えば東京裁判を批判すると、日の目を見ることができなかった。占領下七年間の新聞を含む出版物を読む人は、必ず眉に唾をつける用意を忘れてはなるまい。

占領軍の意向に忠実に副ったかたちの日教組（その執行部の主流派は社会党〔左派・社会主義協会派〕系、反主流派は共産党系、共にマルクス主義者グループ）は、前述の禁止項目に抵触しない教科書に階級闘争史観（コミンテルン史観ともいわれる）を混入しつつ純真な子供たちを教えた。その結果、どのような青少年が育っていったかは、世間が目撃してきた通りである。

現在においても、日本のマスメディアは、前記三十項目の禁止基準に多かれ少なかれ呪縛されている観があるが、少数の新聞・雑誌等が覚醒してそのような無形の桎梏を脱しているのを見るのは、頼もしい限りである。

五　国際法に違反して占領軍が強制した憲法改変

日本と連合国との間の「国際法的意味における戦争状態」は、両者間で締結されたサンフランシスコ平和条約が発効した昭和二十七年四月二十八日に至るまでは持続したのであり、昭和二十年九月二日の休戦協定（連合国側は〝降伏文書〟と名づけた）の調印は、戦闘段階から占領段階（休戦状態）への移行を画するもので、戦争状態を終了させるものではなかった。

戦時国際法の中できわめて重要な地位を占める一九〇七年のハーグ（ヘーグ）陸戦条約は、「占領軍は占領地の法律を改変してはならない」との大原則を掲げている。すなわち、「陸戦ノ法規慣例ニ関スル条約」の付属規則第四十三条は、「国ノ権力ガ事実上占領者ノ手ニ移リタル上ハ、占領者ハ、絶対的ノ支障ナキ限、占領地ノ現行法律ヲ尊重シテ、成ルベク公共ノ秩序及生活ヲ回復確保スル為施シ得ベキ一切ノ手段ヲ尽スベシ」と規定して、占領軍に占領地の法律の尊重を義務づけている。

ポツダム宣言の受諾に先だち日本政府が行った照会に対し、米国は「最終的な日本国政府の形態は、日本国民の自由に表明する意思により決定される」旨を回答した（バーンズ回答文）。しかるに、占領開始後いくばくもなくして（法的な戦争状態の継続中に）、占領軍総司令官マッカーサーは、日本側の自主的憲法改正作業の進捗を無視して、占領軍総司令部が起草した新憲法案の採択を日本政府に強制した。

結局、日本政府は、強制された〃新憲法〃を、占領開始後僅か一年二カ月の昭和二十一年十一月三日に公布し、翌昭和二十二年五月三日に、それを正式に施行した。

日本政府が終戦のための条件として受諾したポツダム宣言諸項のうち、第十項には「日本国政府は、日本国国民の間に於ける民主主義的傾向の復活強化に対する一切の障礙を除去すべし」との文言があり、これが、いわゆる〃民主化義務〃を日本に課する法的根拠とされたのであるが、大日本帝国憲法（明治憲法）の下でも日本型民主主義（民本主義）は十分に可能と考えられたのであり（例えば、大正デモクラシーといわれる状況の存在）、ポツダム宣言に新憲法制定という条件が明示的に要求されていなかった事実の意味は、もっと真剣に重く考慮されるべきであった。

米本国政府は、日本のポツダム宣言受諾の以前から、日本〝民主化〟に必要な帝国憲法の改正につき研究していて、その成果たる文書を参考のためにマッカーサーのもとに送っていたが、日本への新憲法の一方的な押し付けは、必ずしも考えていなかったと見られる。マッカーサーの副官であったF・バワーズ少佐は、ある偶然の機会にマッカーサーが日本への新憲法強制を着想した事実を記録している。

マッカーサーの意を受けた総司令部の民政局長ホイットニーは、二十一人のスタッフに向かって「諸君が日本の憲法制定議会だ」とうそぶき、米国独立宣言、米国憲法、リンカーンのゲティズバーグ演説等から寄せ集めた文言のパッチワークを、新憲法草案として、卑劣にも天皇の身柄に対する脅迫のもとに、日本政府に、その受諾を迫り、しかも日本政府自身がそれを起草したと国民の前には虚偽の公表をするように強要したが、日本政府はこれに屈服した。

憲法制定・改正権は、各国家が、その国内法規に従って独自に行使すべきものであり、戦勝国がその権力に奢って敗戦国に代わってそれを強権的に行使することは許されない。歴史・伝統・文化を異にする日本への占領軍による独善的かつ悪意的な憲法押し付けは、特に精神面において日本国民に多大の混迷と被害をもたらした。平和条約発効による被占領状態からの脱却の時点で、いわば「占領基本法」であった憲法の全面的な再検討と必要な改正あるいは帝国憲法への重点的復帰に着手しなかった当時の日本政府の政治責任は、重大である。

ちなみに、第二次世界大戦の初期に、軍事的敗北の結果、ドイツとの間で休戦協定（一九四〇年六月二十二日）を結んで、一八七五年憲法を基本とする第三共和制を中断して新憲法体制を作ったフランスは、戦後の一九四六年十月二十七日に第四共和制を成立させ、実質的に旧憲法体制への復元を果たしている。なお、一九五八年十月四日に施行された第五共和国憲法第八十九条第四項は、例えば軍事占領下における憲法改正を許さず、次のように規定している。「（フランス）領土の保全が侵害されている場合には、いかなる（憲法）改正手続きも、これに着手し、またはこれを継続することができない」。

六　天皇の法的地位といわゆる戦争責任問題

以前のことだが、長崎市の市長某が、昭和天皇が大東亜戦争を始められたので、その戦争責任を追及しなければならないとか、昭和天皇がもっと早く終戦されたならば、原爆投下を免れただろうとか語っていることが、報道された。

いわゆる東京裁判史観が横行した戦後の日本社会では、〝戦争責任〟――敗戦責任ではない――の追及が、マスコミや左翼陣営で恰好なテーマとされたが、法的にはこれほど虚妄な観念はないのである。

既述のごとく、第二次世界大戦当時、各国は国際法上で「戦争権」〔開戦権・交戦権〕を認められており、そのことは世界周知の事実であった。しかも、戦争が自衛か侵攻〔英語では aggression.〝侵略〟は悪訳・誤訳である〕かの判定は、各当事国の自主的な解釈権に委ねられていた。日本が遂行した大東亜戦争は、本質的に自衛戦争であって——本稿では、その論拠の説明は紙面の制約のため省略する——犯罪などでは毛頭なく、国際法上の基本権の合法的な行使であった。

昭和天皇を、東京裁判の被告とするため、いわゆるA級戦争犯罪人として起訴することは、占領軍といえどもなし得なかった。それは、占領軍の政治的配慮によるものという面もあるが、むしろ下記のごとき法的な正当な理由によるものと考えるほうが正しかろう。主として左翼筋の者が唱えてきた〝天皇の戦争責任〟なる言葉は、以下に見るように、実は法的には根拠のない無意味なものなのである。

第二次世界大戦当時の日本の憲法〔大日本帝国憲法〕の第三条には「天皇ハ神聖ニシテ侵スヘカラス」〔侵すべからずと濁点を付して読む〕と規定されているが、この神聖不可侵という言葉は公法学的に国王に関する「無答責原則」を表示するもので、「国家元首〔国際法上の定義としては、一国を対外的に〔また国内的にも〕公式に、かつ全般的に代表する個人〕たる天皇は、政治上の〔さらには刑事上の〕責任を法的に追及されることがない」旨を意味する慣用的表現である。現今でも憲法において国王の神聖不可侵を謳っている国家が幾つもある。若干の実例を以下に示しておく。オランダ憲法第五十五条「国王は不可侵とする。大臣が責任を負う」、デンマーク憲法第十三条「国王は、その行為について責任を負わず、その一身を神聖とする。大臣は、政府の行為について責任を負う」、ベルギー憲法第六十三条「国王の一身は不可侵であり、その大臣が責任を負う」。

帝国憲法（明治憲法）第五十五条は「国務各大臣ハ天皇ヲ輔弼《ホヒツ》シ其ノ責《セメ》ニ任ス」（任ずと濁点を付して読む）と規定して、政治責任は閣僚ないし内閣が負うべきものとされていた。

伊藤博文は「大日本帝国憲法義解」（明治二十二年）の中で、問題の第三条の規定について「君主ハ固ヨリ法律ヲ敬重セサルヘカラス而シテ法律ハ君主ヲ責問スルノ力ヲ有セス」と述べ、第三条と対応関係にある第五十五条に関しても明確に註釈している。

帝国憲法上、天皇は立憲君主であって、専断的な独裁者ではない。天皇は、政府（内閣）の決定した政策に対して拒否権を行使できる立場にはおられなかった。大東亜戦争の開戦（国際法上、合法）は、国内法的には東條英機内閣に政治的な責任があったことになる。終戦も、天皇がお一人で決定できる事柄ではなかったのである。

さらに国際法の観点からいえば、慣習法上、国家元首に対しては外国（国際機関を含む）の裁判管轄権は及ばない。第一次世界大戦直後に、ドイツ皇帝ウィルヘルム二世の戦犯としての訴追に最も強力に反対してそれを阻止せしめたのは、米国代表であった。

以上見たように、法律の次元で論ずるならば、天皇は、国内法的にも、また国際法的にも、裁判管轄権から免除されていて、いかなる政治責任をも追及されることのない立場におられた。占領軍といえども、このことは判っていたに違いない。しかるに、昭和天皇は昭和二十年九月二十七日、マッカーサーの面前で、戦争の全責任を一身に担う意思を表明された。かかる国家元首を奉戴した昭和の日本国民は、まことに幸福な人民であったと、いわざるを得ない。

七　大東亜戦争という公式名称の由来

昭和十六年十二月八日、米英両国に対する宣戦の詔書が渙発され、日本民族にとり曠古の大戦が開始された。（同日、東京のオランダ大使館に対して、日本政府は両国間に戦争状態の発生したことを通告している。）翌十二月九日には、重慶の国民党（蔣介石）政権が対日宣戦布告を行った。日本は昭和十二年七月以来、国民党政権と事実上の戦闘を続けてきていたが、いずれの側も国際法上の正式な「戦争意思」（*animus belligerendi*）を表明せず、法的な意味での「戦争」の存在は認められず、日本側は「支那事変」（China Incident）の呼称を用いていた。また、日本は昭和十五年十一月に、南京の汪兆銘政権を支那の正統政府として承認していた。

昭和十六年十二月十日に、大本営政府連絡会議が開かれて、「今次の対米英戦争及び今後情勢の推移に伴い生起すべき戦争は、支那事変を含めて大東亜戦争と呼称する」ことが決定された。

十二月十二日の閣議はこの名称を了承して正式に決定したが、これを承けて同日、内閣情報局は次のように声明した。「今次の対米英戦は、支那事変をも含め大東亜戦争と呼称す。大東亜戦争と称するは、大東亜新秩序建設を目的とする戦争たることを意味するものにして、戦争地域を大東亜のみに限定する意味にあらず。」

大東亜（Greater East Asia）とは本来地理的概念であって、ソ連が使った〃大祖国戦争〃の「大」が美称であるのとは異なる。（Greater Manila, Greater San Francisco などが、郊外をも含めた都市の区域を示しているように、大東亜は、東アジアと通常いわれる地域の周辺〔特に東南アジア〕をも包含する地理的概念である。）もっとも、情報局の声明にあるように、「大東亜新秩序建設を目的とする戦争」となれば、欧米植民列強の支配からのアジア諸民族の解放という理念がこめられた名称であることが、理解される。

昭和二十年八月、日本政府はポツダム宣言を受諾し、九月二日に同宣言の内容を条約化した休戦協定（連合国のいう〃降伏文書〃）に調印して、連合国軍による占領行政が正式に開始されたが、占領軍総司令官マッカーサーは、同年十二月十五日に「神道指令」と通称される覚書（「国家神道、神社神道ニ対スル政府ノ保証、支援、保全、監督並ニ弘布ノ廃止ニ関スル件」）を、日本政府に通達し、その中で大東亜戦争という名称の使用を禁止した。神道指令の関係部分を原文とともに次に掲げておく。

公文書ニ於テ「大東亜戦争」、「八紘一宇」ナル用語乃至ソノ他ノ用語ニシテ、日本語トシテノソノ意味ノ連想ガ、国家神道、軍国主義、過激ナル国家主義ト切り離シ得ザルモノハ、之ヲ使用スルコトヲ禁止スル。而シテカカル用語ノ即刻ノ停止ヲ命令スル。

The use in official writings of the terms "Greater East Asia War" (Dai Toa Senso), "The Whole World under One Roof" (Hakko Ichi-u),and all other terms whose connotation in Japanese is inextricably connected with State Shinto, militarism and ultranationalism is prohibited and will cease immediately.

この神道指令以後、日本国内では太平洋戦争という米国式の呼称がマスコミや教育界で一般的となり、サンフランシスコ平和条約の発効（昭和二十七年四月二十八日）を機に「ポツダム宣言ノ受諾ニ伴ヒ発スル命令」（昭和二十年九月二十日の勅令五百四十二号に基づくもの）が失効した後も、状況はあまり変わらず、今日に至っている。しかし、日本国民がその呼称のもとに戦争の全期間中戦ったという意味において、大東亜戦争という名称を用いるのが正しく、事実、戦中に施行された法令にはこの呼称が多く使われている。アジア諸国でも今なお忘れられず使われることがあり、例えば、筆者は先年マニラで現地のある国際法学者から英文の国際法の著書を贈られて、その中に「大東亜戦争」の英文表記が用いられているのを見て、肝銘したことがある。

日本国民は、戦争を知らない戦後世代といえども、「大東亜戦争」の呼称を用いるべきである。

八　日本国民は東京裁判史観の保持を義務づけられていない

連合国軍が対日占領政策のいわば基幹として実施した東京裁判は、戦争行為であり、軍事行動であって、正当な司法権の行使ではない。（米国の場合、戦争遂行権――戦時の軍事裁判権を含む――は大統領の行使すべき行政権の中に含まれる。）

しかも、東京裁判は、戦後久しく国際社会の一般的承認を得ることができないでいる「平和に対する罪」（侵攻戦争の計画・準備・遂行を構成要件とするもの）を事後法的に適用することを初めとして、当時の「現行」国際法への違反が甚だしかった。

加えて、本裁判の判決（判決理由の部分）中に展開された〝日本悪玉史観〟（一般に東京裁判史観といわれるものだが、統一的体系的史観とはとてもいえない代物である）は、捏造された虚偽や不正確な事実認識――南京虐殺事件なるものは、その代表的な事例であろう――の上に成立しており、このことは戦後の厳密かつ公正な歴史研究（〝南京事件〟に関するものを含む）の進展により今日では明白に暴露されている。

しかるに、日本政府は、現在においても東京裁判を尊重し、東京裁判史観に拘束されるという公式の態度を変えておらず、そのことが国内――さらには国外――における東京裁判史観の横行を支える重要な要因となっていることは、まことに遺憾である。

こういう政府の態度は、大東亜戦争を法的意味において終了せしめたサンフランシスコ平和条約の第十一条を根拠としているが、これは第十一条の誤った解釈に起因する重大な失政といえる。

第十一条の初めの部分に「日本国は、極東国際軍事裁判所並びに日本国内及び国外の他の連合国戦争犯罪法廷の裁判を受諾し、且つ、日本国で拘禁されている日本国民にこれらの法廷が課した刑を執行するものとする」と規定されているが、本条文の目的は、この規定がない場合に、講和により完全に独立を回復した日本政府が、下記のごとき国際法上の一般的慣例に従って、戦犯裁判判決の失効を確認して、戦犯とされた人々をすべて釈放するであろうことを予想し、そうはさせまいとするものであった。

国際法では、講和の成立（平和条約の発効）がもたらす法的効果として「国際法上の大赦」(amnesty) の発動が認められる。それは、「戦争中に一方の交戦国の側に立って違法行為を犯したすべての者に、他方の交戦国が責任の免除を認める効果」（C・G・フェンウィック）を意味している。

つまり、第十一条は、日本政府による「刑の執行の停止」を阻止することを意図したものに過ぎず、講和成立後に日本政府がいつまでも東京裁判（およびその判決）の正当性を認め続けるように義務づけるものではなく、このことは諸外国の国際法学者がいずれも当然のこととしている。

国際法上の慣例である「講和に伴う大赦」を否認してまで、みずからの正当・合法の立場を独善的に顕示しようとした連合国側の態度は、まことに陋劣であったといえよう。

なお、「裁判を受諾する」とある第十一条の文言中の「裁判」は、外国語正文では、judgmentss（英語）、jugements（仏語）、sentencias（西語）であって、正確には「判決」と和訳されるべき専門用語であることに注意しなければならない。

おわりに

本稿は、厳正に国際法の観点に立って、主として、日本が遂行した大東亜戦争と、連合国が対日占領政策の基幹として強行した東京軍事裁判とを、再吟味したものであり、関係する法的諸問題のうち主要なものを対象として論じたが、細密な論拠を挙げて詳論することは省略せざるを得なかった。

本稿に関連して、とりわけ「大東亜戦争はなぜ起きたか――その背景と直接原因」、「真珠湾攻撃と開戦法理」、「連合国軍の戦争犯罪」、「大東亜戦争の歴史的意義」、「非武装中立論の自己矛盾と日米安保条約体制」等についても個別に説明し考究することが必要かつ有益であることはいうまでもないが、本稿では予定の範囲を越えるので割愛した。


（植草学園短期大學学長　青山学院大学名誉教授　法学博士）

著者紹介
菅原　裕（すがわら・ゆたか）
明治27年（1894）長崎県に生まれる。
明治大学法科卒。東京弁護士会会長、法曹政治連盟副理事長等を務める。
昭和21年からの「東京裁判」で元陸軍大将荒木貞夫弁護人として法廷に臨んだ。
昭和54年９月逝去。

東京裁判の正体　ISBN978-4-336-04450-1

昭和36年10月15日　初版発行
平成14年８月15日　復刻版第１刷発行
平成19年９月15日　復刻版第３刷発行

著者　菅原　裕
解説　佐藤和男
発行者　佐藤今朝夫

〒174-0056 東京都板橋区志村１-13-15
発行所　株式会社　国書刊行会
TEL.03(5970)7421(代表)　FAX.03(5970)7427
http://www.kokusho.co.jp

落丁本・乱丁本はお取替いたします。　印刷・㈱エーヴィスシステムズ　製本・㈲青木製本